大学赤本シリーズ

481

大谷大学

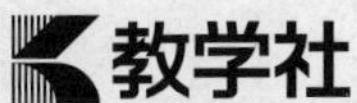

は し が き

おかげさまで，大学入試の「赤本」は，今年で創刊 70 周年を迎えました。

これまで，入試問題や資料をご提供いただいた大学関係者各位，掲載許可をいただいた著作権者の皆様，各科目の解答や対策の執筆にあたられた先生方，そして，赤本を使用してくださったすべての読者の皆様に，厚く御礼を申し上げます。

以下に，創刊初期の「赤本」のはしがきを引用します。これからも引き続き，受験生の目標の達成や，夢の実現を応援してまいります。

本書を活用して，入試本番では持てる力を存分に発揮されることを心より願っています。

編者しるす

＊　＊　＊

学問の塔にあこがれのまなざしをもって，それぞれの志望する大学の門をたたかんとしている受験生諸君！　人間として生まれてきた私たちは，自己の欲するままに，美しく，強く，そして何よりも人間らしく生きることをねがっている。しかし，一朝一夕にして，この純粋なのぞみが達せられることはない。私たちの行く手には，絶えずさまざまな試練がまちかまえている。この試練を克服していくところに，私たちのねがう真に人間的な世界がはじめて開かれてくるのである。

人生最初の最大の試練として，諸君の眼前に大学入試がある。この大学入試は，精神的にも身体的にも，大きな苦痛を感ぜしめるであろう。あるスポーツに熟達するには，たゆみなき，はげしい練習を積み重ねることが必要であるように，私たちは，計画的・持続的な努力を払うことによって，この試練を克服し，次の一歩を踏みだすことができる。厳しい試練を経たのちに，はじめて満足すべき成果を獲得できるのである。

本書は最近の入学試験の問題に，それぞれ解答を付し，さらに問題をふかく分析することによって，その大学独特の傾向や対策をさぐろうとした。本書を一般の参考書とあわせて使用し，まとはずれのない，効果的な受験勉強をされるよう期待したい。

（昭和 35 年版「赤本」はしがきより）

挑む人の、いちばんの味方

1954年に大学入試の過去問題集を刊行してから70年。赤本は大学に入りたいと思う受験生を応援しつづけてきました。これからも，苦しいとき落ち込むときにそばで支える存在でいたいと思います。

そして，勉強をすること，自分で道を決めること，努力が実ること，これらの喜びを読者の皆さんが感じることができるよう，伴走をつづけます。

そもそも赤本とは…

受験生のための大学入試の過去問題集！

70年の歴史を誇る赤本は，500点を超える刊行点数で全都道府県の370大学以上を網羅しており，過去問の代名詞として受験生の必須アイテムとなっています。

なぜ受験に過去問が必要なのか？

大学入試は大学によって問題形式や頻出分野が大きく異なるからです。

赤本の掲載内容

傾向と対策

これまでの出題内容から，問題の「**傾向**」を分析し，来年度の入試に向けて具体的な「**対策**」の方法を紹介しています。

問題編・解答編

- 年度ごとに問題とその解答を掲載しています。
- 「**問題編**」ではその年度の試験概要を確認したうえで，実際に出題された過去問に取り組むことができます。
- 「**解答編**」には高校・予備校の先生方による解答が載っています。

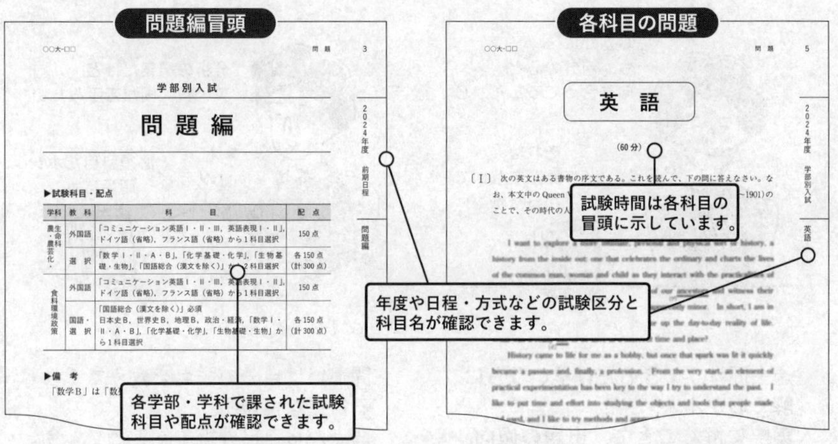

他にも，大学の基本情報や，先輩受験生の合格体験記，在学生からのメッセージなどが載っていることがあります。

● 掲載内容について ●

著作権上の理由やその他編集上の都合により問題や解答の一部を割愛している場合があります。なお，指定校推薦入試，社会人入試，編入学試験，帰国生入試などの特別入試，英語以外の外国語科目，商業・工業科目は，原則として掲載しておりません。また試験科目は変更される場合がありますので，あらかじめご了承ください。

受験勉強は

過去問に始まり，

STEP 1 なにはともあれ

まずは解いてみる

過去問は，**できるだけ早いうちに解く**のがオススメ！
実際に解くことで，**出題の傾向，問題のレベル，今の自分の実力**がつかめます。

STEP 2 じっくり具体的に

弱点を分析する

間違いは自分の弱点を教えてくれる**貴重な情報源**。
弱点から自己分析することで，**今の自分に足りない力や苦手な分野**が見えてくるはず！

合格者があかす赤本の使い方

傾向と対策を熟読
（Fさん／国立大合格）

大学の出題傾向を調べるために，赤本に載っている「傾向と対策」を熟読しました。

繰り返し解く
（Tさん／国立大合格）

1周目は問題のレベル確認，2周目は苦手や頻出分野の確認に，3周目は合格点を目指して，と過去問は繰り返し解くことが大切です。

過去問に終わる。

STEP 3

志望校にあわせて

苦手分野の重点対策

明日からはみんなで頑張るよ！
参考書も！ 問題集も！
よろしくね！

呼んだ？

なにを!? どこから!?

グッ グッ

参考書や問題集を活用して，苦手分野の**重点対策**をしていきます。**過去問を指針**に，合格へ向けた具体的な学習計画を立てましょう！

STEP 1▶2▶3

サイクルが大事！

実践を繰り返す

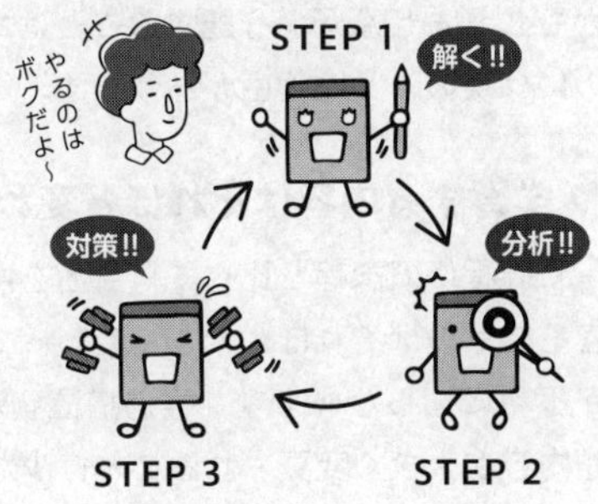

STEP 1～3を繰り返し，実力アップにつなげましょう！
出題形式に慣れることや，**時間配分を考えること**も大切です。

目標点を決める

(Yさん／私立大合格)

赤本によっては合格者最低点が載っているので，それを見て目標点を決めるのもよいです。

時間配分を確認

(Kさん／私立大学合格)

赤本は時間配分や解く順番を決めるために使いました。

添削してもらう

(Sさん／私立大学合格)

記述式の問題は先生に添削してもらうことで自分の弱点に気づけると思います。

新課程入試 Q&A

2022年度から新しい学習指導要領（新課程）での授業が始まり，2025年度の入試は，新課程に基づいて行われる最初の入試となります。ここでは，赤本での新課程入試の対策について，よくある疑問にお答えします。

Q1. 赤本は新課程入試の対策に使えますか？

A. もちろん使えます！

OK

旧課程入試の過去問が新課程入試の対策に役に立つのか疑問に思う人もいるかもしれませんが，心配することはありません。旧課程入試の過去問が役立つのには次のような理由があります。

● 学習する内容はそれほど変わらない

新課程は旧課程と比べて科目名を中心とした変更はありますが，学習する内容そのものはそれほど大きく変わっていません。また，多くの大学で，既卒生が不利にならないよう「経過措置」がとられます（Q３参照）。したがって，出題内容が大きく変更されることは少ないとみられます。

● 大学ごとに出題の特徴がある

これまでに課程が変わったときも，各大学の出題の特徴は大きく変わらないことがほとんどでした。入試問題は各大学のアドミッション・ポリシーに沿って出題されており，過去問にはその特徴がよく表れています。過去問を研究してその大学に特有の傾向をつかめば，最適な対策をとることができます。

出題の特徴の例	・英作文問題の出題の有無 ・論述問題の出題（字数制限の有無や長さ） ・計算過程の記述の有無

新課程入試の対策も，赤本で過去問に取り組むところから始めましょう。

Q2. 赤本を使う上での注意点はありますか？

A. 志望大学の入試科目を確認しましょう。

過去問を解く前に，過去の出題科目（問題編冒頭の表）と2025年度の募集要項とを比べて，課される内容に変更がないかを確認しましょう。ポイントは以下のとおりです。科目名が変わっていても，実際は旧課程の内容とほとんど同様のものもあります。

英語・国語	科目名は変更されているが，実質的には変更なし。 ▶▶ **ただし，リスニングや古文・漢文の有無は要確認。**
地歴	科目名が変更され，「歴史総合」「地理総合」が新設。 ▶▶ **新設科目の有無に注意。ただし，「経過措置」（Q3参照）により内容は大きく変わらないことも多い。**
公民	「現代社会」が廃止され，「公共」が新設。 ▶▶ **「公共」は実質的には「現代社会」と大きく変わらない。**
数学	科目が再編され，「数学C」が新設。 ▶▶ **「数学」全体としての内容は大きく変わらないが，出題科目と単元の変更に注意。**
理科	科目名も学習内容も大きな変更なし。

数学については，科目名だけでなく，どの単元が含まれているかも確認が必要です。例えば，出題科目が次のように変わったとします。

旧課程	「数学Ⅰ・数学Ⅱ・数学A・数学B（数列・ベクトル）」
新課程	「数学Ⅰ・数学Ⅱ・数学A・**数学B（数列）・数学C（ベクトル）**」

この場合，新課程では「数学C」が増えていますが，単元は「ベクトル」のみのため，実質的には旧課程とほぼ同じであり，過去問をそのまま役立てることができます。

Q3. 「経過措置」とは何ですか？

A. 既卒の旧課程履修者への対応です。

多くの大学では，既卒の旧課程履修者が不利にならないように，出題において「経過措置」が実施されます。措置の有無や内容は大学によって異なるので，募集要項や大学のウェブサイトなどで確認しておきましょう。

○旧課程履修者への経過措置の例

- 旧課程履修者にも配慮した出題を行う。
- 新・旧課程の共通の範囲から出題する。
- 新課程と旧課程の共通の内容を出題し，共通範囲のみでの出題が困難な場合は，旧課程の範囲からの問題を用意し，選択解答とする。

例えば，地歴の出題科目が次のように変わったとします。

旧課程	「日本史 B」「世界史 B」から１科目選択
新課程	「**歴史総合**，日本史探究」「**歴史総合**，世界史探究」から１科目選択※ ※旧課程履修者に不利益が生じることのないように配慮する。

「歴史総合」は新課程で新設された科目で，旧課程履修者には見慣れないものですが，上記のような経過措置がとられた場合，新課程入試でも旧課程と同様の学習内容で受験することができます。

要チェックだホン

新課程の情報は WEB もチェック！
より詳しい解説が赤本ウェブサイトで見られます。
https://akahon.net/shinkatei/

科目名が変更される教科・科目

	旧課程	新課程
国語	国語総合 国語表現 現代文A 現代文B 古典A 古典B	現代の国語 言語文化 論理国語 文学国語 国語表現 古典探究
地歴	日本史A 日本史B 世界史A 世界史B 地理A 地理B	歴史総合 日本史探究 世界史探究 地理総合 地理探究
公民	現代社会 倫理 政治・経済	公共 倫理 政治・経済
数学	数学Ⅰ 数学Ⅱ 数学Ⅲ 数学A 数学B 数学活用	数学Ⅰ 数学Ⅱ 数学Ⅲ 数学A 数学B 数学C
外国語	コミュニケーション英語基礎 コミュニケーション英語Ⅰ コミュニケーション英語Ⅱ コミュニケーション英語Ⅲ 英語表現Ⅰ 英語表現Ⅱ 英語会話	英語コミュニケーションⅠ 英語コミュニケーションⅡ 英語コミュニケーションⅢ 論理・表現Ⅰ 論理・表現Ⅱ 論理・表現Ⅲ
情報	社会と情報 情報の科学	情報Ⅰ 情報Ⅱ

目　次

2022年度 問題と解答

掲載内容についてのお断り

- 学校推薦型選抜 公募制推薦入試A方式（小論文型）およびB方式（2教科型）・一般選抜 一般入試［第1期］（3教科型・2教科型）のうち，それぞれ代表的な1日程分を掲載しております。
- アドミッション・オフィス入試および一般選抜 一般入試［第2期］については掲載しておりません。

基本情報

学部・学科の構成

大　学

●文学部

真宗学科（思想探究コース，現代臨床コース，国際コース）
仏教学科（現代仏教コース，仏教思想コース）
哲学科（哲学・西洋思想コース，心理学・人間関係学コース，倫理学・公共哲学コース，宗教学・死生学コース）
歴史学科（日本史コース，世界史コース，歴史ミュージアムコース，京都探究コース）
文学科（日本文学コース，現代文芸コース）

●社会学部

現代社会学科（現代社会学コース）
コミュニティデザイン学科（地域政策学コース，情報メディアコース，社会福祉学コース）

●**教育学部**

教育学科（初等教育コース，幼児教育コース）

●**国際学部**

国際文化学科（英語コミュニケーションコース，欧米文化コース，アジア文化コース）

（備考）コースに分属する年次は学部・学科により異なる。

大学院

人文学研究科

大学所在地

大谷大学

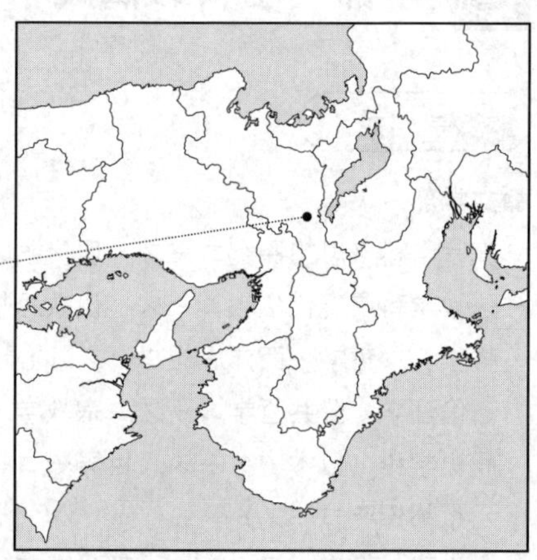

〒603-8143　京都市北区小山上総町

2024 年度入試データ

入試状況（志願者数・競争率など）

◯競争率は受験者数÷合格者数で算出。

◯公募制推薦入試［専願制］および公募制推薦入試［併願制］（A方式・B方式）は 250 点満点。一般入試［第1期］は3教科型が 300 点満点，2教科型が 200 点満点，［第2期］は 200 点満点。大学入学共通テスト利用入試は3教科型が 600 点満点，2教科型が 400 点満点。

文学部

（　）内は女子内数

学科	区分			募集人員	志願者数	受験者数	合格者数	競争率	合格者最低点
真宗	公募制推薦	専願制		5	0(0)	0(0)	0(0)	—	—
		併願制	A方式	4	3(1)	2(1)	2(1)	1.0	121
			B方式	5	24(10)	23(10)	22(9)	1.0	120
	一般	第1期	3教科型	5	11(3)	9(2)	8(2)	1.1	101
			2教科型	3	3(3)	3(3)	3(3)	1.0	116
		第2期		2	2(0)	2(0)	2(0)	1.0	130
	共通テスト	3教科型		2	7(4)	7(4)	7(4)	1.0	297.4
		2教科型		2	3(2)	3(2)	1(1)	3.0	292.0
仏教	公募制推薦	専願制		3	2(0)	2(0)	2(0)	1.0	163
		併願制	A方式	2	5(2)	5(2)	5(2)	1.0	114
			B方式	2	12(0)	12(0)	12(0)	1.0	118
	一般	第1期	3教科型	3	4(3)	3(2)	3(2)	1.0	148
			2教科型	2	7(5)	6(4)	6(4)	1.0	100
		第2期		2	0(0)	0(0)	0(0)	—	—
	共通テスト	3教科型		2	2(1)	2(1)	2(1)	1.0	408.2
		2教科型		2	0(0)	0(0)	0(0)	—	—

（表つづく）

学科	区分			募集人員	志願者数	受験者数	合格者数	競争率	合格者最低点
哲	公募制推薦	専願制		2	4(2)	4(2)	4(2)	1.0	154
		併願制	A方式	4	17(10)	16(10)	12(9)	1.3	137
			B方式	10	86(50)	84(50)	79(48)	1.1	127
	一般	第1期	3教科型	9	39(21)	36(19)	26(12)	1.4	189
			2教科型	6	47(21)	39(18)	24(11)	1.6	133
		第2期		2	14(3)	12(2)	12(2)	1.0	93
	共通テスト	3教科型		2	21(9)	21(9)	15(7)	1.4	302.4
		2教科型		2	5(2)	5(2)	2(1)	2.5	246.6
歴史	公募制推薦	専願制		2	11(4)	11(4)	9(4)	1.2	153
		併願制	A方式	10	33(5)	30(5)	19(4)	1.6	151
			B方式	16	189(54)	181(53)	110(35)	1.6	152
	一般	第1期	3教科型	25	89(31)	83(29)	76(26)	1.1	150
			2教科型	10	42(13)	41(13)	32(11)	1.3	115
		第2期		2	17(7)	15(6)	15(6)	1.0	102
	共通テスト	3教科型		2	36(15)	35(15)	24(12)	1.5	300.0
		2教科型		2	7(3)	7(3)	3(2)	2.3	252.2
文	公募制推薦	専願制		2	3(1)	3(1)	2(1)	1.5	162
		併願制	A方式	7	20(8)	20(8)	18(8)	1.1	129
			B方式	14	157(77)	152(75)	142(74)	1.1	128
	一般	第1期	3教科型	15	49(26)	48(26)	44(23)	1.1	138
			2教科型	10	63(25)	61(25)	55(24)	1.1	91
		第2期		2	15(8)	13(6)	12(6)	1.1	107
	共通テスト	3教科型		2	24(14)	24(14)	21(12)	1.1	287.6
		2教科型		2	10(7)	10(7)	9(7)	1.1	187.6

社会学部

（　）内は女子内数

学科	区分			募集人員	志願者数	受験者数	合格者数	競争率	合格者最低点
現代社会	公募制推薦	専願制		2	10(3)	10(3)	8(3)	1.3	152
現代社会	公募制推薦	併願制	A方式	6	21(7)	19(7)	16(6)	1.2	137
現代社会	公募制推薦	併願制	B方式	22	240(90)	232(88)	210(82)	1.1	121
現代社会	一般	第1期	3教科型	20	93(38)	91(37)	78(35)	1.2	155
現代社会	一般	第1期	2教科型	13	113(48)	107(46)	63(32)	1.7	115
現代社会	一般	第2期		5	52(15)	44(13)	33(11)	1.3	114
現代社会	共通テスト	3教科型		2	12(5)	12(5)	7(2)	1.7	300.4
現代社会	共通テスト	2教科型		2	6(1)	6(1)	2(1)	3.0	269.6
コミュニティデザイン	公募制推薦	専願制		4	9(3)	9(3)	7(3)	1.3	149
コミュニティデザイン	公募制推薦	併願制	A方式	8	19(11)	16(8)	15(8)	1.1	131
コミュニティデザイン	公募制推薦	併願制	B方式	20	181(76)	173(73)	163(71)	1.1	113
コミュニティデザイン	一般	第1期	3教科型	14	59(20)	56(19)	52(19)	1.1	124
コミュニティデザイン	一般	第1期	2教科型	9	96(38)	87(35)	83(34)	1.0	87
コミュニティデザイン	一般	第2期		3	29(11)	24(11)	21(10)	1.1	86
コミュニティデザイン	共通テスト	3教科型		2	20(12)	20(12)	16(9)	1.3	260.4
コミュニティデザイン	共通テスト	2教科型		2	6(3)	6(3)	2(1)	3.0	190.4

教育学部

（ ）内は女子内数

学科		区分			募集人員	志願者数	受験者数	合格者数	競争率	合格者最低点
教育	初等教育	公募制推薦	専願制		2	2(0)	2(0)	2(0)	1.0	151
			併願制	A方式	2	11(2)	11(2)	10(2)	1.1	131
				B方式	15	71(37)	68(35)	67(35)	1.0	122
		一般	第1期	3教科型	10	29(14)	29(14)	27(14)	1.1	145
				2教科型	4	29(13)	29(13)	27(13)	1.1	108
			第2期		2	14(5)	12(3)	12(3)	1.0	109
		共通テスト	3教科型		2	17(8)	17(8)	15(7)	1.1	310.2
			2教科型		2	6(2)	6(2)	3(2)	2.0	211.4
	幼児教育	公募制推薦	専願制		2	4(2)	4(2)	3(2)	1.3	168
			併願制	A方式	3	10(9)	10(9)	10(9)	1.0	135
				B方式	15	65(52)	63(50)	60(50)	1.1	134
		一般	第1期	3教科型	10	15(13)	15(13)	15(13)	1.0	132
				2教科型	7	12(9)	12(9)	12(9)	1.0	105
			第2期		2	3(3)	1(1)	1(1)	1.0	109
		共通テスト	3教科型		2	5(5)	5(5)	5(5)	1.0	326.8
			2教科型		2	1(1)	1(1)	1(1)	1.0	230.8

国際学部

（ ）内は女子内数

学科	区分			募集人員	志願者数	受験者数	合格者数	競争率	合格者最低点
国際文化	公募制推薦	専願制		3	2(0)	2(0)	2(0)	1.0	155
		併願制	A方式	6	7(3)	7(3)	7(3)	1.0	145
			B方式	20	82(50)	78(47)	77(47)	1.0	117
	一般	第1期	3教科型	17	28(17)	25(16)	24(16)	1.0	129
			2教科型	12	47(27)	40(24)	40(24)	1.0	89
		第2期		4	14(4)	14(4)	13(4)	1.1	111
	共通テスト	3教科型		2	13(12)	13(12)	9(9)	1.4	310.2
		2教科型		2	3(2)	3(2)	1(1)	3.0	264.4

入学試験要項の入手方法

入学試験要項は8月中旬の発行予定です。なお，大学ホームページで閲覧・ダウンロードできるほか，資料請求フォームから入手することができます。また，テレメールからも請求可能です。

問い合わせ先

大谷大学　入学センター
〒603-8143　京都市北区小山上総町
TEL　075-411-8114（直通）
E-mail　nyushi-c@sec.otani.ac.jp
URL　https://www.otani.ac.jp/admission/

大谷大学のテレメールによる資料請求方法

スマートフォンから　QRコードからアクセスしガイダンスに従ってご請求ください。
パソコンから　教学社 赤本ウェブサイト(akahon.net)から請求できます。

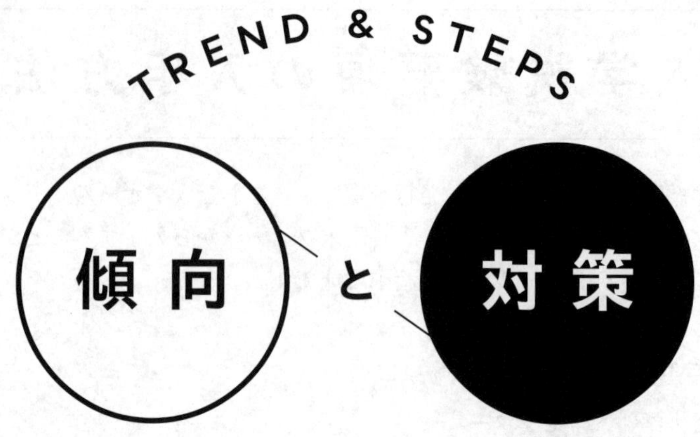

科目ごとに問題の「傾向」を分析し，具体的にどのような「対策」をすればよいか紹介しています。まずは出題内容をまとめた分析表を見て，試験の概要を把握しましょう。

注　意

「傾向と対策」で示している，出題科目・出題範囲・試験時間等については，2024年度までに実施された入試の内容に基づいています。2025年度入試の選抜方法については，各大学が発表する学生募集要項を必ずご確認ください。

掲載日程・方式・学部

2024年度入試に下記の通り試験方式の変更が行われた。

【学校推薦型選抜】

- 公募制推薦入試A方式・B方式　→　公募制推薦入試［併願制］A方式・B方式
- 公募制推薦入試［専願制］（小論文型）を新規実施。

来年度の変更点

2025年度入試では下記の通り変更が予定されている（本書編集時点）。

【一般入試［第1期］】

- 教育学部教育学科初等教育コースにおいて，英語・数学の2教科による「英・数型」を導入。

英　語

▶学校推薦型選抜　公募制推薦入試Ｂ方式（２教科型）

年度	番号	項　目	内　容
2024 ●	〔1〕	読　　解	空所補充，同意表現，内容真偽
	〔2〕	会 話 文	同意表現，同一用法，空所補充，内容真偽
	〔3〕	文法・語彙	空所補充
	〔4〕	文法・語彙	語句整序
2023 ●	〔1〕	読　　解	同意表現，空所補充，内容真偽，内容説明
	〔2〕	会 話 文	同意表現，同一用法，空所補充，内容真偽
	〔3〕	文法・語彙	空所補充
	〔4〕	文法・語彙	語句整序
2022 ●	〔1〕	読　　解	同意表現，内容真偽，空所補充
	〔2〕	会 話 文	同意表現，空所補充，同一用法，内容真偽
	〔3〕	文法・語彙	空所補充
	〔4〕	文法・語彙	語句整序

▶一般選抜　一般入試［第１期］（３教科型・２教科型）

年度	番号	項　目	内　容
2024 ●	〔1〕	読　　解	空所補充，同意表現，同一用法，英文和訳，内容真偽
	〔2〕	会 話 文	同意表現，空所補充，内容説明，内容真偽
	〔3〕	文法・語彙	空所補充
	〔4〕	文法・語彙	語句整序
2023 ●	〔1〕	読　　解	同一用法，同意表現，空所補充，英文和訳，内容真偽
	〔2〕	会 話 文	内容説明，空所補充，同意表現，内容真偽
	〔3〕	文法・語彙	空所補充
	〔4〕	文法・語彙	語句整序
2022 ●	〔1〕	読　　解	同意表現，空所補充，同一用法，英文和訳，内容真偽
	〔2〕	会 話 文	同意表現，空所補充，内容説明，内容真偽
	〔3〕	文法・語彙	空所補充
	〔4〕	文法・語彙	語句整序

（注）●印は全問，◑印は一部マークシート方式採用であることを表す。

長文読解，会話文，文法・語彙の出題
基礎力が問われる

01 出題形式は？

推薦・一般ともほぼ同じ形式・内容で，長文読解 1 題，会話文 1 題，文法・語彙 2 題の計 4 題の出題である。全問マークシート方式で，試験時間は，推薦が 50 分，一般が 60 分。

02 出題内容はどうか？

長文読解問題と**会話文問題**では，同意表現，同一用法などによって語彙力を問う問題，空所補充によって文脈の理解を問う問題，内容真偽や内容説明によってテキストの内容理解を問う問題が両入試に共通して出題されている。一般の長文読解では，それらに加えて下線部の英文和訳が出題されている。長文のテーマは，科学系・人文系の論説文が出題されている。理解しやすい話題の英文である。また，会話文は，会話特有の表現は特になく，会話の流れを読み取る問題である。

文法・語彙問題は短文の空所補充と語句整序問題である。空所補充では，語彙と文法の両分野がともに出題されている。語句整序問題は，分詞構文などにかかわる文法理解，動詞の語法理解，セットフレーズの知識が問われている。

03 難易度は？

長文の語彙・構文は標準か標準よりやや易しい程度の内容。語数も 400～450 語程度なので難はない。読解問題も会話文問題も紛らわしい設問はほとんどない。

文法・語彙問題も平易な出題である。設問数が少ないので取り組みやすいだろう。空所補充は，推薦が 8 問，一般が 6 問である。語句整序は両入試とも，3 問の出題で 4 カ所の整序なので迷うところがほとんどない。

全体的に見て，基礎力を問う出題で，難度は高くないといえる。

01 読解問題対策

語彙力の養成：標準の範囲内での出題なので，取りこぼしのないように基本となる語彙を固めるのが第一である。論説文が出題されることが多いので，テーマごとの頻出単語をおさえておく必要がある。授業で副教材として用いるようなテーマ別問題集が格好の練習になる。意味を知らなかった単語をマークしておき，定期的に見直すようにするとよい。これを何度か繰り返したうえで，最後の仕上げとして市販の単語集を用いてブラッシュアップを図るとよい。

速読力の養成と設問対策：英文の量は多くないが，選択式の設問であり，内容真偽問題が必出なので，精読よりもテキストの大意把握と設問への対応力の養成が大切である。本文を通読する前にまず手早く本文全体の大意を把握し，後は直接設問にあたりながら読む範囲を広げていくのがよい。そのためには，パラグラフリーディングが有効である。また，内容真偽などのテキストやパラグラフ全体に対する設問に対しては，スキャニングが有効である。これも簡単なことで，設問中のある語（固有名詞や数字，ポイントとなる語）だけに注目してその前後をできるだけ速く読むことである。

02 会話文問題対策

会話文の問題が例年出題されている。特に会話特有の口語表現などが問題になることはないが，会話の流れを素早く理解していく読解力が重要である。設問の形式・内容は長文読解と同じなので対策も同様である。まず，最初のやりとりを１つか２つ読んで会話のテーマを把握する。後は設問にあたる。設問の最後に内容真偽が出題されているが，それまでの設問を解くなかで，参照箇所が明らかになる場合が多くある。

03 文法・語彙問題対策

空所補充，語句整序ともに基礎力を問う平易な問題であるから，学校で推薦される問題集を何度も繰り返して，重要語句・構文を徹底的に暗記しよう。十分身についたと感じたら，『大学入試 英語頻出問題総演習』，『大学入試 基礎英語頻出問題総演習』（ともに桐原書店）などを用いてレベルアップを図るのがよい。

04 問題演習について

推薦・一般ともに同様の出題形式・内容なので，入試方式にこだわらず過去問にあたっておくことが有効である。特に 01 の「速読力の養成と設問対策」を意識して取り組むとよい練習になるだろう。少し慣れたら，時間を設定するのもよい。

日本史

▶一般選抜　一般入試［第１期］（３教科型・２教科型）

年度	番号	内　容	形　式
2024 ●	〔１〕	平安時代前期の政治	正　誤
	〔２〕	原始～近代の身分制度	選　択
	〔３〕	「永仁の徳政令」「下関条約」―中世の社会・政治，近代の外交 ⊘史料	選　択
	〔４〕	江戸時代の社会・経済	選　択
2023 ●	〔１〕	中世の仏教	正　誤
	〔２〕	中世～近世の外交	選　択
	〔３〕	「『魏志』倭人伝」「赤蝦夷風説考」―卑弥呼と邪馬台国，蝦夷地の開発 ⊘史料	選　択
	〔４〕	近現代の学問	選　択
2022 ●	〔１〕	古代の土地制度	正　誤
	〔２〕	古代～近代の芸能	選　択
	〔３〕	「続日本紀」「文明論之概略」―墾田永年私財法，明治時代の啓蒙思想 ⊘史料	選　択
	〔４〕	江戸時代の政治	選　択

（注）●印は全問，◐印は一部マークシート方式採用であることを表す。

史料問題は必出
幅広い時代・分野の学習を

01　出題形式は？

大問４題の出題で試験時間は60分。解答個数は39個で，全問マークシート方式である。リード文中に引かれた下線部の正誤を選択する問題や，空欄に当てはまる語句・人名を語群から選択する問題が中心である。また，下線部に関する正文（誤文）選択問題も出題されている。史料に関しては，その内容を問う問題も出題されているので注意が必要である。

なお，2025年度は出題科目が「歴史総合，日本史探究」となる予定である（本書編集時点）。

02 出題内容はどうか？

時代別では，2022年度は古代〜近代の範囲から，2023年度は原始〜現代の，2024年度は原始〜近代の幅広い時代からの出題となっている。

分野別では，政治・社会・経済・外交・文化の各分野から幅広く出題されてはいるが，ここ数年は特に文化史の出題の割合が高かった。なお，2024年度は文化史の大問の出題はみられなかった。

03 難易度は？

リード文は教科書の内容に沿ったものであり，基本的な事項を確認する問題が出題されているが，史料問題については，その史料が出された年代・背景を問うものもみられる。史料自体はさほど難しいものではないので，キーワードから何について書かれている史料なのかをしっかり判断すること。全体として基本的な問題で構成されているため，落ち着いて取り組み，見直しの時間も確保して，ケアレスミスのないように解答しよう。

対策

01 教科書の本文を熟読

設問は教科書の内容に沿ったものがほとんどであるので，教科書を中心とした学習は欠かせない。重要語句に注意するのはもちろんのこと，欄外の脚注や掲載史料などにも目を通しながら，教科書の本文を熟読することが高得点への近道だといえる。

02 史料の読解力の養成

例年，大問の１つでリード文に２つの史料が用いられている。史料は教科書に掲載されているものもあるが，なかには，出典の名称は知っていても，内容を読むのは初めてというものもあるかもしれない。設問では史料の読解を求めるもの，史料が出された年代・背景を問うものも出題されており，日頃から『詳説日本史史料集』（山川出版社）などの史料集を使って史料の本文を熟読し，内容をしっかり理解したうえで試験にのぞむことが大切である。

03 文化史対策

2024 年度は出題されなかったが，2022 年度は古代～近代の芸能，2023 年度は中世の仏教と近現代の学問が大問で出題され，過去には明治～大正期の芸術という出題もあり，全体として文化史の比重が大きいといえる。作者・作品名や制作年代などを確認し，図説集も利用して学習しておきたい。

世界史

▶一般選抜　一般入試［第1期］（3教科型・2教科型）

年度	番号	内　容		形　式
2024 ●	〔1〕	秦・漢代の中国史		選択・正誤
	〔2〕	ムガル帝国の興亡	⊘地図	選択・正誤
	〔3〕	アメリカ合衆国と帝国主義		正誤・選択
	〔4〕	ファシズム	⊘グラフ	選択・配列
2023 ●	〔1〕	インドの古代王朝	⊘視覚資料	選　択
	〔2〕	ルネサンスの歴史	⊘視覚資料	選　択
	〔3〕	清の動揺	⊘地図	正誤・選択
	〔4〕	産業革命		選択・正誤・配列
2022 ●	〔1〕	高麗と朝鮮王朝		選　択
	〔2〕	十字軍の歴史	⊘地図・視覚資料	選択・正誤
	〔3〕	アメリカ合衆国の成立と発展		選　択
	〔4〕	オスマン帝国の衰退		選択・正誤

（注）●印は全問，◑印は一部マークシート方式採用であることを表す。

教科書レベルの基本的な出題
地図・視覚資料問題も出題

01　出題形式は？

大問は4題で，解答個数は2022年度が37個，2023年度が33個，2024年度が34個であった。全問でマークシート方式が採用されている。出題の中心は空所補充や単答の選択問題であるが，正文・誤文選択問題や2つの文章の正誤判定問題，年代配列問題も出題されている。また，地図や視覚資料，グラフを用いた出題が例年2～3問みられる。試験時間は60分である。

なお，2025 年度は出題科目が「歴史総合，世界史探究」となる予定である（本書編集時点）。

02 出題内容はどうか？

地域別では，例年，アジア地域と欧米地域がバランスよく出題されている。欧米地域では，2022 年度と 2024 年度において大問でアメリカ史が取りあげられた。アジア地域では，西アジア・中国・インド・朝鮮と幅広く出題されている。

時代別では，古代から近代までの出題が中心であるが，大問のテーマによっては現代史の小問も散見される。

分野別では，政治史からの出題が多いが，文化史の小問が出題されることもある。文化史は，2022 年度〔2〕，2023 年度〔1〕〔2〕のように視覚資料問題として出題される場合もある。

03 難易度は？

教科書の履修範囲に基づいた，標準レベルの出題である。単答や空所補充の選択問題は，基本的な知識の定着が問われている。正文・誤文選択問題や 2 つの文章の正誤判定問題が全体の 4 割ほど出題されており，これらの問題の出来が得点差につながりやすい。

対策

01 教科書の内容を定着させよう

教科書を基本に学習を進めたい。まずは教科書を各時代やテーマ別に区切り内容を精読して知識のインプットをしていこう。その後，基本レベルの問題集に取り組んで知識をアウトプットしていこう。演習問題で間違った箇所は理解が定着していない部分であるから，もう一度知識をインプットしたい。1 つの時代やテーマが終われば，このサイクルを維持したまま全範囲の学習を進めてみよう。問題演習では，なるべく基本的で全体を網羅している問題集を選びたい。『合格へのトライ 世界史探究マスター問題集』（山川出版社）などが質・量ともに適している。

02 正文・誤文選択問題と２つの文章の正誤判定問題に注意

正文・誤文選択問題や２つの文章の正誤判定問題は，難度がやや高くなるので苦手意識をもっている受験生も多い。過去問や類似問題に多くあたって問題形式に慣れておこう。特に，誤っている箇所を見逃さないように集中力をもって選択肢を読み込みたい。

03 図説や地図を活用しよう

地図問題が頻出であり，視覚資料を使用した設問も出題されている。また実際に地図問題でなくとも，地理的なアプローチが必要となる出題が少なくない。地図的なイメージをつかむことで世界史の理解が一層進むことも多いため，ぜひ図説や地図を活用したい。教科書や問題集に取り組む際は，図説や地図などを参照しながら学習を進めてみよう。また，視覚資料問題も出題されているため，美術作品や建築物については教科書はもちろんのこと，図説で視覚的な理解を深めておきたい。図説としては，『ニューステージ世界史詳覧』（浜島書店）や『明解世界史図説エスカリエ』（帝国書院）などを見ておくことをおすすめする。

04 過去問研究

過去問で傾向を研究しておくと，知識を再確認し定着が図れるほか，落ち着いて試験を受けることができる。本書を利用して本番さながらに時間を計りながら問題を解いてみよう。万全の準備を行って本番にのぞみたい。

現代社会

2025年度は「現代社会」に代えて「公共」が課される予定である（本書編集時点）。

▶一般選抜　一般入試［第1期］（3教科型・2教科型）

年度	番号	内容		形式
2024 ●	〔1〕	基本的人権の尊重	⊘グラフ	選択・正誤
	〔2〕	資本主義の歴史		選択
	〔3〕	食料問題と社会問題	⊘統計表	選択
	〔4〕	先端医療技術と生命倫理	⊘グラフ	選択
2023 ●	〔1〕	司法権の諸側面		選択
	〔2〕	中小企業と会社の諸類型	⊘グラフ	選択
	〔3〕	条約と国際関係	⊘地図	選択
	〔4〕	青年期の特質と女性の社会参加	⊘グラフ	選択
2022 ●	〔1〕	民主主義と政党政治	⊘表	選択・計算
	〔2〕	資本主義経済の諸側面		選択
	〔3〕	国家領域と国際社会・国際機関	⊘地図	選択・正誤
	〔4〕	契約主体としての消費者	⊘グラフ	選択・正誤

（注）●印は全問，◑印は一部マークシート方式採用であることを表す。

傾向　基本をしっかりおさえる学習が求められる

01　出題形式は？

全問マークシート方式による出題で，試験時間は60分。大問4題，解答個数は40個である。リード文中の空所補充，正文・誤文選択問題などが中心であるが，グラフや表の読みとり，地図をもとに解答する出題もある。

02 出題内容はどうか？

「政治・経済」と概ね重なる形での出題であるが，青年期や哲学者の思想など旧課程の「現代社会」に固有の内容もみられ，また，生命倫理など「倫理」分野からの出題もある。時事的な内容が問われる出題もある。

03 難易度は？

教科書レベルの基本的な問題がほとんどである。それだけに基本をしっかりおさえる学習が必要かつ重要である。

対策

01 教科書の徹底マスターを

基本問題が多いので，まずは教科書を通読し，概略を理解したうえで重要語句を覚えることが重要である。資料集・用語集にもあたりながら，各単元での学習事項を網羅的に整理しておきたい。

02 日頃から時事問題に関心を

時事的要素のある記述が選択肢に含まれることがあるため，ニュースや新聞などで時事問題にも注意を払っておくと，正誤判断をしやすくなる。

03 用語集・問題集の活用

基本的な用語・知識をおさえるために，山川出版社などから出ている用語集や一問一答の問題集を利用したい。用語そのものを問う出題はもちろん，さまざまな問われ方をするケースもあるので，用語集等の説明の文言にも注意を払うほうがよい。

04 過去問の研究

本書を利用して，過去問の研究および対策に努めておきたい。

数　学

▶一般選抜　一般入試［第1期］（3教科型・2教科型）

年度	番号	項　目	内　容
2024 ●	〔1〕	小 問 5 問	(1)4次式の因数分解 (2)放物線が x 軸に接するための条件 (3)集合の要素の個数 (4)必要条件・十分条件 (5)ユークリッドの互除法
	〔2〕	2 次 関 数	頂点の座標，おき換えを利用した4次関数の最大値
	〔3〕	データの分析	散布図の読み取り，分散，共分散，相関係数
	〔4〕	図形と計量	四面体の高さと体積，三角形の面積，余弦定理
2023 ●	〔1〕	小 問 5 問	(1)5進法の加法 (2)式の値 (3)連立2次不等式 (4)集合の要素の個数 (5)必要条件・十分条件
	〔2〕	2 次 関 数	2次関数の最大・最小，最小値の最大値
	〔3〕	確　　率	独立試行の確率，反復試行の確率，条件付き確率
	〔4〕	図形の性質	接線の長さ，三角形の面積，直線と2円に外接する円の半径
2022 ●	〔1〕	小 問 5 問	(1)因数分解 (2)平方根の計算 (3)連立1次不等式 (4)必要条件・十分条件 (5)最大公約数・最小公倍数
	〔2〕	2 次 関 数	x 軸との共有点の個数と共有点が整数となる条件
	〔3〕	データの分析	偏差値，標準偏差，相関係数，データの読み取り
	〔4〕	図形と計量	三角比の値から求める辺の長さ，速さ・時間・距離，三平方の定理

（注）●印は全問，◑印は一部マークシート方式採用であることを表す。

出題範囲の変更

2025年度入試より，数学は新教育課程での実施となります。詳細については，大学から発表される募集要項等で必ずご確認ください（以下は本書編集時点の情報）。

2024年度（旧教育課程）	2025年度（新教育課程）
数学Ⅰ・A	数学Ⅰ・A

傾向　標準問題中心，全範囲にわたって学習を

01　出題形式は？

大問４題の出題で，〔１〕は小問集合である。全問マークシート方式が採用されており，空欄に当てはまる選択肢の番号や，数値，符号をマークする形式である。試験時間は60分。

02　出題内容はどうか？

〔１〕以外の大問は，２次関数，データの分析，図形と計量，確率，図形の性質から出題されている。小問集合ではいろいろな分野から出題されており，全分野の対策が必要である。

03　難易度は？

教科書の章末問題程度の標準問題が中心であるが，大問によって難易度には若干差がある。特に複雑な計算を要する問題はないが，空所補充形式であるため，正確に速く計算することが求められる。試験時間に対する問題量は適切といえる。

対策

01　基本事項の徹底を

教科書の基本事項・定義・定理・公式を徹底的に理解し，十分使いこなせるようにすること。その際，定理や公式は単に覚えるだけでなく，導き方も確かめて，それらを用いて応用できるようにしておきたい。また，教科書の例題や章末問題を確実に解き，問題集の基本レベルや頻出の問題を繰り返し解いて，基礎力を身につけよう。

02 実戦力の養成を

例年，計算力が必要な問題や思考力の問われる問題が出題されている。そこで，教科書傍用問題集や入試問題集の基本・標準問題を中心に，数多くの問題演習をこなす必要がある。数学では，文字がうまく使えるかどうか，整式をいかに整理して扱えるか，グラフや図をどのように利用できるかが勝負の分かれ目になる。したがって，一つの解き方にとどまらず，さまざまな解法に触れ，基本事項を一つ一つ総合的にまとめ上げることで実戦力を養うとよい。

03 過去問を解く

年度を問わず比較的よく似た傾向の問題が出題されている。本書で過去問を解き，出題傾向・出題形式などに慣れておくことも大切である。その際，時間配分などに気を配って，実際の試験に備えよう。

04 計算力をつける

空所補充形式で結果のみが求められるので，計算ミスは致命的である。普段から，最後まで計算して答えを求める習慣を身につけることが大切である。さらに，検算（例えば，方程式の解なら代入してみるなど）をしたり，計算が簡単になるように工夫することを心がけてほしい。

国　語

▶学校推薦型選抜　公募制推薦入試［併願制］B方式（2教科型）

年度	番号	種　類	類　別	内　容	出　典
2024 ●	〔1〕	国　語 常　識		語意，熟語，慣用句，四字熟語，文法（口語）	
	〔2〕	現代文	評　論	書き取り，内容説明，語意，空所補充，内容真偽	「デザインの教科書」　柏木博
2023 ●	〔1〕	国　語 常　識		語意，熟語，慣用句，四字熟語，文法（口語）	
	〔2〕	現代文	評　論	書き取り，内容説明，語意，空所補充，内容真偽	「旅のエクリチュール」 石川美子
2022 ●	〔1〕	国　語 常　識		語意，熟語，慣用句，四字熟語，文法（口語）	
	〔2〕	現代文	評　論	書き取り，内容説明，空所補充，語意，内容真偽	「日本美を哲学する」田中久文

▶一般選抜　一般入試［第1期］（3教科型・2教科型）

年度	番号	種　類	類　別	内　容	出　典
2024 ●	〔1〕	国　語 常　識		四字熟語，部首，熟語，慣用句，文法（口語），文学史	
	〔2〕	現代文	評　論	書き取り，空所補充，内容説明，内容真偽	「倫理学入門」 品川哲彦
2023 ●	〔1〕	国　語 常　識		四字熟語，部首，熟語，慣用句，文法（口語），文学史	
	〔2〕	現代文	評　論	書き取り，内容説明，空所補充，語意，内容真偽	「希望の思想 プラグマティズム入門」大賀祐樹
2022 ●	〔1〕	国　語 常　識		四字熟語，書き取り，熟語，読み，慣用句，文法（口語），文学史	
	〔2〕	現代文	評　論	書き取り，内容説明，語意，空所補充，内容真偽	「近代政治哲学」 國分功一郎

（注）●印は全問，◑印は一部マークシート方式採用であることを表す。

現代文と国語常識が１題ずつ　選択式だが難度は高め

01　出題形式は？

推薦・一般とも現代文１題と国語常識１題の出題となっている。国語常識は小問数８～９問で解答個数は10個。全問マークシート方式で，試験時間は推薦が50分，一般が60分。

02　出題内容はどうか？

推薦：現代文は評論が出題されている。設問は，内容説明が中心で，その他は書き取り，語意，空所補充，内容真偽などである。

国語常識は，四字熟語，慣用表現，語意，文法（口語）などである。

一般：現代文は評論からの出題である。設問は，内容説明が中心で，その他は書き取り，空所補充，内容真偽などである。

国語常識は推薦とほぼ同じ内容であるが，文学史からの出題があるのでしっかりと学習しておきたい。

03　難易度は？

現代文の評論は論旨が明快で読みやすいが，選択肢に長い文章のものが多く，紛らわしいものも含まれている。また「適切でないもの」を選ぶ設問は消去法がとりにくいのでやや難度が高い。書き取りが必出なので，確実に得点源としたい。国語常識は基礎的な問題である。選択肢の検討に時間をとりすぎると，解答時間が足りなくなるので注意が必要である。

対策

01 現代文

『大学入試 ステップアップ 現代文（標準）』（増進堂・受験研究社）のような標準レベルの問題集で演習を積むとよい。特に読解問題については，各設問で問われている内容を把握し，出題者の意図を考えながら問題を処理するよう心がけよう。

評論では新書や選書からの出題が多い。時間に余裕があれば，興味のある分野から何冊か読んでおくとよいだろう。漢字の書き取りが必出なので，『入試に出る漢字と語彙 2400』（旺文社）などの漢字問題集を繰り返し学習することで，力をつけておきたい。語意問題も頻出なので，問題を解いていてわからない言葉が出てきたら，必ず辞書で意味を確認していくようにしよう。

02 国語常識

基本的な問題なので１つも落とさないつもりで勉強しておこう。漢字・四字熟語・慣用表現・ことわざ・文学史などに関するテキストを反復学習し，完璧なマスターを心がけること。文学史については『SPEED 攻略 10 日間 国語 文学史』（Ｚ会）の利用をすすめる。

小論文

▶学校推薦型選抜　公募制推薦入試［専願制］（小論文型）

年度	内　容
2024	**知識や教養を深めることの重要性について** ⑴要約（300字）⑵意見論述（500字）

（備考）2024年度より実施。

▶学校推薦型選抜　公募制推薦入試A方式（小論文型）

年度	内　容
2024	**子どもが秘密をもつことの意義** ⑴要約（300字）⑵意見論述（500字）
2023	**商品広告におけるフェイクと情報技術の進展について** ⑴要約（300字）⑵意見論述（500字）
2022	**「進化論」の社会的受容について** ⑴要約（300字）⑵意見論述（500字）

読解・分析・論述力に加え，考えを簡潔にまとめる構成力が必要

01　出題形式は？

いずれも，課題文読解型の出題で，試験時間は100分である。例年，問1は課題文のキーワードや著者の考えについての300字の要約，問2は500字の意見論述となっている。なお，解答用紙はヨコ書きで1行25文字のマス目である。

02 出題内容はどうか？

いずれも，本文は2000字程度で，試験時間に対しての分量はそれほど多くない。文章も新書レベルで比較的平易と言ってよい。

A方式（小論文型）の出題テーマは，2022年度は進化論の社会的な受容状況について，2023年度は広告におけるフェイクと情報技術の進展，2024年度は「子どもが秘密をもつこと」と成長の関連性についてであった。また，2024年度より実施の専願制では，知識や教養を深めることの重要性について出題された。いずれも社会科学的なテーマからの出題となっている。

03 難易度は？

課題文の内容は読解に手間取るほど専門的なものではなく，課題文の分量に対して試験時間も十分にあるため，難度はそれほど高くない。ただし，意見論述の指定字数が500字とやや少ないため，漫然と文章を書き進めると字数が足りなくなって自身の主張が書けなくなってしまうおそれがある。あらかじめ構成をしっかりと練ってから書きはじめるようにしたい。

対策

01 現代の社会問題に関心をもとう

進化論の社会的受容，情報技術の進展，子どもの心の成長，知識や教養の重要性などの社会科学的なテーマが課題文として選ばれていることから，日頃からニュースや書籍に触れ，社会における諸問題に関心をもっておく必要がある。例えば，偽装広告やパンデミックなどのキーワードがどのような意味で，世界でそれらに関わるどのような問題が起きているのかを調べ，まとめるなどしておくとよいだろう。

02 長文を要約する訓練を

短い時間で長文を要約するにはある程度訓練が必要だ。また，正確に要約することで，その後の意見論述問題のためにテーマを整理し，考察の足掛かりにすることもできる。2000〜3000 字程度の長さの文章を「論」＝著者の主張・論考の部分と「例」＝具体例やエピソードの部分により分けて「論」だけを抽出し，①文章のテーマは何か，②著者の結論は何か，③その論拠は何か，がわかるように 100〜300 字程度でまとめる練習を繰り返し行おう。

03 論述対策

意見論述の問題では，課題文の著者の主張を汲み取り，それに対する自分の意見を述べ，さらにその論拠を示す必要がある。また，指定字数が 500 字とやや少ないため，答案を書き始める前にどのような内容をどの順番でどれくらいの分量で書くか，しっかり構成を考える必要がある。しかし試験本番で下書きに時間をかけすぎると，時間切れになるおそれがある。各段落を 1 文で要約する，キーワードをメモするなどして小論文の「設計図」を作り，それに沿って書く方法をとることになるが，これは無論一朝一夕にできることではない。普段から上記のような方法で小論文を書く練習を積んでおくことと，書きあがった小論文については必ず担当の先生など他の人に読んでもらい，説得力のある文章が書けているか，独りよがりの主張となっていないかなど，添削を受けて推敲し，完成度を高めていくことが肝要である。

2024年度

問題と解答

学校推薦型選抜 公募制推薦入試［専願制］（小論文型）

問題編

▶試験科目・配点

教　科	科　目	配　点
小論文	日本語の課題文（2,000字程度）を精読し，その内容理解に基づいた小論文（800字以内）を作成する	200点

▶備　考

- 上記のほかに出身学校における成績（出身学校調査書の全体の学習成績の状況を10倍して50点満点に換算）との総合評価による（合計250点満点）。

小論文

(100分)

次の文章を読み、下記の問いに答えなさい。

自分の辞書を分厚くすること、つまりボキャブラリーを増やして知識や教養を深めることは、会話や議論を豊かにするだけでなく、視野を広げ、思考力や想像力をも逞しくし、ひいては生きる力そのものを強くするということです。

この個々人がもつ内なる辞書に関して、今の日本人とイタリア人の間の比較で気になることがあります。それはお年寄りに対する認識です。

イタリアは日本に負けず劣らずの高齢化社会です。イタリアにおけるCOVID-19の感染者の拡大は、そんなお年寄りと同居する家庭が少なくないことにも要因があるとされていますが、イタリアでは基本的にお年寄りはどんな人であろうと、「分厚い辞書の持ち主」として無条件に敬う風潮が強い。

片や今の日本は、お年寄りへの尊敬の念が昔ほどないように見えます。特に文化的な分野を見ていると、若者ばかりがもて囃(はや)され、お年寄りは表に出てくることを遠慮しているような印象を覚えます。そんな社会においては自分の“広辞苑”が薄いことを気に留めない、というよりも薄いこと自体に気づいていない人が多いように感じるのです。

お年寄りは何はともあれ、年齢を重ねることでしか人間が得ることのできない知恵や感性をもっている。

先日テレビで見た戦災孤児のドキュメンタリーで、80代半ばの元戦災孤児のお年寄りが、親の死に目を見ても泣かなかったという話のあとで、思わず母親のお墓の前で嗚咽を漏らしているシーンが出ていました。あの涙の凄まじさは人生の重さそのものであり、長く生きてきた人は、それだけで敬われるべきものだと感じました。

小津安二郎の、戦後の日本の過渡期を切り取った映画作品では、すでに家族に煙たがられるお年寄りを捉えていますが、それでも私の子ども時代までは、地域にある種の威圧感を放っているお年寄りは存在していました。『サザエさん』にも盆栽を大事に手入れする地域のカミナリオヤジが出てきます。江戸時代にまで遡ってしまうと、そもそも人々の寿命が今ほど長くはありませんでしたが、それでも「ご隠居」と呼ばれるお年寄りたちは経験を積んだ生き字引き、分厚い辞書の持ち主という扱いを受けていたように思います。

日本でお年寄りのプレゼンス*が弱まったきっかけがあるとすれば、高度経済成長期ではないでしょうか。テクノロジーの進化や外来文化が浸透していく勢いに付いていけないお年寄りの“足手まとい感”が、その時点で生まれてしまったのかもしれませんね。

高度成長期は、個々人の内なる“広辞苑”のページ数より、実体のある紙幣の枚数を増やすほうに、価値観の軸が移っていった時期だとも言えます。それこそ小津安二郎の『東京物語』**から60年代にかけての家族を扱ったいくつかの作品には、その時代の移り変わりの波に乗る人と置き去りになる人が描かれていますが、あの頃はまさに日本人にとっての裕福さが、教養や知識という分厚い“広辞苑”を携えることよりも、経済的な成功を収めることにシフトしていった時代であり、お年寄りたちの言葉に耳を貸すより、画期的に利益を上げる事業を興す人に世間の尊敬の対象も変わっていった時代だとも解釈できます。

経済的な豊かさ、労働による成功は素晴らしいことで、それ自体を否定するつもりはありません。しかし経済一辺倒では、社会としてバランスが悪い。文化芸術、人文科学的な分野をないがしろにしていては、その文明は滅びかねないからです。

様々な感情による経験値や想像力によって構成された自らの“辞書”の情報量が少ないということは、先の見通しが立たないパンデミックのような問題が起きたときに、ぼんやりとした不安を自力で処理したり、巷(ちまた)に飛び交う情報を適切に疑ったり、ということができなくなるでしょう。つまり、流言飛語や第三者の言葉にたやすく右往左往させられてしまう。

自分の頭で物事を考えられない人が大半になったときに、社会に発生する不穏な現象がどのようなものかは、ナチズムやファシズムを振り返れば容易に想像がつくでしょう。古代ローマ時代のペストのパンデミック後に当時の新興宗教であるキリスト教に依存する人が増えたという話も思い出してください。内側の知力を自ら鍛えていくことは、生きていくうえでとても大切なことなのです。

私のまわりのイタリア人は風邪やインフルエンザなどのウイルス対策として、マスクによる防御より、ワクチンの接種で体の内側から免疫をつくることを選んでいますが、“広辞苑”を分厚くすることは、それと同じ考え方のような気がしますね。内側に知力という抗体をつくることで、突発的な物事にも対応できるだけの思考力を鍛えることができるわけですから。

＊プレゼンス・・・存在が持つ影響力。

＊＊『東京物語』・・・小津安二郎監督の映画（1953年）。年老いた田舎の両親が子どもたちの住む東京を訪れる。彼らの姿を通して変わっていく戦後の家族を冷静に描いた。

（ヤマザキマリ『たちどまって考える』より）

問１　著者の考えを300字以内で要約しなさい。

問２　著者の考えに対するあなたの意見を500字以内で述べなさい。

解答編

小論文

解答の指針 **《知識や教養を深めることの重要性について》**

問1． 知識や教養を深めることの重要性について，著者の考えを 300 字以内で要約する。

要約の際は，具体例を省き，著者の考えや意見の部分を抽出する必要がある。また，比喩表現はそのまま用いずに，別の表現に置き換えたり，説明を加えたりすること。以上の点を念頭に置きながら，本文の内容について段落ごとの要点を以下で確認してみよう。

第1段落：「知識や教養」の効用について

第2～4段落：日本とイタリアの比較：お年寄りに対する認識の違い

第5段落：お年寄りは「年齢を重ねることでしか人間が得ることのできない知恵や感性をもっている」という著者の意見提示

第6～7段落：第5段落の著者の意見を裏付ける具体例

第8～9段落：日本でお年寄りの影響力が弱まった背景の考察（高度経済成長による価値観の変化）

第10段落：「知識や教養」より「経済的な豊かさ」を重視する現代日本社会の傾向に対する著者の意見提示〔問題点の指摘〕

第11～13段落：「知識や教養」をないがしろにすることがなぜ問題なのか，理由（＝自分の頭で物事を考えられず，流言飛語に影響されて社会に不穏な現象をもたらす）を説明した上で，著者自身の意見（＝内側の知力を鍛えることの重要性）を提示〔結論〕

以上の内容を踏まえると，要約で必要となるのは，①知識や教養の効用について，②現代の日本社会の傾向とその背景，③経済一辺倒になって知識や教養をないがしろにしてしまうことの問題点について，④内側の知力を自ら鍛えていくことの重要性についての4点である。

なお，前述したように，「自分の辞書を分厚くする」「分厚い辞書の持ち主」といった比喩表現は，そのまま用いずに別の表現で言い換えること。また，「お年寄り」に関する記述は，現代の日本で知識や教養がないがしろにされている現状を裏付けるための具体例なので，要約の際には省くとよい。

問2． 著者の考えに対する自身の意見を500字以内で述べる。

問1で見たように，著者は経済一辺倒になって知識や教養をないがしろにしがちな現代の日本社会において，その問題点に言及したうえで，知識や教養を鍛えていくことの重要性を主張している。

一般的に，著者の主張に対する自身の意見を問われた場合，「賛成」か「反対」かを示して，自身の意見を述べていくというのがオーソドックスな論展開となる。ただし，今回のような「知識や教養」の重要性という主張に対しては，“知識や教養は重要ではない”という反対意見で論を展開するのは難しい（大学に進学することが，知識や教養を身につけるためでもある以上，それを否定するのは難しい)。したがって，著者の意見に「賛成」という立場からの論述になることが考えられる。その際，気をつけるべきなのは，著者の主張をそのままなぞって繰り返すだけでは，自分の意見にはならない，ということである。

一つの方法としては，著者が問題視する状況がなぜ生じているのか，原因を考察した上で，その原因に対処するにはどうしたらよいか，意見を述べていくことが挙げられる。ただし，今回の課題文では，「経済一辺倒の価値観」という問題の背景がすでに指摘されている。したがって，そこから派生する問題点や，それ以外の問題点などを自分で考察しながら，「その問題点について，どこから改善していくべきか」といったことを論じていくとよいだろう。たとえば，「教養」が軽んじられる背景の一つに，無駄なことはしない，という徹底した「合理的思考」があることが挙げられる。身近な例で言えば，“進路とは関係のない科目は必要ない”という発想などは，目的に向かってできるだけ無駄を省こうとする「合理的思考」の一例として挙げられるだろう。しかし，「教養」というのは，一見関係がなく無駄に思えるような知識を結びつけて，新しい視点やアイディアを生み出し，創造性につなげる力でもある。目的に直接関係がないものを無駄だと切り捨てると，そういった力を養うことができなくなってしまう。

現代の日本社会では「タイパ（タイム・パフォーマンス）」といった言葉が取りざたされるほど，“無駄を省き手軽に利益を得たい”という発想が蔓延している。こういった合理性にばかり目を向けた発想や価値観を変えていくことが必要だというような意見提示をしていけば，著者の考えをなぞるだけではない，自分なりの意見論述となるだろう。

また，著者の主張に反対の立場で意見を論述するのは難しいと前述したが，だからといって「経済的な豊かさは必要ない」というわけでもない。どちらか片方だけが大事なのではなく両方とも必要である以上，どちらか片方を全否定するのではなく，そのバランスを上手に保っていく方法を提示する方向での論述も考えられるだろう。著者も述べていたように，「経済的な豊かさ，労働による成功は素晴らしいこと」であるのは事実であって，問題は「経済的な豊かさ」一辺倒になってしまうことである。したがって，「知識や教養を深めること」と「経済的な豊かさ」を相反するものと考えるのではなく，「経済的な豊かさ」においても「知識や教養」は必要になるという意見を根拠を挙げながら提示したり，「知識や教養」を「経済的な豊かさ」につなげるにはどうすればよいかといった問いを立てながら考察を深めていく方向で論述したりすることも可能だろう。

いずれにせよ，全否定したり全肯定したりするのではなく，条件付けをしながら丁寧に論述していくことが必要である。

学校推薦型選抜 公募制推薦入試［併願制］A方式（小論文型）

問題編

▶試験科目・配点

教　科	科　　目	配　点
小論文	日本語の課題文（2,000字程度）を精読し，その内容理解に基づいた小論文（300字以内の要約と500字以内の自分の意見）を作成する	200点

▶備　考

- 上記のほかに出身学校における成績（出身学校調査書の全体の学習成績の状況を10倍して50点満点に換算）との総合評価による（合計250点満点）。

小 論 文

（100 分）

次の文章を読み、下記の問いに答えなさい。

児童文学にはしばしば子どもの秘密が取り上げられている。カニグズバーグ（E. L. Konigsburg）＊の名作『クローディアの秘密』の主人公クローディアは 11 歳の少女である。クローディアは「いい子」である自分に不満をもち、弟のジェイミー（9 歳）とともに家出をする。家出の先はニューヨークはメトロポリタン美術館の中！　二人は隠れて生活を始めるが、そこで見つけた天使像の秘密を探るうちにある婦人と出会うことになる。婦人は彼らに天使像の秘密をあかすとともに、クローディアの家出の意味をも明らかにする。婦人はクローディアに次のように語る。「秘密を胸にもって帰るってのが、クローディアの望みなのよ。……クローディアは冒険がほしいのではないわね。……クローディアに必要な冒険は、秘密よ。秘密は安全だし、人をちがったものにするには大いに役だつのですよ。人の内側で力をもつわけね……」。

他者に伝えることによっては消えてしまう、あるいは伝えることの不可能な独自の現実体験があり、その現実体験を心のなかで守りつづけることによって意味をもつことがある。クローディアは他者によって期待されたままの「いい子」であることを、秘密の計画を立て実行することによって打ち破る。自分はもはや他者の思いどおりではない、そして他者によっては見透しがたい、秘密をもった存在であり、自分は自分以外だれも知らない自分自身である。この秘密をもつことが、彼女を大人の世界へと進むことを可能にしてくれるのである。そして、クローディアはこの秘密を守りとおすことができるという点で、すでに他者のまなざしによっては揺るがせられることのない自己として成長していることを示しているのである。

このように、秘密はまずもって自己を他から分けるという境界を設定する作用である。そして、主体としての自己の意志による自己の確認であるが、秘密を告白しようとする他者への融合作用が同時に存在している。この〈境界設定作用〉と〈融合作用〉の両者の間での葛藤が生じることになる。私たちはこの二つの作用の葛藤ということから、秘密をもつことをやましい経験として断定しがちであるが、このような葛藤は他者からは見透しえない独自の自己というものに気づきはじめた人間の成長過程においては、不可避の経験に他ならない。

事実、精神分析は秘密のもつこのような葛藤について、子どもの発達的側面から評価している。子どもは生まれた当初は、自己をもたず、親によって見透される存在である。そこでは子どもは親と融合しており、秘密をもちえない。親から自己を切り離し自立しようとしはじめるとき、初めて子どもは親にたいして秘密をもち、嘘をつくことが可能となる。この段階の子どもは秘密を保持することと、告白によって融合することとの間で葛藤することになる。しかし、成熟が進むと秘密を告白することによっても自己を失っても融合されることはなく、分離と距離を保ちながら親密さを保つことができるようになる。つまり秘密をもつことによって生じるこの葛藤は、一方で他者からの自律個体化という発達への指向と、他方で他者への融合という退行への指向の葛藤とも考えることができる。このように精神分析は、子どもの発達の相において秘密を捉えているという点で優れているといえよう。

子どもが秘密をもつことと成長との関連に関心をもつのは心理学者だけではない。社会学者もまた子どもの秘密のもつ意義に着目している。秘密のもつ社会学的考察を深めたのはジンメル（G. Simmel）** であったが、彼の成果を承けて亀山佳明 *** は、子どもが秘密をもつことが社会化にとってどのようなことであるかを考察し、次の三つの機能があることを明らかにした。(1) あるシステム（家庭や社会）と異質の情報を所有するという意味で個性化の機能。(2) システムからの分離という機能。(3) 可視性から隔離することによってシステム内の単位（個人や集団）の自律化を促進する機能。これらの機能は、システムと子どもとの関係として捉えられ、子どもがシステムから自律するうえで秘密をもつことの重要性が明らかにされている。

さらにまた、子どもの秘密を、子どもによって体験される意味の次元において人間学的にみることもできる。たとえば、秘密以前の形態ではあるが秘密のもつ要素をもかね備えている「隠れん坊」から始まり、「秘密のかくれ家」「秘密の宝もの」「秘密の仲間」あるいは「秘密と変身」といった事象へと私たちの目を広げさせることとなる。そこでは、すでに述べたことと連関して次のような体験の意味が読み取れると思われる。

秘密をもつとは、日常の世界とは異なった世界、何重にも重なりあった多様な現実に住むことを学ぶことである。秘密にされるべき新しい世界の発見は、新しい自分の発見でもある。また、秘密は傷つきやすい子どもの自己を庇護し、大人のまなざしから身を引かせ真の自己に沈潜し立ち戻ることを可能にしてくれることでもある。このことは、反対に大人によって庇護された世界から抜け出て独自の自己を確認する体験でもありうるだろう。そして、秘密を告げ共有することによって他者と親密性を獲得することになるだろう。このように、子どもの秘密は、母子の一体的在り方から、子どもが独自の自己へと成長するさいの一つの事象として考えることができる。もちろん、秘密があまりに完全であり、システムから乖離しているときの危険性も指摘することができるだろう。

＊カニグズバーグ・・・アメリカの児童文学作家（1930-2013）。

＊＊ジンメル・・・・・・ドイツ出身の哲学者、社会学者（1858-1918）。

＊＊＊亀山佳明・・・・・・日本の教育社会学者（1947-）。

（矢野智司『子どもという思想』より）

問1　子どもが秘密をもつことについて、著者の考えを300字以内で要約しなさい。

問2　著者の考えに対するあなたの意見を500字以内で述べなさい。

解答編

小論文

解答の指針　**《子どもが秘密をもつことの意義》**

問1． 子どもが秘密をもつことについて，著者の考えを300字以内で要約する。

要約の際は，具体例を省き，著者の考えや意見の部分を抽出する必要がある。以上の点を念頭におきながら，本文の内容について段落ごとの要点を確認してみよう。

第1～2段落：児童文学における「子どもの秘密」について，『クローディアの秘密』という著作を例として紹介しつつ説明。

第3段落：「秘密」が持つ作用（〈境界設定作用〉と〈融合作用〉）と，その二つの間の葛藤が自己に気づき始めた人間の成長において不可避の経験であること。〔著者の主張〕

第4段落：著者の主張を裏付けする具体例1・精神分析的アプローチ

第5段落：著者の主張を裏付けする具体例2・社会学的アプローチ

第6段落：著者の主張を裏付けする具体例3・人間学的アプローチ

第7段落：「秘密をもつ」とは，日常の世界とは異なった多様な現実を学ぶことであり，秘密にされるべき新しい世界の発見は，新しい自分の発見でもある。また，「秘密をもつ」とは，大人によって庇護された世界から抜け出て独自の自己を確認する体験である。さらに，秘密を共有することで他者との親密性を獲得できる。このように，子どもの秘密は，母子の一体的な在り方から，子どもが独自の自己へと成長するさいの一つの事象として考えることができる。〔著者の主張〕

以上の内容を踏まえると，要約においては，具体例を省いた第3段落および第７段落の内容を中心にまとめていけばよい。ポイントとなるのは，①「秘密」がもつ境界設定作用と融合作用の説明，および両者の間での葛藤が人間（子ども）の成長において不可避であること。②「子どもが秘密をもつこと」によって新しい世界を発見し，それが新しい自分の発見になること。③「子どもが秘密をもつこと」が，大人によって庇護された世界から抜け出て，独自の自己を確認する体験となること。④秘密を他者と共有することで親密性を獲得できること。⑤「子どもの秘密」が，親子一体的な在り方から子どもが独自の自己へと成長する際の一つの事象として考えられるということの５点である。

以上の内容を 300 字以内にまとめる。なお，⑤は，①～④のまとめとなるが，第７段落の最終部分に即して，子どもと大人の関係が，特に「親子（母子）関係」を想定していることを明示しつつまとめることが望ましい。

問２．「子どもの秘密」は，子どもが独自の自己へと成長する上で不可避の経験であるという著者の考えに対して自分の意見を 500 字以内で述べる。

一般的に，著者の主張に対する自身の意見を問われた場合，著者の主張に対して「賛成」か「反対」かを示して自身の意見を述べていくというのがオーソドックスな論展開となる。よって，それぞれの立場からのアプローチについて確認してみよう。

解答の方向性としてまず考えられるのは，著者の主張に同意を示した上で，「子どもの秘密」がうまく機能しない状況について考察していく方向，すなわち，「子どもの秘密」による自己の発見や，成長を妨げているものは何かということを問う方向である。一例として，「親の過干渉」が挙げられるだろう。親が過干渉だと，「親の考え＝子ども自身の考え」となってしまい，子どもの主体性が育ちにくくなる。また，たとえば子ども同士の揉め事に親が口出しをすると，子どもから自分で考えて解決する力を奪ってしまうことになりかねない。そういう意味では，親が子どものことを何でも把握していることが必ずしも良いこととは言えず，「子どもの秘密」が有効に作用するために，親もある程度「子離れ」できていることが必要となるだろう。したがって，子どもが秘密をもつことのできる適切な距離感を親が保てるかどうかが重要，という意見を提示することができる。

一方で，著者の考えを真っ向から否定するのは，なかなか難しい。本文でも言及されているように，児童文学だけでなく，精神分析や社会学，人間学においても，「子どもの秘密」と成長との関連性が裏付けられているからだ。しかし，著者の考えを踏まえつつ，状況によっては「子どもの秘密」がマイナスの方向に作用する場合があることを提示，考察することはできる。最終段落最終文に「秘密があまりに完全であり，システムから乖離しているときの危険性も指摘することができるだろう」とあるように，メリットだけでなく当然デメリットも存在するはずだからだ。ここで言う「システム」とは，本文中で「家庭や社会」であることが示されているが，この点に注目して，「秘密があまりに完全であり，システムから乖離しているとき」について，具体例を挙げながら説明し，そうならないようにどうすればよいかを提案することもできる。

たとえば，先に確認したように，親が子どもに干渉し過ぎるのは子どもを「親離れ」から遠ざけることになるが，逆に，家庭や社会が「子どもの秘密」に全く無関心であるような場合，そして，その「秘密」が倫理的に問題があったり犯罪につながったりするような「秘密」である場合，「子どもの秘密」は家庭や社会といったシステム自体を脅かすことにもなりかねない。そういう意味では，「秘密」の内容にも注意が必要だ。子どもの成長を促すような，子どもだけで克服したり解決できるような「秘密」ばかりだとは限らないからだ。したがって，「子どもの秘密」が子どもの成長を促す場合とそうでない場合の違いは何かといった論点を立てて考察をしていくことも可能である。

以上のように，著者の考えに同意する場合であっても，条件付けをしながら丁寧に考察していくことで，著者の考えを単に繰り返したりなぞったりするだけの論述になることを避けることができる。著者の主張通りにならないのはどういう場合か，何が問題か，どうすればよいかなど，自分なりに問いを立てながら，構想を練る練習を普段から心がけよう。

学校推薦型選抜 公募制推薦入試［併願制］B方式（2教科型）

問題編

▶試験科目・配点

教　科	科　　目	配　点
英　語	コミュニケーション英語Ⅰ・Ⅱ	100点
国　語	国語総合（古文・漢文を除く）	100点

▶備　考

- 上記のほかに出身学校における成績（出身学校調査書の全体の学習成績の状況を10倍して50点満点に換算）との総合評価による（合計250点満点）。
- ハイスコア方式：複数日程受験の場合，英語と国語それぞれの最高点の合計点で判定される。

英　語

（50 分）

1　次の英文を読んで、設問に答えよ。

Green spaces in cities are absolutely essential to our health, helping to reduce stress and promote healthier lifestyles within an urban environment. This direct benefit to people's lives is significant, but perhaps the most important benefit, at least for city planning authorities, is the quite (A) effect it has on the local economy.

Adding a new green space by developing an existing urban structure or abandoned area brings immediate opportunities to make money. One example is a public park called the High Line in New York City. This park was built on a section of now abandoned railway line. According to city authorities, the park has generated approximately $2 billion for the city's economy (1) <u>so far</u>.

Such areas have a particularly positive effect on the economy due to the fact that any development that improves a part of a city becomes in demand as a place to live and do business. The areas around undesirable sites or unused land tend to be less desirable as residential (B). However, when new, attractive green spaces are developed on previously undesirable sites, those sites now attract people who want to be closer to nature. Developers come in and restore existing buildings or build new buildings. Demand for housing in the area suddenly increases and as a result, real estate values increase. In addition, the area draws in businesses hoping to take advantage of new opportunities.

Another way in which green spaces such as the High Line make money for the economy is through tourism. Parks in major cities are always popular with tourists, especially if, like the High Line, they have the fashionable factor of being transformed from an undesirable site into an attractive modern space. Often such spaces are enhanced with gardens and art installations, so they become interesting sightseeing destinations. Cafés, restaurants, and shops benefit from tourists as well as from locals, who go to these businesses regularly. As a result, money is (C) into the local community where it can be used to continue improving the community.

For all these reasons, developing urban green spaces has become a particularly attractive option for cities hoping to solve the problem of what to do with abandoned urban spaces. The success of the High Line has already (2) <u>prompted</u> several major U.S. cities, including Chicago and Philadelphia, to consider converting forgotten areas into new green spaces. Undoubtedly, the number of developments like this will increase as their benefits, both economic and social, are recognized. This demand for green spaces and improved lifestyles for residents will grow in cities across the world.

設問

1．空所A～Cに入れるのに最も適当なものを、次のア～ウからそれぞれ一つ選び、解答用紙にマークせよ。

A [1] ア．considerable　イ．humble　ウ．portable

B [2] ア．locations　イ．populations　ウ．occasions

C [3] ア．broken up　イ．put back　ウ．set off

2．下線部(1)(2)の意味に最も近いものを、次のア～ウからそれぞれ一つ選び、解答用紙にマークせよ。

(1) [4] ア．at large　イ．on time　ウ．till now

(2) [5] ア．adapted　イ．recommended　ウ．encouraged

3．High Line公園について、本文の内容に合うものを、次のア～ウから一つ選び、解答用紙にマークせよ。[6]

ア．都市緑化の国家事業として開発された公園である。

イ．地域の犯罪率低下に貢献している公園である。

ウ．かつて鉄道が走っていた場所に作られた公園である。

4．都市部の緑化がもたらす影響について、本文の内容に合うものを、次のア～ウから一つ選び、解答用紙にマークせよ。[7]

ア．業者による地域の再開発が進み、不動産価格が上昇する。

イ．住民の交流の機会が増え、社会のつながりが強化される。

ウ．緑化された地域に住んでいた人々の住宅問題が生じる。

5．High Line公園が観光資源になった理由として、本文の内容に合うものを、次のア～ウから一つ選び、解答用紙にマークせよ。[8]

ア．昔風のカフェやレストランが多くの人々を引き付けるから。

イ．廃れた産業構造物が現代的なスペースに生まれ変わったから。

ウ．廃止された路線が復活し、観光客が行きやすくなったから。

6．都市部の緑化について、本文の内容に合わないものを、次のア～ウから一つ選び、解答用紙にマークせよ。[9]

ア．都市部の使われなくなった土地の活用策として多くの利点が見込まれる。

イ．緑地の整備により、都市部の環境問題は解消されていくと予想される。

2024年度　B方式推薦（併願）　英語

ウ．都市部の緑化スペースへの需要は、世界中で増えていくと予想される。

7．本文の内容に合うものを、次のア～ウから一つ選び、解答用紙にマークせよ。 10

ア．Development in urban cities creates extremely overpopulated areas with little green space.

イ．Turning abandoned areas into green spaces could involve new environmental issues.

ウ．Green spaces in urban areas can attract businesses looking for new opportunities.

2

次の会話文を読んで、設問に答えよ。

Y＝Yuki,　D＝Donnie

Y: Hi, Donnie. Have you gotten used to working here? It's been about two months since you started working, hasn't it?

D: Thank you for asking, Yuki. (　　A　　)

Y: That's good to hear. Let me know if you have any problems.

D: (　　B　　) Last week, Mr. Sato and I visited a client at her office. Then, as soon as she appeared, she apologized for being late.

Y: Wasn't she late?

D: She was just one minute late. And she's a client. I didn't even (1) notice she was late because I was talking with Mr. Sato.

Y: Well, I think she was not exactly seeking your forgiveness but trying to be nice and polite.

D: Is that so? I often feel Japanese people apologize too much. People in my country would see it as insincere*.

Y: That's an interesting (2) perspective. Maybe we should be more aware of how people from other countries feel.

D: Is there any cultural reason (3) behind the frequent apologies?

Y: I think it relates to our rice farming culture in the old days. People had to cooperate well to grow rice, and selfish behavior was unacceptable in the community.

D: Maintaining harmony with others was very (4) critical, I guess.

Y: That's right. And that might be a reason why we apologize first when there is a slight possibility of causing any trouble.

D: Now I understand why people often say "*sumimasen.*"

Y: Actually, "*sumimasen*" doesn't just mean "I'm sorry." It can also mean "excuse me" or "thank you."

D: Very interesting. I didn't know that "*sumimasen*" can mean "thank you." Could you explain the usages?

Y: (　　C　　) For example, you can say it when someone gives you their seat on a train.

D: In that case, is it OK to say "*arigatougozaimasu*" instead?

Y: Sure. I prefer to say so myself.

D: All right. I learned a lot today. Thank you, Yuki.

注　insincere: 誠意のない

設問

1．下線部(1)(2)(4)の意味に最も近いものを、次のア～ウからそれぞれ一つ選び、解答用紙にマークせよ。

(1) 11　ア．enter　イ．perceive　ウ．strive

(2) 12　ア．context　イ．scenery　ウ．viewpoint

(4) 13　ア．deliberate　イ．severe　ウ．vital

2．下線部(3)のbehindと同じ意味で使われているものを、次のア～ウから一つ選び、解答用紙にマークせよ。 14

ア．A good haiku has a hidden message behind the words.

イ．Hearing the noise, I looked behind, but nothing was there.

ウ．The flight took off half an hour behind schedule.

3．空所A～Cに入れるのに最も適当なものを、次のア～ウからそれぞれ一つ選び、解答用紙にマークせよ。

A 15　ア．Everything is fine, but there's one thing that is bothering me.

イ．I still have much to learn, but I really enjoy working here.

ウ．I have something to ask you, but I'm not sure how you'll take it.

B 16　ア．Actually, I'd like to share something with you.

イ．Thanks, but you have no idea how I feel about Mr. Sato.

ウ．Well, nothing comes to mind at the moment.

C 17　ア．I sometimes use it when I feel deeply sorry for something I've done to others.

イ．We say it when someone does something for us in particular situations.

ウ．You might want to say so when someone praises you for what you did for them.

4．Donnieについて、本文の内容に合うものを、次のア～ウから一つ選び、解答用紙にマークせよ。 18

ア．Donnieは、顧客との面会に遅れてしまい、気まずい思いをした。

イ．Donnieは、人に迷惑をかけたら、すぐに謝罪するようにしている。

ウ．Donnieは、「すみません」が謝罪以外にも使われると知らなかった。

5．本文の内容に合うものを、次のア～ウから一つ選び、解答用紙にマークせよ。 19

ア．Donnie got used to life in Japan even though he was transferred to the Japan office only a few months ago.

イ．Yuki believes that Japanese people should give up the old habit of apologizing too frequently.

ウ．Yuki would likely say "*arigatougozaimasu*" instead of "*sumimasen*" when someone gives her a seat on a train.

3

次の各文の空所に入れるのに最も適当なものを、下のア～エからそれぞれ一つ選び、解答用紙にマークせよ。

1．It looks like the hurricane (20) by the time we arrive.

ア．passed　イ．has passed　ウ．is passed　エ．will have passed

2．You (21) worry about what others may think of you or what they may say.

ア．don't need　イ．need not　ウ．needn't to　エ．no need

3．The professor taught over 30,000 students in her career, many of (22) later became successful business leaders.

ア．which　イ．whichever　ウ．who　エ．whom

4．Inflation is a (23) of an increase in the prices of goods and services in a country.

ア．currency　イ．phenomenon　ウ．regulation　エ．surrounding

5．The government has promised that it will (24) a full investigation into the problem.

ア．correct　イ．encounter　ウ．reproduce　エ．undertake

6．A: Why don't you give up social media for a while?

B: No way. My life would be empty (25) it.

ア．besides　イ．except　ウ．with　エ．without

7．A: Whose side are you on, mine or hers?

B: You're both my good friends, so I want to stay (26).

ア．concrete　イ．ideal　ウ．neutral　エ．potential

8．A: How did you find the physics exam today?

B: It was a piece of (27) for me. I'm good at science subjects.

ア．cake　イ．glue　ウ．luck　エ．soap

4

日本文の意味になるように、それぞれ下の語（句）を並べ替えて英文を完成させるとき、２番目と４番目に来るものを、下のア～エから一つずつ選び、解答用紙にマークせよ。

1．彼はあのうわさを信じるほど愚かではありません。

He is not so ＿＿ 28 ＿＿ 29 that rumor.

ア．foolish　イ．as　ウ．believe　エ．to

2．私はルームメイトとうまくやっていくのが難しいと思うことがあります。

I sometimes find ＿＿ 30 ＿＿ 31 on well with my roommate.

ア．hard　イ．it　ウ．get　エ．to

3．責任者に（電話を）つないでもらえますか。

Could you put me ＿＿ 32 ＿＿ 33 charge?

ア．in　イ．the person　ウ．through　エ．to

⑾　本文の内容に合致するものを一つ選べ。25

ア　一般的にデザインとは自然の事物や既製の人工物を手なずけ馴染みの良いものへと改良することだとされているが、改良したつもりで改悪してしまうようなことにならないように、対象となる事物の潜在的有用性を正しく認識し、それに応じて適切な働きかけをすることが必要である。

イ　人間は長い間、潜在的有用性を持つ自然の事物や既製の人工物に「アフォード」することをとおしてそれらを利用してきたが、そうした「アフォーダンス」を超えて人工的な働きかけをすることによってデザインは進化し、日常生活をさらに心地良いものに変えていくことができるようになった。

ウ　デザインという行為は人間だけに見られるものではないが、他の動物とは違って人間は自然の事物や既製の人工物が持つ潜在的有用性を見出し、そのまま受け入れるだけでなく、人工的な働きかけをすることをとおして複雑さや多様性のあるものを生み出していった。

エ　人間が自然の事物や既製の人工物が有用だと認識することができるのは、それらが人間に対して有用性を「アフォード」しているためであるが、そうした有用性は潜在的なものであり、人間がデザインという「表象行為」を行うことによって初めてその有用性を発揮することができるようになる。

説明としてもっとも適切なものを選べ。 22

ア　クルマやコンピュータのような道具や装置は、飛び石や椅子と同じように、人間の身体機能に欠如した部分を補い、日常生活を快適にするために作られていること。

イ　クルマやコンピュータのような道具や装置は、飛び石や椅子と同じように、人間の身体機能を延伸し拡張するものであること。

ウ　クルマやコンピュータのような道具や装置は、飛び石や椅子と同じように、人間の身体にない機能を補い、不可能なことを実現するためのものであること。

エ　クルマやコンピュータのような道具や装置は、飛び石や椅子と同じように、人間の身体機能を再現し、それ以上の効果を生むために作られていること。

(9)　傍線部eについて、筆者はどのようなことを言おうとしているのか、その説明としてもっとも適切なものを選べ。 23

ア　デザインはもともとそれほど価値のあるものとは考えられていなかったが、近代になると「自然という富」を搾取する手段としてその価値が認められ、広く実践されるようになったということ。

イ　長い間、近代の産業は自然の価値からあえて目を背けながら「自然という富」を膨大に搾取し、自然環境問題などを引き起こしてきたが、デザインはそうしたことと決して無関係ではないということ。

ウ　現在、技術先進国や新たに台頭してきた国々では深刻な自然環境問題が発生しているが、そうした問題の原因は自然を手なずけ膨大な自然を搾取するデザインという行為だったということ。

エ　人類は長い間「自然という富」の存在に気づいていなかったが、デザインによって自然を手なずけることができるようになった結果、その価値が認められ大規模に搾取されるようになってしまったということ。

(10)　本文中の[i]・[ii]に入る語句の組み合わせとして、もっとも適切なものを選べ。なお、二箇所の[i]には同じ語句が入る。 24

	i	ii
ア	富	資本
イ	無料	資本
ウ	富	労働
エ	無料	労働

である。

エ　既存の考え方にとらわれず空想力を飛躍させて川を渡る方法を考え、その結果がやがて橋となったように、自分のためだけでなく多くの人々のためになるようなことをすることがデザイン的な行為である。

(4)　傍線部cの本文中における意味として、もっとも適切なものを選べ。 18

ア　とても丈夫な
イ　きわめて安全な
ウ　役に立つ
エ　長く変わらない

(5)　本文中の A に入れるのにもっとも適切なものを選べ。 19

ア　デザインはどこまでも自由な行為で正しい答えなどといったものはない
イ　こうなると、ますますデザイン的な思考や行為となっていくことになる
ウ　空想力の飛躍はそれまでにない斬新なデザインを生み出す原動力となる
エ　だが、こうした単純な工夫だけではまだデザイン的な行為とはいえない

(6)　本文中の x ～ z に入る語句の組み合わせとして、もっとも適切なものを選べ。 20

	x	y	z
ア	さらに	ただし	しかし
イ	つまり	ただし	すなわち
ウ	さらに	たとえば	すなわち
エ	つまり	たとえば	しかし

(7)　本文中の B に入れるのにもっとも適切なものを選べ。 21

ア　椅子をはじめとしてさまざまな家具は、それらが使われる場所や使われ方によってデザインの変化を生み出していく
イ　デザインというものは椅子などといった対象物の形状だけでなく、人間の生き方まで大きく変化させてきた
ウ　ただし、身の周りにあるものを自由にデザインすることができるようになったのは近年になってからのことであった
エ　このようにして生み出されたデザインは時代とともに改良が繰り返され、現代ではその原型をほとんどとどめていない

(8)　傍線部dについて、どのようなことが「変わりはない」のか、その

ウ　旅のかんカイを述べる。
エ　カイこんの思いが強くなる。

⑤　むジンぞう　15
ア　選挙のしゅつジン式を行う。
イ　町の発展にジンりょくする。
ウ　その発言はジンじょうではない。
エ　ジンだいな被害をもたらす。

(2)　傍線部aについて、筆者はこの椅子を取り上げてどのようなことを言おうとしているのか、その内容としてもっとも適切なものを選べ。
16
ア　この椅子は百年以上も前にデザインされたにもかかわらずわたしたちの多くが心地良さを感じるように、心地良さを求める人間の欲望はどの時代も変わらず、デザインはそうした欲望に応えることを目的としているということ。
イ　不特定多数の人々が使うもののデザインにはさまざまな配慮が必要で、そのなかでも視線の扱いは特に重要な要素の一つであるが、マッキントッシュがデザインした椅子はそうした問題をうまく解決しているということ。
ウ　心地良さを求めるという人間の欲望はデザインという行為の要因の一つであって、マッキントッシュがデザインしたこの喫茶店の椅子は、そうした欲望に応えるようなものになっているということ。
エ　マッキントッシュはこの喫茶店の椅子を客の立場になってデザインしているように、ものを改良しようとするときには、デザインする立場からではなくそれを使う立場から考えなければならないということ。

(3)　傍線部bについて、人が川を渡るという行為に対するペトロスキの考え方としてもっとも適切なものを選べ。　17
ア　川の渡り方にはさまざまな方法があるが、足を濡らす・濡らさないなどといったことにかかわらず、自然と向き合い、それを克服するために人間が行うことはどれもみなデザイン的な行為である。
イ　川を渡るときに足を濡らしてしまうのではなく、「別の考えをする発明精神の持ち主」のように、自然にあるものをうまく利用して足を濡らさないように工夫することだけでもそれは十分デザイン的な行為である。
ウ　川底にころがる石を等間隔に並べて川を渡るなどといったように、自然にあるものをそのまま利用するのではなく、自然を自分に都合の良いように改良することがデザイン的な行為

て、土地はその母である」と述べている。

わたしたちは、自然という富を、長く、富であるということを知りながら、それを広く認識させないようにしてきた。空気も水もいわば［ i ］であり、それを産業がむ⑤ジンぞうに使ってきた。それらを価値のあるものにしたのは、あたかも［ ii ］と技術であるかのようにしてきたのである。それは、自然を手なずけることとつながっている。

産業あるいは技術先進国は、空気や水は［ i ］であり、それを価値あるものにしているのは、自らの技術であるとして、膨大な自然を搾取してきたのである。いまや、新たに台頭してきた国々が同じことをしている。このことは、自然環境問題と深く関わっている。

デザインは、自然を手なずける実践であるが、自然の収奪や搾取ということでは、近代の産業が圧倒的な力を持って行ってきたことに深く関わってきたことを認識しなければならないはずだ。

（柏木博『デザインの教科書』による）

（注1）玉切り……丸太を用途に合わせて適当な長さに切ったもの。
（注2）処女地……開墾されていない土地。

(1)　二重傍線部①～⑤のカタカナの部分を漢字に直したとき、その漢字と同じ漢字を用いるものをそれぞれ一つずつ選べ。

①　セマい　11

ア　国王にキョウじゅんの意を表す。
イ　深いキョウこくを船で下る。
ウ　言葉をキョウぎの意味で使用する。
エ　被害者のキョウちゅうを察する。

②　ユらして　12

ア　人々の権利をヨウごする。
イ　世界各地のみんヨウを聴く。
ウ　政府が景気ふヨウ策を打ち出す。
エ　突然の知らせにどうヨウする。

③　シュみ　13

ア　シュこうを凝らした料理でもてなす。
イ　手術でシュようを摘出する。
ウ　シュに交われば赤くなる。
エ　シュぎょくの作品を展示する。

④　ばいカイ　14

ア　政府が市場にカイにゅうする。
イ　じカイの念を込める。

岩石に柄を取り付け、それもしだいに使い心地の良い形状へと改良していく。やがて、さらにさまざまな用途や握り方によるハンマーのバリエーションがつくられていくようになる。一九世紀の後半には、イギリスのバーミンガムだけでも、約五〇〇種類もの異なったハンマーがつくられていたという。

もちろん、使い方によってだけではなく、時として形態的な差異をつくることそのものが目的化されてしまったことも否定できない。形に対する好みや③シュみがあるからだ。

飛び石にしても椅子にしても、わたしたちの身体を補い、その機能を延長し拡大するものである。そのことは、クルマが脚の延長であり、コンピュータが脳の延長である[d]今日においても変わりはない。

けれども、いわゆる技術の変化によって、装置もののデザインも変化する。［ y ］、かつては、スライドプロジェクタが次々に改良されてデザインされてきたけれど、現在ではデジタル技術がそれにとって代わり、いわゆるパワーポイントが使われている。

少し視点を変えてみよう。太古において、わたしたちが自分自身の身体のほかに道具（もの）を持たなかったとき、木を折ったり、削ったりすることを、わたしたちは自らの手や歯や爪を使って行っていたのだろう。爪のついたわたしたちの手は、ものを摑んだり、摘んだり引っ掻いたりと、さまざまなことをする道具である。手の持っている膨大な機能を、わたしたちはナイフやピンセットなどさまざまな道具として身体から独立させてきた。道具は身体の延長といえる。また、そうした道具を進化させ、複合化し、さらに新たな道具を生み出してきた。こうしたことが、デザインの進化であり、デザインのバリエーションを生み出してきたのである。

人類学者のアンドレ・ルロワ＝グーランによれば、こうした道具の進化は、生物の進化と似ているという。ときには、そうした道具は技術の変化によって、まったく異なったものへと進化してしまうこともありえる。

自然や道具や装置を手なずけていくことの一連の実践がデザインの役割である。それは他の動物にもいくらでも見られる。そうしたことは人間だけに見られるものではない。それを人間だけのものと考えるのは、いわゆる人間特殊論といえる。たとえば、ビーバーが川の流れを変えるほどの土木工事をしてしまうことからもそのことがわかる。［ z ］、その複雑さと多様性ということにおいては、人間に特徴的なことだといえるだろう。

ここで、議論を少しずらさなければならない。[e]わたしたちが自然を手なずけるということは、「自然という富」を収奪しているのだということも認識しておかなければならない。自然からの「搾取」である。カール・マルクスは『資本論』の中で「物は、価値でなくして使用価値であるばあいがある。その物の効用が、人間にとって労働によってば④いカイせられないばあいは、それである。例えば、空気・処女地(注2)・自然の草地・野性の樹木等々がそうである」と述べ、「人間はたえず自然力の援けをかりている。したがって、労働はその生産する使用価値の、すなわち素材的富の、唯一の源泉ではない。ウィリアム・ペティがいうように、労働はその父であっ

昔の先祖やたいていの動物にとってはこれが自然なことだっただろう」。しかしあるとき、「別の考えをする発明精神の持ち主は、……違うやり方を求めたことだろう。……水はずっと速くずっと強く川底のころがり石を②ユらしていただろうが、それらの石の間隔が好都合だったことから、まったく濡れずにすむ方策を思いついただろう。飛び石は流れの途中までしかとどいていなくても、別の石をしかるべき場所まで持ってきて、自然の通路を延長するには、それほどの空想力の飛躍は必要としなかったに違いない。こうして、飛び石が最初の、c恒久の、濡れない渡しになったのだろう」

　川底にころがる石を飛び石に見立てて、どの石が、より足を濡らさず安定して踏み心地が良いかを選んだこと自体が、すでにデザインなのだとペトロスキはみなしている。好都合な飛び石が見つからなければ、たしかに別の石や流木を持って行って置いたはずである。［　A　］。「実際、今日でも、橋建設の始まりは、橋脚という名の高い間隔の広い飛び石であって橋はその間に架けられている」とも述べている。

「最も早期の有用な事物は、いうまでもなく、自然界に見出だされる事物であった」ことは間違いない。［　x　］、川底にころがる石は、いわば「橋脚」として使われる。このように、自然の事物にしろ人工物にしろ、何かしら有用なものとして見出されるのは、そうしたものが人々に何かを「アフォード」(afford) しているからだといえる。アフォード、つまり、ものや事が自然の結果として何かを供給（産出）するということだ。また、こうした事態を「アフォーダンス」ともいっている。

　しかし、わたしたちは、自然の事物や既製の人工物からのアフォーダンスを超えて、さらに人工的な働きかけをする。つまり、それはやがて人為的な工夫へと進化していく。

　アフォーダンスが、わたしたちに対する対象物の持ついわば「潜在的有用性」だとすれば、それに対する人間側からの人工的働きかけを「表象行為」といってもいいだろう。その「表象行為」をデザインと言い換えることもできる。

　ちなみに、「椅子」のデザインを想起してみればいい。人々は当初、地面の湿気や温度から身体を守るために適当な石や倒木に腰かけたことは容易に想像できる。

たとえば、ハイキングに出かけ、お弁当を開くときに、座り心地の良さそうな手頃な石や切り株を探し、そこに座る。

　かつては、やがて自在に持ち運びできるような適当な大きさの丸太を見つけたり、丸太のいわゆる「玉切り」[注1] をつくったかもしれない。そして、最終的には、加工しやすい木によって、丸太ではなく、より軽量化するために、板に脚をつけた椅子を製作することになる。古代エジプト時代には、椅子をふくめ多くの家具の原型ともいうべきデザインが出現している。［　B　］。このことは家具にかぎられたことではない。ペトロスキは、石をハンマーとして使い始めたことを例にしている。人々は、しだいに使いやすい形状で、割れにくい石を選ぶようになり、やがては、

2 次の文章を読んで後の設問に答えよ。解答は、解答用紙にマークすること。

わたしたちは、自然や道具や装置に関わりながら、それらを手なずけ、そして馴染みの良いものへといわば改良してきた。道具や装置の歴史は改良の歴史といえる。もちろん、改良したつもりが改悪という失敗の結果になる場合もある。ものを改良するにあたって、その要因として、より使い心地の良いものにしようとする志向が働いている。使い心地の良い筆記具、着心地の良い衣服、住み心地の良い住まい、読み心地の良い書物などなどといったことだ。

たとえば、レストランに入ったときに、わたしたちは、どのテーブルがいちばん落ち着いて食事ができるのかを判断する。窓の外の風景が見えるほうが良い。人の行き来が激しくない位置はどこだろうか。人の声がうるさくないかどうかも判断する。視線をさえぎるものがあるかどうかも重要である。できれば入り口から奥まっていたほうがいい、などさまざまな条件を一瞬のうちに確認して座席を決める。

ちなみに、スコットランドのグラスゴーでチャールズ・レニー・マッキントッシュが二〇世紀初頭にデザインしたウイロー・ティールームという喫茶店では、[a]椅子の背もたれを高くして人の視線をさえぎるようなデザインをしている。マッキントッシュが、視線をどう扱うのかということを問題にしていたことがわかる。

どうすれば心地良くすることができるか。そのことにわたしたちは心をくだいて生活している。どれほど[①]セマい住まいであっても、そこを少しでも快適にしたいという気持ちは誰にでもあるはずだ。どうやらわたしたちの中に、そうした状態を求める根源的な欲望があるようだ。

少しでも心地良くあるいは快適に過ごすために、わたしたちは家具や食器、そしてさまざまな日用品を選び、それを工夫して使っていくことになる。そうしたことの結果として、それらのものがわたしたちの生活の痕跡となっていく。したがって、デザインについて考えるには、まずはデザインする立場からではなく、それを使う立場から考えたほうが良いかもしれない。

土木工学の歴史研究家として知られるアメリカのヘンリー・ペトロスキは、ゼムクリップのような小さな道具から巨大な橋のようなものにいたるまでさまざまな対象を技術史的な見方から、デザインとは何かについて考えるヒントを多く与えてくれる。

かつて[b]人が川を渡ろうとしたとき、「浅い流れなら歩いて渡るのが、きっといつもの越え方だっただろう。だがそうするには、途中で少なくとも足を濡らさなければならない。そんなに浅くはない流れでも、同じやりかたで渡れただろうが、流れが速いとそれほど強くなくおぼつかない足にはむずかしかっただろう。川がもっと深ければもちろん泳いで渡っただろうが、危険はずっと大きく濡れ方はもっとひどかっただろう。われわれのずっと

ウ　歓迎

エ　非常

(5) 次の言葉の意味としてもっとも適切なものをそれぞれ選べ。

① 糊口(ここう)をしのぐ　6

ア　自立せず他人に頼って生きる。

イ　貧しくやっと暮らしを立てる。

ウ　さまざまな困難を乗り越える。

エ　心の赴くままゆったりと暮らす。

② 船頭多くして船山に登る　7

ア　人々が力を合わせればどんなことでも実現できる。

イ　どのような方法であっても結果さえよければよい。

ウ　指図する者が多いと物事がうまく進んでいかない。

エ　よいと思ったことはためらわずに実行したほうがよい。

(6) 次の文中における四字熟語の（　）にあてはまる漢字としてもっとも適切なものを選べ。　8

文明の栄（　）盛衰を目のあたりにする。

ア　古

イ　故

ウ　去

エ　枯

(7) 次の四字熟語とその意味の組み合わせのうち、適切でないものを一つ選べ。　9

ア　二束三文　――　ものの値段が極めて安い。

イ　山紫水明　――　自然の風景がとても美しい。

ウ　天衣無縫　――　曖昧でとらえどころがない。

エ　気宇壮大　――　度量が広く立派である。

(8) 次の文中における傍線部の「まい」と同じ意味・用法の「まい」を一つ選べ。　10

そんなことは起こるまいと誰もが思っていた。

ア　彼は私たちをそこへ行かせまいとした。

イ　ここで腹を立ててしまったらおしまいだ。

ウ　あの人のようにはなるまいと心に誓った。

エ　本当のことは関係者以外誰も知るまい。

国語

（五〇分）

1 次の設問に答えよ。解答は、解答用紙にマークすること。

(1) 次の傍線部の言葉の意味としてもっとも適切なものをそれぞれ選べ。

① 彼女は新しい研究にいそしんでいる。 1

ア 期待している
イ 取りかかっている
ウ 励んでいる
エ 興味を持っている

② 改革が奏効し、今のような状態になった。 2

ア 進行して
イ うまくいって
ウ なかなか進まなくて
エ 失敗して

(2) 「首肯」の類義語としてもっとも適切なものを選べ。 3

ア 当惑
イ 疑念
ウ 等閑
エ 承諾

(3) 「委細」の対義語としてもっとも適切なものを選べ。 4

ア 概略
イ 綿密
ウ 相応
エ 数多（あまた）

(4) 「未完」と熟語の組み立てが同じものを一つ選べ。 5

ア 貴重
イ 急性

解答編

英語

1 **解答**　1―ア　2―ア　3―イ　4―ウ　5―ウ　6―ウ
7―ア　8―イ　9―イ　10―ウ

解説

《都市部の緑化スペースがもたらす利点》

1．空所 A を含む文は「人々の生活に対するこの直接的な利点は重要だが，ひょっとすると，少なくとも都市計画当局にとって最も重要な利点はそれが地域経済に与える（　　）影響である」という意味。選択肢はそれぞれ，ア．「かなりの」，イ．「謙遜した」，ウ．「携帯用の」の意味。よってアが正解。

2．空所 B を含む文は「望ましくない場所や使われていない土地の周辺の地域は住宅の（　　）としてあまり好まれない傾向がある」という意味。選択肢はそれぞれ，ア．「場所」，イ．「人口」，ウ．「出来事」の意味。よってアが正解。

3．空所 C を含む文は「結果的に，お金がその共同体を改善し続けるために使われることができるような地域の共同体にお金が（　　）される」という意味。選択肢はそれぞれ，ア．break up *A* (into *B*)「*A* をばらばらに分解（して *B* に）する」，イ．put back *A* (into *B*)「*A* を（*B* に）投入する」，ウ．set off～「～を爆発させる」の過去分詞形。よってイが正解。

4．下線部の so far は「これまでは」の意味。選択肢はそれぞれ，ア．「一般の」，イ．「時間通りに」，ウ．「今まで」の意味。よってウが正解。

5．下線部の prompted は文後半の to consider converting につながる (including Chicago and Philadelphia は挿入句)。prompt *A* to *do* で「*A* に～するように促す」の意味。選択肢はそれぞれ，ア．「適合させた」，イ．

「勧めた」，ウ．「奨励した」の意味。イとウは意味が似ているが，下線部を含む英文の主語が無生物であることから，無生物を主語にとることができるウが正解。

6． 第2段第3文（This park was …）で，「この公園は現在廃線となっている線路の一部に建てられた」と述べられているため，ウが正解。

7． 第3段第4文（Developers come in …）で，「開発者がやって来て，既存の建物を修復したり新たな建物を建てたりする」と述べられ，続く第5文（Demand for housing …）に「その地域の住宅に対する需要は突然増加し，結果として不動産の価値が増大する」と述べられているため，アが正解。

8． 第4段第2文（Parks in major …）で，「特にHigh Line公園のように望ましくない場所から魅力的で現代的な場所へと変貌されるという流行の要因があれば，大都市の公園はいつも観光客に人気だ」と述べられており，続く第3文（Often such spaces …）でそのような公園が観光の目的地になると述べられていることから，イが正解。

9． 第5段第3文（Undoubtedly, the number …）で，「経済的で社会的な利益が認識されているので，疑う余地なく，このような開発の数は増えるだろう」と述べられているため，アは一致する。また続く第4文（This demand for …）で，「緑化スペースや住民のための改善された生活様式に対するこの需要は世界中の都市で増加するだろう」と述べられているため，ウは一致する。本文では，緑化スペースが環境問題の解消につながることは述べられていないため，イは一致しない。よってイが正解。

10． ア．「都市部での開発は，ほとんど緑地のない極端な人口過密地域を作る」　本文では，都市部での緑地スペースを伴う開発が取り上げられており，都市部の開発によって「ほとんど緑地のない地域を作り出す」ということとは一致しない。

イ．「廃墟と化した場所を緑化スペースに変えることは新たな環境問題を伴う」　本文では新たな環境問題が生じることについては述べられていない。よって一致しない。

ウ．「都市部の緑化スペースは新たな機会を求める企業を引きつけることができる」

第3段最終文（In addition, …）で「加えて，その地域は新たな機会を利用することを望んでいる企業を魅了する」と述べられているため，一致する。よってウが正解。

2 解答 11―イ 12―ウ 13―ウ 14―ア 15―イ 16―ア 17―イ 18―ウ 19―ウ

解説

《日本語の「すみません」の役割とさまざまな意味に関する会話》

11. 下線部の notice は「～に気づく」の意味。選択肢はそれぞれ，ア.「～に入る」，イ.「～に気づく」，ウ.「奮闘する」の意味。よってイが正解。

12. 下線部の perspective は「視点，観点」の意味。選択肢はそれぞれ，ア.「背景，文脈」，イ.「景色」，ウ.「観点」の意味。よってウが正解。

13. 下線部の critical は「重大な」の意味。選択肢はそれぞれ，ア.「故意の」，イ.「深刻な」，ウ.「きわめて重要な」の意味。よってウが正解。

14. 下線部を含む文は「頻繁な謝罪の背景に文化的な理由があるのだろうか？」という意味。ここでの behind は「～の背景にあって」の意味。選択肢はそれぞれ，ア.「良い俳句はその言葉の背景に隠されたメッセージがある」，イ.「物音を聞いて，私は後ろを見たが何もなかった」，ウ.「その便は予定より30分遅れて離陸した」の意味。よってアが正解。

15. 選択肢はそれぞれ，ア.「全てが順調ですが，ひとつ気になることがあります」，イ.「学ぶことはまだたくさんありますが，ここで働くのは本当に楽しいです」，ウ.「あなたに尋ねたいことがありますが，あなたがそれをどう受け止めるかわかりません」の意味。空所に対する返事が「それは聞けてよかったです。何か困ったことがあれば教えてください」なので，前向きな発言であり，かつまだ話したいことについて言及していないもの選ぶ。よってイが正解。

16. 選択肢はそれぞれ，ア.「実は，あなたと共有したいことがあります」，イ.「ありがとう，でも私がサトウさんについてどう感じているかはあなたにはわかりません」，ウ.「ええと，今のところは何も思い浮かびません」の意味。空所の後ろから顧客の謝罪に関する話が続いていることから，アが正解。

17. 選択肢はそれぞれ，ア.「私が他者に対して行ったことに大変申し訳なく感じたときに時々使います」，イ.「誰かが特定の状況で私たちに何かをしてくれたときに言います」，ウ.「ある人に対してあなたがやったことにその人がほめてくれるときにそう言いたくなるかもしれません」の意味。空所の前で「ありがとう」の意味で使われる「すみません」の用法を尋ねられており，空所の後ろで誰かが電車で席を譲ってくれるときに使うものであるという具体例を述べていることから，他者の善意に対する「すみません」の説明が入ると判断する。よってイが正解。

18. ドニーの3番目の発言（She was just …）で，遅れてきたのは顧客だとわかる。よってアは一致しない。ドニーの4番目の発言（Is that so? …）で，ドニーの国ではあまりにも謝罪をし過ぎると誠意がないように見なされると述べられている。よってイは一致しない。ユキの8番目の発言（Actually, “*sumimasen*” doesn’t …）の，「すみません」が様々な意味をもつという趣旨の発言に対して，ドニーが「すみません」が「ありがとう」を意味し得ることを知らなかったと発言している。よってウが正解。

19. ア.「ドニーはたった数カ月前に日本の会社に転勤してきたが日本での生活に慣れた」

ユキの1番目の発言（Hi, Donnie. Have …）で，ドニーがこの会社で働き始めて約2カ月が経過し，この会社で働くことに慣れたかどうかを尋ねているが，日本での生活に対しては言及していない。よって一致しない。

イ.「日本人はあまりにも頻繁に謝罪するという古い習慣をやめるべきだとユキは信じている」

ドニーの4番目の発言（Is that so? …）より，日本人が謝罪し過ぎであると感じているのはドニーだとわかる。よって一致しない。

ウ.「ユキは，誰かが電車で席を譲ってくれるときに『すみません』ではなく『ありがとうございます』とおそらく言うだろう」

電車の座席の例の場合に「ありがとうございます」と言うのは大丈夫かと尋ねるドニーの最後から2番目の発言（In that case, …）に対して，ユキの最後の発言（Sure. I prefer …）で，ユキ自身もそう言いたいと述べていることから一致する。

3 解答 **20**—エ **21**—イ **22**—エ **23**—イ **24**—エ **25**—エ **26**—ウ **27**—ア

解説

20.「私たちが到着するまでにハリケーンは過ぎ去ってしまいそうだ」

by the time S V「SがVするまでに」がつくる副詞節は未来のことでも現在形で表すため，pass の時制は未来の完了を表す will have *done* の形となる。よってエが正解。

21.「他者があなたのことをどう思っているか，何と言っているかを心配する必要はない」

一般動詞の worry の前に空所があるため，助動詞が入ると考える。否定文や疑問文で用いられる助動詞の need を用いたイが正解。don't need の形にするためには need を本動詞にする必要があるため，後ろに to を伴う必要があるアは不適。同様に，need to *do* の need は本動詞なので，否定文にするには don't need to *do* の形にする必要があるため，ウは不適。エは need が名詞扱いになってしまうため，空所に入れるには不適。

22.「その教授はこれまでの経歴の中で3万人を超える生徒を教えたが，その生徒の多くは後に成功したビジネスリーダーになった」

コンマの後ろに接続詞を用いずに主語と動詞があることから，このコンマは関係代名詞の非制限用法のものであり，空所には関係詞が入ると考える。また，コンマ以後は人に関する内容であることがわかる。空所は前置詞の目的語の位置なので，人を先行詞とする非制限用法の関係詞の目的格となるエが正解。

23.「インフレーションはある国での商品やサービスの値段の上昇という現象である」

空所の後ろの of による説明を受ける名詞として最も適当なイ.「現象」が正解。ア.「貨幣」 ウ.「規則」 エ.「環境」

24.「政府はその問題に対する全面的な調査に着手すると約束した」

空所の直後の investigation「調査」と結びつき，文脈に最も適切なエ.「～を始める」が正解。ア.「～を訂正する」 イ.「～に直面する，出会う」 ウ.「～を再現する」

25. A：しばらくの間 SNS をやめてみてはどう？

B：とんでもない。私の生活はそれなしでは空っぽになってしまうよ。

Aの提案に対してBは否定的な態度である。文脈に一致するエ.「～なしで」が正解。ア.「～に加えて」 イ.「～を除いて」 ウ.「～と」

26. A：君は私と彼女のどちらの味方なの？

B：君たちはどちらも私の友だちだから，中立でいたいよ。

ここでの side は「味方」の意味。Bの発言でどちらも友だちだと述べられているので，ウ「中立の」が正解。ア.「具体的な」 イ.「理想的な」 エ.「潜在的な」

27. A：今日の物理の試験はどうだった？

B：私にとっては朝飯前だったよ。理系科目は得意なんだ。

a piece of cake で「簡単なこと」の意味なのでアが正解。イ.「接着剤」 ウ.「運」 エ.「石けん」

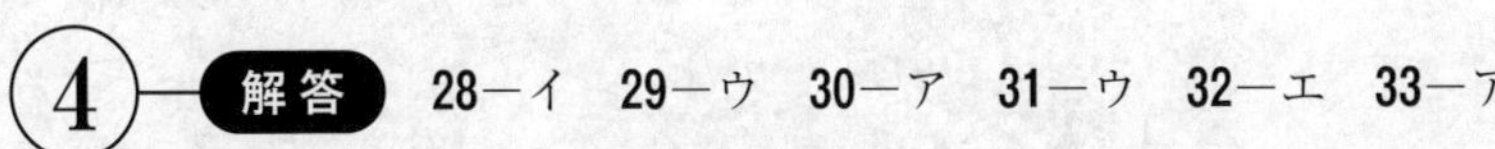

4 解答 **28**—イ **29**—ウ **30**—ア **31**—ウ **32**—エ **33**—ア

解説

28・29. (He is not so) foolish as to believe (that rumor.)

so … as to *do*「～するほど…で」

30・31. (I sometimes find) it hard to get (on well with my roommate.)

find it … to *do*「～するのを…だと思う」 get on well with ～「～とうまくやる」

32・33. (Could you put me) through to the person in (charge?)

put *A* through to *B*「(電話で) *B* に *A* をつなぐ」 a person in charge「責任者」

り「デザイン的」な行為と言えるはずである。

(7) 空所直後の「このことは家具にかぎられたことではない」に着目する。「家具にかぎられ」ていない例として、ペトロスキは「石をハンマーとして使い始めたこと」を挙げ、「さまざまな用途や握り方によるハンマーのバリエーションがつくられていく」としている。ということは空欄には、家具にデザインによるバリエーションがつくられていくという内容が入るはずである。

(8) 直前の「飛び石」や「椅子」が「わたしたちの身体を補い、その機能を延長し拡大する」から考える。ア、「人間の身体機能に欠如した部分を補い」が不適。ウ、「不可能なことを実現する」が不適。エ、「人間の身体機能」を再現しているわけではない。

(9) 最後の三段落の内容を正確に押さえること。「自然という富…広く認識させないようにしてきた」「産業あるいは技術先進国は…膨大な自然を搾取してきた」「デザインは…自然の収奪や搾取…深く関わってきた」の三点をすべて含んでいる選択肢はイである。

(11) ア、「自然の事物や既製の人工物を手なずけ…改良する」というのは第一段落の内容と合致しているが、それが「デザイン」の一般的な概念だとは言っていない。イ、第十段落で「自然の事物」や「人工物」が「人々に何かを『アフォード』している」と述べている。「自然の事物や既製の人工物に『アフォード』する」はおかしい。エ、「自然の事物」や「人工物」が「人々に何かを『アフォード』している」から、「有用なものとして見出される」（第十段落）のであって、「人間がデザインという『表象行為』を行うことによって初めてその有用性を発揮する」はおかしい。

(3) イ
(4) エ
(5) イ
(6) エ
(7) ア
(8) イ
(9) イ
(10) エ
(11) ウ

解説

(2) 第一段落の「より使い心地の良いものにしようとする志向が働いている」、第二段落の「レストランに入ったとき…どのテーブルがいちばん落ち着いて食事ができるのかを判断」「視線をさえぎるものがあるかどうかも重要」を受けて「人の視線をさえぎるようなデザイン」と述べていることに着目する。第五段落に「少しでも心地良く…デザインする立場からではなく、それを使う立場から考えたほうが良い」とあり、これにウの内容が合致している。エが紛らわしいが、〈心地良さ〉というキーワードを押さえているウの方が適切である。

(3) 第八段落に「どの石が、より足を濡らさず安定して…選んだこと自体が、すでにデザインなのだとペトロスキはみなしている」とある。これに合致する選択肢はイである。ア、「足を濡らす・濡らさないなどといったことにかかわらず」が不適。ウ、「自分に都合の良いように改良することがデザイン」だとは考えていない。エ、「多くの人々のためになるようなことをする」が不適。

(5) 「石」を選んだこと自体が「すでにデザイン」であるならば、「別の石や流木を持って行って置いた」という行為はよ

国語

1

解答

(1) ①―ウ ②―イ
(2) エ
(3) ア
(4) エ
(5) ①―イ ②―ウ
(6) エ
(7) ウ
(8) エ

解説

(5) ①「糊口」は〝おかゆのような粗末な食べ物〟の意。
(8) 「起こるまい」の「まい」は、打消推量の助動詞である。ア・ウの「まい」は否定の意志を表す。

2

出典 柏木博『デザインの教科書』〈第1章 デザインって何?〉(講談社現代新書)

解答

(1) ①―ウ ②―エ ③―ア ④―ア ⑤―イ
(2) ウ

一般選抜　一般入試［第１期］（３教科型・２教科型）

問題編

▶試験科目・配点

学部	教　科	科　目	配　点
3教科型	英　語	コミュニケーション英語Ⅰ・Ⅱ	100点
	地歴・公民・数　学	日本史Ｂ，世界史Ｂ，現代社会，「数学Ⅰ・Ａ」から１科目選択	100点
	国　語	国語総合（古文・漢文を除く）	100点
2教科型	英　語	コミュニケーション英語Ⅰ・Ⅱ	100点
	国　語	国語総合（古文・漢文を除く）	100点

▶備　考

ハイスコア方式：複数日程受験の場合，各教科それぞれの最高点の合計点で判定される。

英　語

（60分）

1　次の英文を読んで、設問に答えよ。

In nature, there are typically two different types of animals: prey and predators. Predators are animals that hunt other animals for food, while prey are animals that must learn to avoid being eaten by predators. One adaptation that many species have used in both cases, hunting or (　A　), is to camouflage themselves. Predators use camouflage to get close to their (1) potential meals. Other animals are experts at blending into their environment. Some do not even try to hide, but rather try to look like something dangerous. (あ) The use of camouflage varies from species to species.

The easiest camouflage technique is for animals to simply blend in with their environment. They can use their color to match the background they are in. This technique is the most (　B　) approach to avoid being seen. Some animals like the polar bear and the arctic rabbit blend into snow because they are white. However, the arctic rabbit has an advantage during the summer when it grows brown fur to hide it from predators. The annual change of the seasons, which includes the amount of light available during the day, (2) triggers the production of chemicals in some animals that causes them to change colors.

Some fish and reptiles* certainly can change their color rapidly. The octopus* is well-known for its ability to change its color quickly when (3) frightened. The cuttlefish* is even faster! It can change color within one (4) second and has the most advanced camouflage of all the animals. The most famous color-changing animal is the chameleon. However, despite the belief that chameleons adapt according to their environment, scientists have discovered that (い) they actually change the color based on differences in mood. Some small sea creatures are able to change the color of their skin with their diet. This allows them to hide within coral reefs without detection.

Another technique that is used by animals is a type of camouflage that is useful for prey animals that live in large groups. They may use spots, stripes, or other patterns to either appear larger or to hide in shadows. Zebras* standing together use their stripes to look like one large animal to lions trying to hunt them. Lions are unable to determine who the smallest or weakest member of the herd is (　C　) the pattern. Predators, such as leopards*, also use camouflage to remain well-hidden in their environment. (う) Their spots enable them to hide themselves within the bush and tall grass, which allows them to hunt more effectively.

注　reptile: 爬虫類　octopus: タコ　cuttlefish: イカ　zebra: シマウマ　leopard: ヒョウ

出典追記：Reading for the Academic World 2 by Avril Coxhead and Paul Nation, Seed Learning, Inc.

設問

1．空所A～Cに入れるのに最も適当なものを、次のア～ウからそれぞれ一つ選び、解答用紙にマークせよ。

A [1] ア．eating　イ．hiding　ウ．learning

B [2] ア．dangerous　イ．effective　ウ．unusual

C [3] ア．as a result of　イ．in contrast to　ウ．in spite of

2．下線部(1)(2)(3)の意味に最も近いものを、次のア～ウからそれぞれ一つ選び、解答用紙にマークせよ。

(1) [4] ア．excellent　イ．possible　ウ．regular

(2) [5] ア．aims at　イ．cuts down　ウ．leads to

(3) [6] ア．offended　イ．pleased　ウ．scared

3．下線部(4)の second と同じ意味で使われているものを、次のア～ウから一つ選び、解答用紙にマークせよ。 [7]

ア．English is <u>second</u> to Chinese in the number of native speakers.

イ．It took less than a <u>second</u> for her to make a decision on what to do next.

ウ．I am truly sorry. Could you give me a <u>second</u> chance?

4．下線部(あ)(い)(う)の意味として最も適当なものを、次のア～ウからそれぞれ一つ選び、解答用紙にマークせよ。

(あ) [8]
ア．様々な種の動物がカムフラージュを利用している。
イ．カムフラージュの使い方は種によって様々である。
ウ．カムフラージュが役に立つのは種の多様性のおかげである。

(い) [9]
ア．カメレオンは実際には気分の違いに基づいて体色を変化させる
イ．カメレオンは実際には相手との親密さの度合いに応じて体色を変化させる
ウ．カメレオンは実際には周囲の雰囲気の変化を感じ取って体色を変化させる

(う) [10]
ア．ヒョウが身を隠すことのできる場所はやぶや草むらの中である
イ．斑点があるおかげでヒョウはやぶや草むらに隠れることができる
ウ．ヒョウの観察はやぶや草むらなどの身を隠すことのできる場所で行う

5．本文の内容に合うものを、次のア～ウから一つ選び、解答用紙にマークせよ。 [11]

ア．Some animals use camouflage to make themselves appear more dangerous than they really are.

イ．Octopuses and cuttlefish can change the color of their skin rapidly with their diet.

ウ．Some predators use camouflage to make themselves look like larger animals.

2 次の会話文を読んで、設問に答えよ。

M = Mark S = Sam

M: Hi Sam. I'm calling because I'm going to Shanghai next month. I wondered if you could give me some recommendations for things to see and do while I'm there.

S: Sure. I know the city really well.

M: Great, thanks.

S: Shanghai is an amazing city! There's so much to see and do.

M: Oh, wow! How exciting! I'm taking my dad with me. Is there anything (1) in particular you think we should do?

S: Yes, of course. There are a few things (A).

M: Right.

S: First of all, you must visit the Shanghai Tower. (2) It's a great place to see views of the city and going up in the elevator is really exciting.

M: Er... I'm not sure about that one. (3) Dad's afraid of heights!

S: Oh, that's a (4) shame. Going up the towers is one of the best things to do in Shanghai.

M: Ahh... yeah... well.

S: (B) You can enjoy the area even if you don't go inside. It's beautiful from the outside, too.

M: That sounds good. (5) What about different areas of the city?

S: Oh yes, you should definitely visit Tianzifang.

M: Sorry?

S: Tianzifang... it's the tourist shopping and cafe area in the old French district. It's full of narrow streets with little shops. It's a great place to buy souvenirs and to drink tea.

M: Right... that sounds interesting.

S: Oh, and (C).

M: What's that?

S: Don't leave Shanghai without visiting the Yu Garden.

M: Yes, I've heard about the garden.

S: It's a beautiful green space and it's very relaxing to walk around and take photos. You can see the (6) spectacular Jade Rock...

設問

1．下線部(1)(4)(6)の意味に最も近いものを、次のア～ウからそれぞれ一つ選び、解答用紙にマークせよ。

(1) 12 ア．unrelated イ．terrifying ウ．specific

(4) 13 ア．pity イ．delight ウ．relief

(6) 14 ア．amazing イ．offensive ウ．ruined

2．空所A～Cに入れるのに最も適当なものを、次のア～ウからそれぞれ一つ選び、解答用紙にマークせよ。

A 15 ア．you will wish you could have eaten
イ．you absolutely have to see
ウ．people will do with you

B 16 ア．That is a good point.
イ．Your suggestions are wise.
ウ．It doesn't matter.

C 17 ア．there is one other thing you have to do
イ．it is good to return home quickly
ウ．you must see my aunt

3．下線部(2)(3)(5)とほぼ同じ意味になるものを、次のア～ウからそれぞれ一つ選び、解答用紙にマークせよ。

(2) 18 ア．You have to stay up late to see the best scenery
イ．Observing the city from above can be very rewarding
ウ．The higher you go, the more you will feel sick

(3) 19 ア．My father can't stand being up high!
イ．My father doesn't like sightseeing!
ウ．My father can become delighted when he is up high!

(5) 20 ア．What are the differences between the sights?
イ．What else should be avoided?
ウ．Are there any other good spots?

4．本文の内容に合うものを、次のア～ウから一つ選び、解答用紙にマークせよ。 21

ア．Mark and Sam are discussing about the difficulties of sightseeing in Shanghai.

イ．Sam doesn't think Mark should take his father to Shanghai.

ウ．Mark appreciates hearing Sam's recommendations for visiting Shanghai.

3 次の各文の空所に入れるのに最も適当なものを、それぞれア～エより一つ選び、解答用紙にマークせよ。

1．The very president (22) works for all is the only person we wish to lead us.
ア．that　イ．which　ウ．what　エ．whose

2．Your essay is not logical because of a lack of (23) to support your opinion.
ア．cancel　イ．evidence　ウ．fault　エ．imagination

3．The team I belong to has to work (24) with other departments to solve the issue.
ア．about　イ．closely　ウ．hardly　エ．over

4．The students were so (25) with the explanation that they didn't know what to do.
ア．confuse　イ．confused　ウ．confusing　エ．confusion

5．A: Have you decided which classes you will take this year?
B: Not yet. I have to decide (26) tomorrow.
ア．by　イ．until　ウ．on　エ．just

6．The permit will be sent to you within 10 days after your application (27).
ア．approved　イ．has approved　ウ．has been approved　エ．will approve

4 日本文の意味になるように、それぞれ下の語句を並べ替えて英文を完成させるとき、2番目と4番目に来るものを、下のア～エから一つずつ選び、解答用紙にマークせよ。

1．会社は来年10パーセント交通費の支出が増えることを見込んでいる。
The company estimates a ______ 28 ______ 29 next year.
ア．transportation　イ．in　ウ．10 percent increase　エ．spending

2．私たちはきれいな空気と水は当たり前のものだと思いこんでいる。
Clean air and water is something that ______ 30 ______ 31 .
ア．granted　イ．take　ウ．we　エ．for

3．私はこの冬マスクをすることでインフルエンザにかかっていない。
Wearing a face mask has prevented ______ 32 ______ 33 this winter.
ア．getting　イ．the flu　ウ．me　エ．from

日本史

（60分）

1 次の文A～Cの下線部（a）～（j）について、正しい場合はアを、誤っている場合はイ～オのうちから正しいものを一つ選べ。 1 ～ 10

A．桓武天皇は、780(a)年に長岡京へ遷都したが、その翌年、京の造営を主導した藤原種継が暗殺される事件が発生した。首謀者として早良親王が捕えられ、大伴氏・佐伯氏らの旧豪族が退けられた。その後、794年には平安京へ遷都した。この頃、蝦夷征討が進められ、征夷大将軍となった坂上田村麻呂は、802年に胆沢城(b)を築いてここへ鎮守府を移し、征討の拠点とした。蝦夷征討は30年以上にわたって続いたが、平安京の造営とともに国家財政や民衆への負担が問題となった。清原夏野(c)はこれらの政策の継続を主張したが、藤原緒嗣との論争のすえ、桓武天皇は緒嗣の意見を採用し、805年に征討と造営を打ち切った。

(a) ア．正　イ．764　ウ．770　エ．784　オ．792　1

(b) ア．正　イ．多賀城　ウ．出羽柵　エ．秋田城　オ．渟足柵　2

(c) ア．正　イ．大伴家持　ウ．菅野真道　エ．文室綿麻呂　オ．紀古佐美　3

B．桓武天皇による律令政治の再編はのちにも引き継がれた。809年に嵯峨天皇が即位すると、その翌年、天皇と対立する勢力が福原京(d)への遷都をはかった。これにより、「二所朝廷」とよばれる政治的混乱が生じたが、嵯峨天皇が兵を動員して勝利した。この時、天皇の命令を迅速に伝達する役職として中納言(e)が置かれ、藤原冬嗣らがこれに任命された。嵯峨天皇の厚い信任を得た冬嗣は、側近として重要な役割を果たし、藤原北家繁栄の礎を築いた。また、嵯峨天皇は平安京の警察をつかさどる勘解由使(f)を設置し、京の治安維持をはかった。

(d) ア．正　イ．長岡京　ウ．平城京　エ．藤原京　オ．恭仁京　4

(e) ア．正　イ．内大臣　ウ．健児　エ．蔵人頭　オ．参議　5

(f) ア．正　イ．按察使　ウ．押領使　エ．追捕使　オ．検非違使　6

C．藤原冬嗣が娘を皇太子（のちの仁明天皇）に嫁がせると、藤原北家が天皇家の外戚として権勢をふるった。とくに冬嗣の子である良房は、承和(g)の変で伴健岑や橘広相(h)など他氏族の有力者を排斥して権力を掌握し、外孫の清和天皇が9歳で即位すると、天皇にかわって政治をつかさどった。大納言の伴善男が対立する左大臣の源師房(i)の失脚をはかったとして処罰された応天門の変の直後、良房は臣下としてはじめて正式に摂政に任じられた。良房の養子である基経も陽成天皇の摂政、光孝天皇の関白となり、文徳(j)天皇の代には阿衡の紛議をおこして、関白としての立場をさらに強化した。

(g)　ア．正　イ．安和　ウ．寛和　エ．貞観　オ．天暦　7

(h)　ア．正　イ．橘逸勢　ウ．橘諸兄　エ．橘成季　オ．橘奈良麻呂　8

(i)　ア．正　イ．源高明　ウ．源満仲　エ．源順　オ．源信　9

(j)　ア．正　イ．宇多　ウ．醍醐　エ．朱雀　オ．村上　10

2

次の文A～Cを読み、問1～8に答えよ。　11 ～ 18

A．弥生時代には集団内の身分差が明らかになり、3世紀の［ a ］では、大人と下戸という身分が生まれた。下戸が大人に道で会えば、草むらに入り、話をする時は両手を地につけ敬礼したと伝えられる。奈良時代には身分は良民と賤民に大別された。良民には、貴族・官人から一般の人民、特殊な技術で官司に隷属するものが含まれた(b)。一方、賤民は官有の陵戸・［ c ］・公奴婢（官奴婢）と私有の［ d ］・私奴婢の五種類があった。賤民の割合は人口の数％程度と低かったが、数百人をこえる奴婢を所有する大寺院や豪族もあった。

問1　空欄［ a ］に入る語句として正しいものを、次のア～オのうちから一つ選べ。　11

ア．伊都国　イ．狗奴国　ウ．狗邪韓国　エ．奴国　オ．邪馬台国

問2　下線部（b）に関する説明として誤っているものを、次のア～エのうちから一つ選べ。　12

ア．貴族は五位以上の位階をもつ者とされる。

イ．特殊な技術で官司に隷属する者に品部や雑戸がいた。

ウ．口分田は良賤・年齢・男女を問わず均等に班給された。

エ．良民と賤民の婚姻は認められていなかった。

問3　空欄 c ・ d に入る語句の組み合わせとして正しいものを、次のア〜エのうちから一つ選べ。 13

ア. c：官戸　d：神人　　イ. c：官戸　d：家人
ウ. c：部曲　d：神人　　エ. c：部曲　d：家人

B. 身分制は封建制社会において顕著になるが、16世紀後半に天下を統一した豊臣秀吉は、検地により土地の面積や所有者を明らかにし、刀狩で農民の武器を没収して農民身分を固定した。また e により諸身分の移動が禁じられ、兵・町人・農民の職業にもとづく身分が定められていった。江戸時代にはさらに身分は明確となった。<u>武士は、政治や軍事、学問・知識を独占した特権をもつ支配階級であった</u>(f)。社会の大半を占める被支配階級は、農業・漁業・林業に従事する百姓、手工業に従事する職人、商業や金融、流通・運輸に従事する商人が主であった。また村や都市の周縁に多様な小さな身分集団が存在した。

問4　空欄 e に入る語句として正しいものを、次のア〜オのうちから一つ選べ。 14

ア. 相対済し令　イ. 地方知行制　ウ. 人返し令　エ. 人掃令　オ. 寄親・寄子制

問5　下線部（f）に関する説明①〜④について、正しいものの組み合わせを、次のア〜エのうちから一つ選べ。 15

①武士は、将軍を頂点に大名・旗本・側用人の身分階層で構成された。
②武士は、主人への忠誠や上下の別をきびしく強制された。
③武士は、惣領の権限が強かったが、家督や財産は庶子らにも分割相続された。
④武士は、苗字・帯刀や切捨御免などの特権を有していた。

ア. ①と③　　イ. ①と④　　ウ. ②と③　　エ. ②と④

C. 明治政府は近代化政策を進めるなかで、封建的な身分制度の撤廃をすすめた。公家や大名を g 、旧武士を士族と卒、農工商をすべて h とし、居住・職業・婚姻などの自由を認めた。賤民身分については、 i 年に解放令を公布し、えた・非人などの称が廃止されたが、その後も結婚や就職などでの社会的差別はなくならなかった。第一次世界大戦後、都市化にともない人びとの生活水準が上昇し、彼らの向上心を刺激したが、現状の生活への不満もかきたてた。さらに世界的な民主化の流れやロシア革命の影響もあり、<u>社会運動の急速な発展につながり、労働運動をはじめ農民運動や他の社会運動も進展した</u>(j)。

問6 空欄[g]・[h]に入る語句の組み合わせとして正しいものを、次のア〜エのうちから一つ選べ。 [16]

ア. g：華族 h：四民 イ. g：侍 h：四民
ウ. g：華族 h：平民 エ. g：侍 h：平民

問7 空欄[i]に入る適切な語を、次のア〜オのうちから一つ選べ。 [17]

ア. 1871 イ. 1872 ウ. 1873 エ. 1874 オ. 1875

問8 下線部 (j) の説明として誤っているものを、次のア〜エのうちから一つ選べ。 [18]

ア. 平塚らいてう・市川房枝らによって新婦人協会が結成された。
イ. 片山潜・高野房太郎らによって友愛会が結成された。
ウ. 杉山元治郎・賀川豊彦らによって日本農民組合が結成された。
エ. 西光万吉・阪本清一郎らによって全国水平社が結成された。

3

次の史料A・Bを読み、問1〜6に答えよ。 [19]〜[24]

A. 関東より六波羅に送らるる御事書の法

……

一、質券売買地(しちけんばいばいち)の事

右、所領をもって或(ある)いは質券に入れ流し、或いは売買せしむるの条、御家人等侘傺(たてい)の基(もとい)なり。向後(きょうこう)に於(お)いては、停止(ちょうじ)に従ふべし。以前沽却(こきゃく)の分に至りては、本主領掌(ほんしゅりょうしょう)せしむべし。ただし或いは御下文・下知状を成し給ひ、或いは知行廿(二十)箇年を過ぐるは、公私の領を論ぜず、いまさら相違あるべからず。……

一、利銭出挙(りせんすいこ)の事

右、甲乙(こうおつ)の輩要用(ようよう)の時、煩費(はんぴ)を顧(かえり)みず、負累(ふるい)せしむるにより、富有(ふゆう)の仁(じん)その利潤を専らにし、窮困の族いよいよ侘傺に及ぶか。自今以後成敗に及ばず。たとひ下知状を帯(たい)し、弁償(べんしょう)せざるの由、訴へ申す事ありといへども、沙汰の限りにあらず。……

永仁五年七月廿二日……

(「東寺百合文書」、原漢文)

問1 史料Aの法令を発した人物として正しいものを、次のア〜オのうちから一つ選べ。 [19]

ア. 北条時政 イ. 北条義時 ウ. 北条泰時 エ. 北条時宗 オ. 北条貞時

問2　史料Aの内容として誤っているものを、次のア～エのうちから一つ選べ。 20

ア．御家人が所領を質入れして流すこと、あるいは売買することは、御家人らの困窮の原因となるので、今後は禁止する。

イ．本法令以前の売却地は、元の所有者に所有権を戻す。買主に下文や下知状などが出されていても、あるいは買主の支配が20年以上を経ていても同様である。

ウ．利息をつけて銭を貸すことについて、出費の大きさを考えずに借金を重ねる人が多いため、金持ちは利子でどんどん儲け、貧しいものはますます困窮する。

エ．今後は貸主による訴えを裁判で取り上げることはしない。たとえ幕府が発給した文書などを添えて、弁償しないことを訴えても取り上げることはない。

問3　史料Aが出された年と近い時期に起きた出来事として誤っているものを、次のア～エのうちから一つ選べ。 21

ア．執権と対立していた有力御家人の三浦泰村一族が宝治合戦で滅ぼされた。

イ．九州の防備と統治強化のために鎮西探題が設置された。

ウ．有力御家人の安達泰盛が反乱を起こしたが滅ぼされた。

エ．全国の守護の半分以上を北条一門が占めるようになった。

B．第一条　清国ハ朝鮮国ノ完全無欠ナル独立自主ノ国タルコトヲ確認ス。因(より)テ右独立自主ヲ損害スヘキ朝鮮国ヨリ清国ニ対スル貢献典礼等ハ将来全ク之(これ)ヲ廃止スヘシ

第二条　清国ハ左記ノ土地ノ主権竝(ならび)ニ該地方ニ在ル城塁、兵器製造所及官有物ヲ永遠日本国ニ割与ス

一　左ノ経界(けいかい)内ニ在ル奉天省南部ノ地……

二　台湾全島及其ノ付属諸島嶼(とうしょ)

三　澎湖列島……

第四条　清国ハ軍費賠償金トシテ庫平銀(こへいぎん)二億両(テール)ヲ日本国ニ支払フヘキコトヲ約ス。右金額ハ都合八回ニ分(わか)チ、初回及次回ニハ毎回五千万両ヲ支払フヘシ……

（『日本外交文書』）

問4　史料Bが調印された年として正しいものを、次のア～オのうちから一つ選べ。 22

ア．1894年　　イ．1895年　　ウ．1902年　　エ．1904年　　オ．1905年

問5　史料Bが当事国である二国間で調印された際の、それぞれの国の全権の組み合わせとして正しいものを、次のア～エのうちから一つ選べ。 23

ア．金玉均 — 段祺瑞　　イ．伊藤博文 — 段祺瑞

ウ．金玉均 — 李鴻章　　エ．伊藤博文 — 李鴻章

問6　史料Bに関する説明として正しいものを、次のア～エのうちから一つ選べ。 24

ア．両当事国は、当時の朝鮮を、これ以降、完全に独立した主権国家として尊重していく意図のもとに、この条約を締結した。

イ．清国は、欧米列強による自国領土への侵略に抵抗するため、領土の一部とそこにある城塁や兵器製造所、官有物を日本に譲渡した。

ウ．この時に日本が獲得した軍費賠償金2億両は、当時の日本の国家歳入を超える高額なものであった。

エ．東アジア進出をめざすロシアは、フランス・イタリア両国を誘って、第二条の一項に記されている土地を清国に返還するよう日本に要求した。

4

次の文A～Cの空欄 25 ～ 39 に入る適切な語を、それぞれの語群ア～コのうちから選べ。 25 ～ 39

A．1722年、幕府は江戸日本橋に高札を立てて新田開発を奨励し、商人の資本力を借りた新田開発を進めようとした。越後国の 25 は典型的な町人請負新田であった。また、米価の安定と維持のために大坂堂島の 26 を公認した。さらに、朝鮮人参の栽培など殖産興業につとめるとともに、 27 を登用して救荒用の甘藷の栽培を普及させた。こうした政策は一定の効果をあげたが、年貢増徴や飢饉による物価の高騰から、1733年に江戸で最初の 28 が起こり、有力な米問屋などが襲撃された。1772年に老中になった田沼意次は、仙台藩医の 29 が著した『赤蝦夷風説考』を取り入れ、蝦夷地の開発やロシアとの貿易を計画して北方調査をおこなった。

〈語群〉 ア．蔵屋敷　イ．打ちこわし　ウ．紫雲寺潟新田　エ．青木昆陽
オ．間宮林蔵　カ．村方騒動　キ．武蔵野新田　ク．工藤平助
ケ．米市場　コ．野呂元丈

B．また意次は、商品生産や流通が生み出す富の一部を財源に取り込むため、都市や農村の商工業者らに株仲間の設立をすすめ、 30 ・冥加を上納させた。こうした商業資本との結びつきは松平定信の政策にも継承され、江戸では有力な商人が 31 に登用されて改革が進められた。没落農民に資金を与えて農村に帰ることを奨励した 32 も、都市政策の一環として打ち出された。18世紀半ば以降、商品経済の発展は農民層の分解にいっそうの拍車をかけ、関東では農村の荒廃をもたらした。相模の農民であった 33 は、勤労と倹約を旨とする報徳仕法によって農村復興にあたった。また、一方では重商主義への政策転換を説く経世家が現れ、本多利明は『 34 』を著して西洋諸国との交易による富国策を論じた。

〈語群〉 ア．棄捐令 イ．経済要録 ウ．運上 エ．二宮尊徳
オ．勘定所御用達 カ．大原幽学 キ．勘定吟味役 ク．西域物語
ケ．旧里帰農令 コ．蔵物

C．19世紀以降、欧米諸国の東アジア進出が本格化していった。老中 35 のもとで天保の改革を進める幕府は、海岸防備を強化するとともに、1842年には 36 を出して対応した。その後、1858年には安政の五カ国条約が締結され、翌年から横浜・長崎・箱館において貿易が開始された。日本からは主に 37 ・茶などが輸出され、主な輸入品には毛織物・綿織物などがあった。貿易は大幅な輸出超過となって物価が高騰したため、1860年に 38 を出して必ず江戸の問屋を経て輸出するよう命じた。また貿易開始後、金銀比価の相違によって大量の金貨が海外に流出したことから、幕府は金貨の品質を大きく下げ、 39 小判への改鋳をおこなったが、貨幣の実質的な価値が下がって物価高騰を助長した。

〈語群〉 ア．生糸 イ．海舶互市新例 ウ．水野忠邦 エ．万延
オ．異国船打払令 カ．阿部正弘 キ．武器 ク．正徳
ケ．薪水給与令 コ．五品江戸廻送令

世界史

（60分）

1 次の文章を読み、下記の問1～9に答えよ。なお、同じ記号の箇所には同じ語が入る。

［ 1 ］～［ 9 ］

前221年、中国を統一した秦は、始皇帝(A)のもと統一政策を推進した。しかし、それが急進的すぎたことから反発を招き、各地で反乱が起こるなか、前206年には滅んだ。こののち農民出身の劉邦と楚の名族出身の［ あ ］が勢力を争い、勝利した劉邦が、〔 a 〕を都に漢を建国した。

漢では、当初、郡県制と封建制を併用する郡国制が施行され、封建された諸侯王は、領域内で大きな権限を持った。漢は徐々に諸侯王の権力を削減する政策をとったが、それに対して諸侯王は反発し、前154年には［ い ］が起こった。この反乱は間もなく平定され、郡県制と変わらない中央集権体制が確立された。

前141年に即位した武帝は、充実した国力のもと、対外積極政策をとった。北アジアの遊牧民である匈奴を攻撃し、大月氏に連携を求めるため、［ う ］を派遣し、西域へと勢力を広げた。また、朝鮮半島(B)では衛氏朝鮮を滅ぼし4郡を置き、ヴェトナムでは［ え ］を滅ぼし9郡を置いた。たび重なる戦争は財政を圧迫したため、新たな経済政策(C)を打ち出して、それを乗り切ろうとしたが、うまくいかず、武帝の死後、漢の国力は衰えていき、1世紀初頭には外戚の［ お ］によって滅ぼされた。［ お ］は新を建国し、周代を理想とする政治を進めたが、非現実的な政策が進められ混乱が生じたため、各地で反乱が起こり、新は滅亡した。その後、反乱軍の指導者のひとりであり漢王室の一族である劉秀が、〔 b 〕を都に漢王朝を再興した。

問1　下線部Aがとった政策について述べた文として誤っているものを、次のア～エのうちから一つ選べ。［ 1 ］

ア．貨幣を半両銭に統一した。

イ．科挙を実施した。

ウ．長城を修築した。

エ．焚書・坑儒による思想統制を行った。

問2　空欄［あ］に入る人名として適切なものを、次のア～エのうちから一つ選べ。［2］

ア．曹操　イ．項羽　ウ．孫権　エ．李淵

問3　空欄〔a〕・〔b〕に入る語の組み合わせとして適切なものを、次のア～エのうちから一つ選べ。［3］

ア．〔a〕長安　〔b〕咸陽

イ．〔a〕長安　〔b〕洛陽

ウ．〔a〕咸陽　〔b〕洛陽

エ．〔a〕洛陽　〔b〕長安

問4　空欄［い］に入る語として適切なものを、次のア～エのうちから一つ選べ。［4］

ア．黄巾の乱　イ．黄巣の乱　ウ．呉楚七国の乱　エ．陳勝・呉広の乱

問5　空欄［う］に入る人名として適切なものを、次のア～エのうちから一つ選べ。［5］

ア．義浄　イ．張騫　ウ．班超　エ．法顕

問6　下線部Bの歴史について述べた次の文aとbの正誤の組み合わせとして適切なものを、下のア～エのうちから一つ選べ。［6］

a. 百済は唐と連合して、高句麗・新羅を滅ぼした。

b. 高麗では仏教が盛んになり、『大蔵経』が刊行された。

ア．a—正　b—正　イ．a—正　b—誤

ウ．a—誤　b—正　エ．a—誤　b—誤

問7　空欄［え］に入る語として適切なものを、次のア～エのうちから一つ選べ。［7］

ア．南越　イ．南詔　ウ．扶南　エ．林邑（チャンパー）

問8　下線部Cについて述べた文として適切なものを、次のア～エのうちから一つ選べ。［8］

ア．均田制を施行した。

イ．交鈔を発行した。

ウ．市易法を施行した。

エ．塩・鉄・酒を専売にした。

問9　空欄［お］に入る人名として適切なものを、次のア～エのうちから一つ選べ。［9］

ア．王莽　イ．朱全忠　ウ．曹丕　エ．楊堅

2

次の文章を読み、下記の問1～8に答えよ。［10］～［17］

インド史上最大のイスラーム国家であるムガル帝国は、中央アジアからイランにかけて強大な帝国を作り上げたティムール(A)の子孫である［あ］によって建国された。第3代皇帝のアクバルは、都を［い］に定めるとともに、行財政の基盤を確立した。また、ヒンドゥー教徒との融合(B)を目的として、非ムスリムに対する人頭税（ジズヤ）を廃止した。第6代のアウラングゼーブは外征を繰り返し、帝国最大の領土を獲得した。一方、厳格なスンナ派イスラーム教徒としての立場から、ジズヤを復活させ、ヒンドゥー寺院を破壊するなどしたため、ヒンドゥー教徒らの反感を招いた。17世紀後半には、シヴァージーがデカン高原(C)にマラーター王国を建国し、シク教徒(D)の反乱が起こるなど、ムガル帝国の衰退が始まった。

宗教対立や地方の反乱などによりムガル帝国が混乱に陥るなか、ヨーロッパ列強はインドへの進出を強めた。なかでも、競合する他国やインド内部の政治勢力との戦争(E)に勝利したイギリス東インド会社(F)は、インドの大半を植民地とした。1857年に植民地支配への反感がインド人傭兵（シパーヒー）の大反乱として爆発した。シパーヒーらは名目だけの存在となっていたムガル皇帝を擁立したが、反乱は鎮圧され、皇帝が流刑に処せられて、ムガル帝国は滅亡した。

問1　下線部Aについて述べた文として適切なものを、次のア～エのうちから一つ選べ。［10］

ア．バグダードを占領し、アッバース朝を滅ぼした。

イ．コンスタンティノープルを占領し、ビザンツ帝国を滅ぼした。

ウ．アンカラの戦いでオスマン軍を破り、バヤジット1世を捕虜とした。

エ．ワールシュタットの戦いで、ドイツ・ポーランド連合軍を破った。

問2　［あ］に入る人名として適切なものを、次のア～エのうちから一つ選べ。［11］

ア．アイバク　イ．バーブル　ウ．ジンナー　エ．ティラク

問3　[い]に入る都市の名前とその位置を示す次の地図中のa・bの組み合わせとして適切なものを、下のア～エのうちから一つ選べ。　[12]

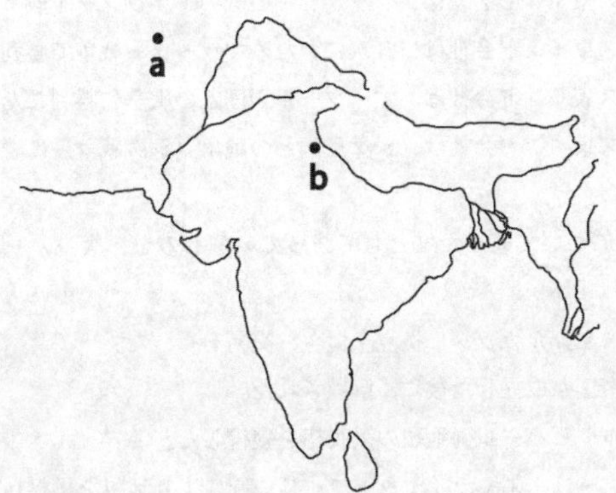

ア. カーブル－a　イ. カーブル－b　ウ. アグラ－a　エ. アグラ－b

問4　下線部Bに関連して、イスラームとインドの文化的融合について述べた次の文aとbの正誤の組み合わせとして適切なものを、下のア～エのうちから一つ選べ。[13]

a. ペルシャ語とインドの地方語がまざったウルドゥー語が誕生した。

b. タージ＝マハルは、インド＝イスラーム建築の代表作である。

ア. a－正　b－正　イ. a－正　b－誤

ウ. a－誤　b－正　エ. a－誤　b－誤

問5　下線部Cに関連して、14世紀にデカン高原に建国された王国として適切なものを、次のア～エのうちから一つ選べ。　[14]

ア. マタラム王国

イ. マラッカ王国

ウ. ヴィジャヤナガル王国

エ. ワッハーブ王国

問6　下線部Dに関連して、シク教について述べた文として誤っているものを、次のア～エのうちから一つ選べ。　[15]

ア. ナーナクにより創始された。

イ. 偶像崇拝を批判し、カースト制に反対した。

ウ. ヒンドゥー教をベースに、イスラーム教の影響を強く受けて成立した。

エ. 南インドを中心に普及し、シク王国を建てた。

問7 下線部Eについて述べた文として誤っているものを、次のア～エのうちから一つ選べ。 16

ア. イギリス東インド会社は、プラッシーの戦いでオランダを破った。

イ. イギリス東インド会社は、3次にわたるマラーター戦争で勝利した。

ウ. イギリス東インド会社は、マイソール王国との戦争に勝利した。

エ. イギリス東インド会社は、シク王国との戦争（シク戦争）に勝利した。

問8 下線部Fについて述べた文として誤っているものを、次のア～エのうちから一つ選べ。 17

ア. マドラスやカルカッタに拠点を置き、交易を行った。

イ. インド帝国が成立した後に、解散された。

ウ. ベンガル・ビハール両地域の徴税権を獲得した。

エ. ザミンダーリー制やライヤットワーリー制により地税を徴収した。

3

次の文章を読み、下記の問1～9に答えよ。なお、同じ記号の箇所には同じ語が入る。

18 ～ 26

アメリカ合衆国は19世紀中ごろ(A)まで農業国的状態にあったが、南北戦争(B)後の重工業の飛躍的な発展に伴い、19世紀末にはイギリスをもしのぐ世界最大の生産力を誇る工業国へと成長した。一方、従来の順調な成長を可能にしてきたフロンティアが西部開発の進展(C)にともなって消滅したといった危機意識が強まるなかで、19世紀末に対外的進出をめざす新しい膨張の気運が盛り上がり、帝国主義的政策(D)の展開をみることになった。

1889年、合衆国はラテンアメリカにおけるヨーロッパ列強の影響を排除する目的で最初のパン＝アメリカ会議を主催し、定期的に開催する会議のなかでラテンアメリカへの経済的進出の明確な構えを打ち出していった。1898年にはキューバ(E)の独立運動を契機に引き起こしたアメリカ＝スペイン（米西）戦争に勝利し、カリブ海から西太平洋にかけて広範囲にわたる植民地(F)を領有するに至った。1899年と1900年には国務長官ジョン＝ヘイが中国に関して自由主義的な政策(G)を宣言し、中国市場への進出をはかった。

共和党の［あ］大統領は、過剰生産に伴う経済的困難に対処するため、政府の権限を拡大し強化しようとする改革運動をすすめた。また［あ］は、対外的には中米諸国に対して積極的に介入するカリブ海政策(H)を展開した。

問1　下線部Aの時期に生じた出来事について述べた次の文aとbの正誤の組み合わせとして適切なものを、下のア～エのうちから一つ選べ。　18

a. アメリカ＝メキシコ戦争が起こった。

b. フレンチ＝インディアン戦争が起こった。

ア. a－正　b－正　　イ. a－正　b－誤

ウ. a－誤　b－正　　エ. a－誤　b－誤

問2　下線部Bをめぐるアメリカの状況について述べた文として誤っているものを、次のア～エのうちから一つ選べ。　19

ア. ミズーリ協定で北緯36度30分以北には奴隷州をつくらないと定められていた。

イ. 南部諸州は奴隷制を存続しようとした。

ウ. 北部諸州は自由州を拡大しようとした。

エ. 北部諸州は連邦を離脱してアメリカ連合国を結成した。

問3　下線部Cに関連する出来事として誤っているものを、次のア～エのうちから一つ選べ。　20

ア. 最初の大陸横断鉄道が開通した。

イ. ホームステッド法が制定された。

ウ. 第2インターナショナルが結成された。

エ. 各地で金や銀の採掘が始まった。

問4　下線部Dに関連して、ヨーロッパ列強の帝国主義について述べた次の文aとbの正誤の組み合わせとして適切なものを、下のア～エのうちから一つ選べ。　21

a. ドイツではヴィルヘルム1世が積極的な帝国主義政策を追求した。

b. ロシアはシベリア鉄道を建設してアジアへの進出をはかった。

ア. a－正　b－正　　イ. a－正　b－誤

ウ. a－誤　b－正　　エ. a－誤　b－誤

問5　下線部Eに関連して、1959年のキューバ革命について述べた次の文aとbの正誤の組み合わせとして適切なものを、下のア～エのうちから一つ選べ。　22

a. 革命の指導者はカストロであった。

b. ゲバラは革命運動に重要な役割を果たした。

ア. a－正　b－正　　イ. a－正　b－誤

ウ. a－誤　b－正　　エ. a－誤　b－誤

問6　下線部Ｆに関連して、アメリカの植民地として適切なものを、次のア～エのうちから一つ選べ。 23

ア．ニューカレドニア　イ．ニュージーランド　ウ．ベネズエラ　エ．フィリピン

問7　下線部Ｇについて述べた文として誤っているものを、次のア～エかのうちから一つ選べ。 24

ア．機会均等　イ．変法（変法自強）　ウ．門戸開放　エ．領土保全

問8　空欄 あ に入る人名として適切なものを、次のア～エのうちから一つ選べ。 25

ア．ウィルソン　イ．セオドア＝ローズヴェルト

ウ．トマス＝ジェファソン　エ．マッキンリー

問9　下線部Ｈの呼称として適切なものを、次のア～エのうちから一つ選べ。 26

ア．海禁政策　イ．棍棒外交　ウ．善隣外交　エ．封じ込め政策

4 次の文章を読み、下記の問1～8に答えよ。 [27]～[34]

第一次世界大戦はヨーロッパ初の総力戦となり、戦後の社会や国際関係にも様々な影響をおよぼした。第一次世界大戦に協商国側で参加したイタリアは戦勝国とはなったが、参戦する際に約束された領土獲得を実現することができなかった。そのため戦後のヴェルサイユ体制(A)のなかで国民の不満が高まり、労働運動や農民運動が急速に拡大した。この混乱の原因が議会や社会主義にあると主張したムッソリーニは、ファシスト党を結成し、資本家や地主層といった中産階級をひきつけ、急速に力をつけた。1922年に同党は、[あ]を実行して政権を奪取し、独裁体制を固めていった。また対外的に、このファシスト政権は、1924年に[い]を獲得し、1926～27年に[う]を保護国化した。さらには[え]を結び、ローマ教皇庁と和解した。

ファシスト党とならぶファシズムの担い手として、ドイツではヒトラー率いる国民社会主義ドイツ労働者党（ナチ党）がある。世界恐慌(B)発生後の経済的、政治的不安定さが広がるドイツ社会のなかでナチ党は、ヴェルサイユ体制打破、ヴァイマル共和国(C)反対を掲げて支持を獲得し、勢力を拡大した。同党は1932年の選挙で第一党となり、翌年政権を掌握した。

こうしたファシズムの台頭に対抗する運動(D)も、ヨーロッパ各地で活発化した。フランスでは、1936年の選挙の結果、[お]が内閣を率いた。彼は様々な政策を実行して、国内のファシズム拡大を阻止することはできたが、スペイン内戦への対応の失敗から政府は弱体化してしまった。

スペインでは、1931年に選挙で王政が打倒され、共和政が成立した。その後1936年の選挙ではファシズムに対抗する派閥の内閣が発足した。これに反対した[か]が反乱を起こし、スペイン内戦が始まった。この内戦で反乱側は、イタリアとドイツの積極的な支援を獲得し、最終的に勝利をおさめた後、独裁体制を成立させた。一方この支援以降に、イタリアとドイツは足並みをそろえていき、ここに日本も加わった(E)。

問1 下線部Aについて述べた文として適切なものを、次のア～エのうちから一つ選べ。 [27]

ア. パリ講和会議はイギリス、フランス、アメリカ合衆国、イタリア、ソ連によって開かれた。

イ. 十四ヵ条の原則に基づき、敗戦国であるドイツも国際連盟に発足と同時に加盟を認められた。

ウ. フランスがアルザス・ロレーヌを領有した。

エ. アイルランド全土を領域にするアイルランド自由国が成立した。

問2　空欄［ あ ］に入る語として適切なものを、次のア〜エのうちから一つ選べ。［28］

ア．ルール占領　イ．オーストリア併合　ウ．ローマ進軍　エ．新文化運動

問3　空欄［ い ］〜［ え ］に入る語の組み合わせとして適切なものを、次のア〜カのうちから一つ選べ。［29］

ア．い―トリエステ　う―エチオピア　え―ロカルノ条約

イ．い―トリエステ　う―アルバニア　え―ラテラノ条約

ウ．い―トリエステ　う―エチオピア　え―ラテラノ条約

エ．い―フィウメ　う―アルバニア　え―ロカルノ条約

オ．い―フィウメ　う―エチオピア　え―ラテラノ条約

カ．い―フィウメ　う―アルバニア　え―ラテラノ条約

問4　下線部Bに関連して、次のグラフは各国の工業生産の推移を示したものである。〔a〕に入る国名を、次のア〜エのうちから一つ選べ。［30］

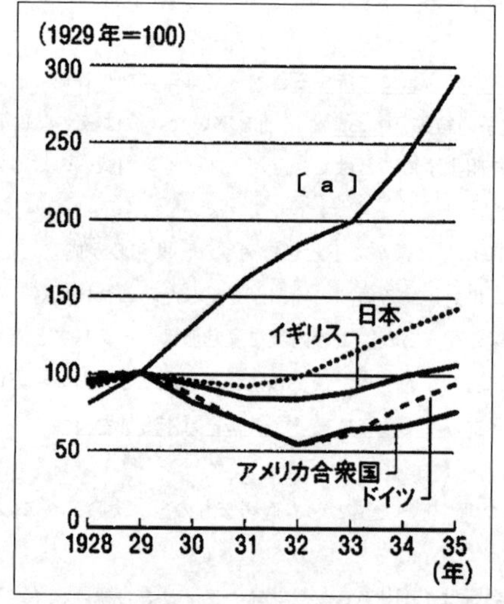

ア．フランス　イ．イタリア　ウ．ソ連　エ．中国

問5　下線部Cについて述べた文として誤っているものを、次のア～エのうちから一つ選べ。　31

ア．共産党のエーベルトが初代大統領に選出された。

イ．ヴァイマル憲法では成年の男女に選挙権が認められた。

ウ．シュトレーゼマンは、アメリカ合衆国とドーズ案を成立させた。

エ．賠償金の支払いに苦しみ、空前のインフレーションが生じた。

問6　下線部Dを展開した勢力の呼称として適切なものを、次のア～エのうちから一つ選べ。　32

ア．連帯　　イ．民族解放戦線（ＦＬＮ）　　ウ．人民戦線　　エ．コミンフォルム

問7　空欄［お］・［か］に入る人名の組み合わせとして適切なものを、次のア～エのうちから一つ選べ。　33

ア．お―ブルム　　か―フランコ

イ．お―ブルム　　か―ヒンデンブルク

ウ．お―ド＝ゴール　　か―フランコ

エ．お―ド＝ゴール　　か―ヒンデンブルク

問8　下線部Eに関連して、結ばれた同盟や協定が年代の古いものから順に正しく配列されているものを、次のア～カのうちから一つ選べ。　34

ア．日独伊三国防共協定　→　ベルリン＝ローマ枢軸　→　日独伊三国同盟

イ．日独伊三国防共協定　→　日独伊三国同盟　→　ベルリン＝ローマ枢軸

ウ．ベルリン＝ローマ枢軸　→　日独伊三国同盟　→　日独伊三国防共協定

エ．ベルリン＝ローマ枢軸　→　日独伊三国防共協定　→　日独伊三国同盟

オ．日独伊三国同盟　→　日独伊三国防共協定　→　ベルリン＝ローマ枢軸

カ．日独伊三国同盟　→　ベルリン＝ローマ枢軸　→　日独伊三国防共協定

現代社会

（60分）

1　次の文章を読み、下の問い（問1～問10）に答えよ。　[1]～[10]

人権とは人が生まれながらにもつ権利であり、人が生きていくうえで必要なさまざまな権利は基本的人権（a）と呼ばれている。日本国憲法の第14条は、法の下の平等（b）として、全ての国民は平等であり、人種や信条、性別、社会的身分などにおいて、差別されないと定めている。

国家権力が個人を束縛したり、個人の生活に介入したりすることを排除することで自由を実現する権利を自由権といい、精神の自由（c）・身体の自由（d）・経済の自由（e）に分けられる。

自由権は18世紀に欧米で生まれ、19世紀ごろから定着しはじめた。しかし、20世紀に入ると、自由権だけでは不十分であることが明らかになった。失業や貧困などの社会問題を解決し、人間らしい暮らしを保障するように国家に求める権利として、社会権（f）が生まれた。日本国憲法においては、[A]で健康で文化的な最低限度の生活を営む権利を定めている。

近年ではさらに、いくつかの新しい権利や、人権についての新しい考え方が生まれている。経済成長の一方、生活環境が悪くなったことなどから、よい環境の中で暮らすことを権利とみなす環境権（g）が生まれた。また、情報化が進むなかで、私生活をみだりに公開されないという法的保障や権利として、プライバシー権（h）が生まれた。このほか、政府の活動を監視するために、国民が政治についての情報を知る権利（i）も重要視されるようになった。

問1　下線部aに関連する記述として適当でないものを、次のア～エのうちから一つ選べ。　[1]

ア．国民主権、平和主義とあわせて、日本国憲法の三大原理のひとつである。

イ．大日本帝国憲法においても、基本的人権は法律に優先されて認められていた。

ウ．日本国憲法に規定されている国民の権利には、基本的人権を守るための権利として参政権、請求権も含まれている。

エ．日本国憲法は国民の自由や権利について、「これを濫用してはならないのであつて、常に公共の福祉のためにこれを利用する責任を負ふ」としている。

問２　下線部ｂに関連し、実質的な平等を実現するための立法に関する記述として適当でないものを、次のア～エのうちから一つ選べ。 2

ア．部落差別のない社会を実現することを目的に差別解消を推進するための法律が制定された。

イ．結婚すると同姓を名乗ることが定められていた法律をあらため、夫婦別姓を認める法律が制定された。

ウ．特定の民族や国籍の人々を排斥する不当な差別的言動（ヘイトスピーチ）の解消を推進するための法律が制定された。

エ．一定規模以上の企業に対して、従業員数に比例した人数の障害者雇用を義務付ける法律が制定された。

問３　下線部ｃに関連する記述として適当でないものを、次のア～エのうちから一つ選べ。 3

ア．表現の自由には、自己の思想や主張などを他に伝えるための言論・出版の自由がある。

イ．表現の自由や集会の自由を保障するため、日本では検閲が禁止されている。

ウ．信教の自由には、信仰の自由と宗教選択の自由、宗教行事への参加の強制の禁止などが含まれる。

エ．個人と同様に国家も、特定の宗教を信仰したり、宗教的活動を行うことが認められている。

問４　下線部ｄに関連する記述として最も適当なものを、次のア～エのうちから一つ選べ。 4

ア．罪刑法定主義とは、どのような行為に対して、どのような刑罰が科せられるかは、行為の前にあらかじめ法律によって定めていなければならないという原則である。

イ．日本国憲法では、奴隷的拘束及び苦役からの自由として、たとえ犯罪者であっても、その意に反する苦役に服させられないことが定められている。

ウ．日本国憲法では、いかなる場合でも裁判所が発行する令状がないと逮捕や家宅捜索ができないことが定められている。

エ．自己に不利益な供述を拒否する権利である黙秘権は、民事裁判では認められているが刑事裁判では認められていない。

問５　下線部ｅに関連する記述として最も適当なものを、次のア～エのうちから一つ選べ。 5

ア. 日本国憲法は、経済の自由として、勤労の義務や納税の義務を定めている。

イ. 職業選択の自由は、選択した職業を制限なしに自由に営むことができる権利である。

ウ. 居住・移転の自由は、個人が外国へ移住したり、国籍を離脱することを認めている。

エ. 日本国憲法は、公共的な目的であっても、国や地方自治体が国民の私有財産を収用したり、制限することを認めていない。

問6 下線部fに関連する記述として適当でないものを、次のア〜エのうちから一つ選べ。 6

ア. 社会権のひとつに教育を受ける権利があり、義務教育が無償であることの根拠になっている。

イ. 勤労の権利を実現するために、政府は国民の雇用機会を確保することを目的とした公共職業安定所（ハローワーク）を設置している。

ウ. 労働者が、労働組合を通して使用者と賃金その他の労働条件などについて交渉する権利を団結権という。

エ. 労働三権を実質的に保障するために、労働三法が制定されている。

問7 空欄 A に入る語句として最も適当なものを、次のア〜エのうちから一つ選べ。 7

ア. 第9条

イ. 第17条

ウ. 第25条

エ. 第31条

問8 下線部gに関連し、次の①、②の2つの文章の正誤の組み合わせとして最も適当なものを、下のア〜エのうちから一つ選べ。 8

①環境権は、生存権や幸福追求権をその根拠としている。

②環境権が争われた代表的な裁判に、大阪空港公害訴訟がある。

ア. ①正 ②正

イ. ①正 ②誤

ウ. ①誤 ②正

エ. ①誤 ②誤

問９　下線部ｈに関連し、次の図は法務省の人権擁護機関が救済手続を開始した事件のうち、インターネット上の人権侵犯事件の推移を示したものである。この図から読み取ることができる内容の記述として最も適当なものを、あとのア〜エのうちから一つ選べ。　9

図　インターネット上の人権侵害情報に関する人権侵犯事件

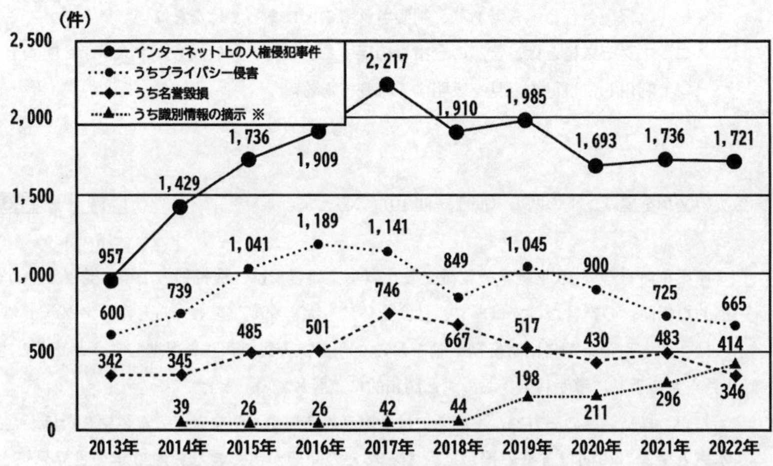

法務省「令和４年における『人権侵犯事件』の状況について（概要）」より作成

※識別情報の摘示…人種等の共通の属性を有する不特定多数の者に対する不当な差別的取扱いを助長・誘発することを目的として当該不特定多数の者が当該属性を有することを容易に識別することを可能とする情報を文書の頒布・掲示等の方法により公然と摘示すること。

ア．2019年以降、プライバシー侵害、名誉毀損は減少が続いているが、識別情報の摘示だけは増加が続いている。

イ．2019年以降に識別情報の摘示が増加したのは、同和地区や外国人へのヘイトスピーチが増加したことによる。

ウ．2022年におけるプライバシー侵害の件数は、ピークの半数以下に大きく減少している。

エ．2022年におけるプライバシー侵害、名誉毀損、識別情報の摘示の３つの合計件数は、インターネット上の人権侵犯事件全体の８割を超えている。

問10　下線部ｉに関連する記述として適当でないものを、次のア〜エのうちから一つ選べ。　10

ア．1999年に情報公開法が制定され、国および地方公共団体では情報公開制度の整備が進んでいる。

イ．日本の安全保障などに関する重要情報を特定秘密に指定する特定秘密保護法は、政府による恣意的な運用により、国民の知る権利を制約しないか懸念されている。

ウ．政治家など責任ある立場の人(公人)であっても一般の人々と同様にプライバシーは保護されるべきであり、制限されることはあってはならない。

エ．アクセス権とは、言論の自由を確保するために、一般大衆がマスメディアなどを利用して自己の意見を表明する権利である。

2　次の文章を読み、下の問い（問1～問10）に答えよ。　11 ～ 20

産業革命(a)を経て19世紀中盤に確立した資本主義経済は、機械制大工業の発展という経済的な側面への影響だけではなく、社会全体にも大きな変化をもたらした。アダム・スミス(b)は、個人や企業が自由な経済活動をおこなうと、公共の利益を促進しようとせずとも、「見えざる手」に導かれて、おのずと調和的に発展していくとした。

しかし経済発展の一方で、不況期には労働者の解雇や、失業者が大量発生したほか、資本家と労働者の間で貧富の差が拡大するなどの問題が出てきた。1929年の世界恐慌(c)と、これに続く1930年代の慢性的な大不況と大量失業をきっかけに、これらの問題解決に向けて政府が積極的な対応をみせた。経済学者 A は、民間部門の需要の不足によって完全雇用に至らず失業が生じるという有効需要(d)の原理を説いた。

資本主義経済による弊害を国家が政策を通して是正する理論や政策を B と呼び、福祉国家(e)の実現を目指して、多くの国で採用された。このように、経済における政府の役割が拡大し、民間部門と公共部門の両方からなる C が成立した。

1960～70年代には、失業や貧困の問題はかなりの程度で解消されたものの、インフレーション(f)や公害などの問題も登場するようになった。その後、1970年代後半には市場の自動調整機能を重視する「小さな政府」の主張が登場し、1980年代にはイギリスやアメリカにおいて市場原理を重視した自由化政策が進められた。その政策例としては、規制緩和や民営化(g)が挙げられる。

問1　下線部aに関連する記述として最も適当なものを、次のア～エのうちから一つ選べ。　11

ア．第一次産業革命では、石油・内燃機関を動力に重化学工業が発展した。

イ．蒸気機関の発明によって16世紀後半に始まった。

ウ．道具から機械への変化という技術的進歩による経済・社会の大変革を指す。

エ．産業革命はフランスで始まり、イギリスで発展した。

問2　下線部ｂに関連する記述として最も適当なものを、次のア～エのうちから一つ選べ。 12

ア.『資本論』において、社会主義経済によって問題が克服されると説いた。

イ.『諸国民の富（国富論)』において、近代市民社会の経済機構の分析をおこなった。

ウ.『政府からの自由』において、貨幣供給量の変化によって、経済活動全体の動きが大きく左右されると主張した。

エ.『自由と経済開発』において、貧困問題に対応する経済理論を発展させた。

問3　下線部ｃに関連する記述として最も適当なものを、次のア～エのうちから一つ選べ。 13

ア. 世界恐慌後の不況を克服するために自由放任主義（レッセ・フェール）の考えのもとで、金融政策が展開された。

イ. アメリカのアイゼンハワー大統領が、世界恐慌克服のための政策を実施した。

ウ. 政府が積極的に介入し、大規模な公共投資を実施するニューディール政策がとられた。

エ. 世界恐慌時には、各国で長期にわたり失業率が減少し、かつてないほどの規模で生産が増大した。

問4　空欄 A に入る人名として最も適当なものを、次のア～エのうちから一つ選べ。 14

ア. シュンペーター

イ. フリードマン

ウ. リカード

エ. ケインズ

問5　下線部ｄの説明として最も適当なものを、次のア～エのうちから一つ選べ。 15

ア. 購買力をともなった需要のことを指す。

イ. 商品を得たいという欲求が、経済学における需要となる。

ウ. 実際の貨幣の支出をともなわない需要のことを指す。

エ. 情報の非対称性によって生じる需要のことを指す。

問6　空欄 B に入る用語として最も適当なものを、次のア～エのうちから一つ選べ。 16

ア．金融資本主義

イ．社会主義市場経済

ウ．修正資本主義

エ．独占資本主義

問7　下線部eの説明として最も適当なものを、次のア〜エのうちから一つ選べ。 17

ア．国内の治安維持と外敵からの防衛など、限られた機能しか持たない。

イ．社会保障制度の整備を主要な課題としている。

ウ．警察権力によって国民生活の細部まで統制する。

エ．支配階級が自らの利害を実現するために組織している。

問8　空欄 C に入る用語として最も適当なものを、次のア〜エのうちから一つ選べ。 18

ア．混合経済

イ．ブロック経済

ウ．国民経済

エ．計画経済

問9　下線部fに関連する記述として最も適当なものを、次のア〜エのうちから一つ選べ。 19

ア．貨幣価値が下落し、物価が上昇する現象を指す。

イ．不況期における物価高のことを指す。

ウ．社会全般的に物価下落が起こることを指す。

エ．エネルギー価格の高騰など、供給コストの上昇で生じることはない。

問10　下線部gに関連する記述として適当でないものを、次のア〜エのうちから一つ選べ。 20

ア．日本では、1980年代に電電公社・専売公社・国鉄の民営化が実現した。

イ．これらの背景には、細かな許認可権限にもとづく公的規制が消費者の利益に反しているという考えがあった。

ウ．民間企業の創意工夫によって、サービス料金の低下がもたらされることがある。

エ．日本では、2027年4月に郵政事業が民営化されることとなっている。

3 ふたりの高校生Aさんと B さんが教室で会話をしている。次の会話文を読み、下の問い（問1～問8）に答えよ。 [21] ～ [30]

A：ねぇねぇ、コオロギクッキーって食べたことある？

B：クッキーにコオロギが入っているの？

A：うん、先週日曜日に買物に行った時に、売り場で見つけたんだ。将来の食料問題(a)解決策のひとつとして昆虫食が最近注目されているんだって。コオロギパウダー入りのクッキーは、はじめて食べたけれどまぁまぁ美味しかったよ。

B：わたしはコオロギを食べるのはちょっと抵抗があるなぁ。そういえば少し前に学校給食にコオロギを使ったメニューが出たっていうニュースが話題になったよね。

A：そうそう。ニュースを見て気になって調べてみたんだけれど、2013年5月に [A] が昆虫食を「世界的な食料危機の解決策」のひとつとして発表したことが発端らしいよ。世界で少なくとも1900種類の昆虫が20億人の人たちに食べられているんだって。

B：そうなんだ、知らなかった。日本も食料自給率(b)が低いもんね。

A：そうだよね。最近では石油代替燃料となる [B] の生産にともなってトウモロコシやサトウキビなどの需要が増えたり、投機資金の穀物市場への流入で食料価格も高騰したりしているしね。発展途上国ではより深刻な食料危機にみまわれている国もあるらしいよ。

B：それで昆虫食が注目されているんだね。そういえば [A] は「世界食糧サミット」も開催して、2015年までに栄養不足人口を半減する目標を立てていたよね。

A：そうだったね。食料問題のほかにも発展途上国では人口爆発(c)にともなう経済活動の拡大や地球環境の悪化などによってさまざまな問題(d)が生じているよね。一方、先進国は少産少死社会(e)が進んで人口転換がおきているしね。

B：社会問題のグローバル化がますます進んでいるね。新型コロナウイルスみたいに感染症(f)もまたたく間に広がるしね。わたしたちにできることは何だろうね。

問1　下線部aに関連する記述として適当でないものを、次のア～エのうちから一つ選べ。 [21]

ア．先進国では食料供給が過剰である一方で、発展途上国のなかには深刻な栄養不足の状態にある国も多い。

イ．発展途上国のなかには、農業を近代化するための資金不足などにより、食料生産がじゅうぶんに進まず食料自給率が改善されていない国もある。

ウ．世界全体の穀物生産量は、現在の世界の人口に対してじゅうぶんな量ではない。

エ．輸出用の換金作物の栽培を優先し、国内での食料確保が困難な地域もある。

問2　空欄 A に入る用語として最も適当なものを、次のア～エのうちから一つ選べ。 22

ア. 国連難民高等弁務官事務所（UNHCR）

イ. 世界保健機関（WHO）

ウ. 国連食糧農業機関（FAO）

エ. 世界自然保護基金（WWF）

問3　下線部bに関連し、次の表は食料自給率の推移を示したものである。この表から読み取れる内容として適当でないものを、下のア～エのうちから一つ選べ。 23

表　食料自給率の推移

品目	1970年(%)	1975年(%)	1980年(%)	1985年(%)	1990年(%)	1995年(%)	2000年(%)	2005年(%)	2010年(%)	2015年(%)	2020年(%)
米	106	110	100	107	100	104	95	95	97	98	97
野菜	99	99	97	95	91	85	81	79	81	80	80
果実	84	84	81	77	63	49	44	41	38	41	38
肉類（鯨肉を除く）	89	77	81	81	70	57	52	54	56	54	53
鶏卵	97	97	98	98	98	96	95	94	96	96	97
牛乳・乳製品	89	81	82	85	78	72	68	68	67	62	61
魚介類	102	99	97	93	79	57	53	51	55	55	55

農林水産省HP「総合食料自給率（カロリー・生産額）、品目別自給率等」より作成

ア. 【魚介類】の自給率と【肉類（鯨肉を除く）】の自給率はいずれも1995年に50%台に低下して以来、一度も1990年以前の水準には戻っていない。

イ. 1995年以降、自給率90%以上を維持しているのは【米】と【鶏卵】のみである。

ウ. 【鶏卵】の自給率は、【野菜】の自給率よりも1980年以降すべての年において上回っている。

エ. 【果実】の自給率は、【牛乳・乳製品】の自給率よりも1970年以降すべての年において下回っている。

問4　空欄［B］に入る用語として最も適当なものを、次のア～エのうちから一つ選べ。［24］

ア. メタノール

イ. バイオエタノール

ウ. エチルアルコール

エ. ガソリン

問5　下線部cに関連し、下の問い（1）（2）に答えよ。

（1）世界人口の増減に関する記述として適当でないものを、次のア～エのうちから一つ選べ。［25］

ア.『世界人口白書2023』によると、世界人口は80億人に到達した。

イ. 発展途上国では、多産多死から多産少死への変化が見られる。

ウ. 世界人口の約80%は発展途上国が占めている。

エ. 人口爆発の度合いを図る指数としてHDI（人間開発指数）がある。

（2）発展途上国における人口爆発と都市への集中がもたらす影響として適当でないものを、次のア～エのうちから一つ選べ。［26］

ア. 直接的な影響を与える分野として、保健、教育、雇用などがあげられている。

イ. 激しい都市化の進行によって居住環境の悪化が懸念されている。

ウ. 国連人口基金は、これらの影響によって発展途上国における貧困や飢餓をなくす努力が阻害されていると分析している。

エ. 人口ボーナスが生じることはない。

問6　下線部dに関連し、水資源問題と鉱物資源に関する記述として適当でないものを、次のア～エのうちから一つ選べ。［27］

ア. 2050年までに世界人口の40%がなんらかの形で水不足に直面するといわれている。

イ. 食料輸入国において輸入している農・畜産物をその国で生産したとき、どの程度の水が必要であるか推定したものを、ウォーターマイレージという。

ウ. レアメタルの産地は、ロシアや中国、アフリカなどの特定の地域に偏在する。

エ. アフリカではレアメタルなどの豊富な資源が、内戦や紛争の原因にもつながっている。

問7　下線部eに関連し、現在の日本の人口ピラミッドの類型として最も適当なものを、次のア～エのうちから一つ選べ。　28

ア．つりがね型

イ．富士山型

ウ．つぼ型

エ．ピラミッド型

問8　下線部fに関連し、下の問い（1）（2）に答えよ。

（1）感染によって引き起こされる疾患として適当でないものを、次のア～エのうちから一つ選べ。　29

ア．SARS（重症急性呼吸器症候群）

イ．ALS（筋萎縮性側索硬化症）

ウ．鳥インフルエンザ

エ．エボラ出血熱

（2）感染症に関連する記述として適当でないものを、次のア～エのうちから一つ選べ。　30

ア．天然痘は世界から根絶された。

イ．HIV陽性者の約7割はサハラ砂漠以南（サブサハラ）に住んでいる。

ウ．日本では、2023年5月に新型コロナウイルス感染症の感染症法上の位置づけが1類から4類に変更された。

エ．コレラは、日本でも江戸時代から明治期にかけていくども流行した。

4　次の文章を読み、下の問い（問1～問9）に答えよ。　31 ～ 40

根本的な治療が困難で、慢性的な経過をたどる疾患である難病などに対し、生殖医療[a]、移植技術、遺伝子技術[b]、再生医療[c]などの先端医療技術の研究開発が進められている。たとえば、1997年に臓器移植法[d]が施行され、難病に苦しむ患者への治療は大きな進歩をとげた。臓器移植では、臓器の機能が低下し他の治療法がない場合にドナーの臓器を［ A ］に移植する。厚生労働省と日本臓器移植ネットワーク（JOT）は、臓器提供の意思を示すためのドナーカード[e]を発行している。臓器移植は、患者や家族にとって生きるために必要な道であるように先端医療技術の発達は難病などから患者を救い、多くの人びとに恩恵をもたらした。

しかし、その一方で、生命や人の生と死に対して人の手による操作や選択の余地を拡大[f]させており、医療や生命のあり方に関する倫理的・社会的・哲学的・法学的問題や、それに関連する［ B ］の研究も取り組まれている。最近では、どのように生きるかを重視するクオリティ・オブ・ライフ（QOL）の問題や生命や人体に関する自己決定のあり方[g]などを体系的に捉えようとする試みもある。

問1　下線部aに関連する記述として最も適当なものを、次のア～エのうちから一つ選べ。　31

ア．代理出産は、生まれてくる子どもの福祉や代理母の身体的・精神的負担、誰を親と認めるかという家族関係の複雑化などを理由に日本では原則として実施されていない。

イ．日本では、身体的·経済的な理由などにより母体の健康を害する恐れがある場合、妊娠週数にかかわらず人工妊娠中絶を行うことができる。

ウ．体外受精を行なった場合、卵が分割し始めた段階で着床前診断を行い、重い病気や障害のない受精卵のみを子宮に戻すことが母体保護法において義務づけられている。

エ．初めて出産する妊婦は、胎児の障害や遺伝病の有無を調べる出生前診断を受けることが医療法において義務づけられている。

問2　下線部bに関連する記述として適当でないものを、次のア～エのうちから一つ選べ。 32

ア. 遺伝子組み換え技術は病虫害に強い農作物や、より生産量の多い農作物を作る目的で開発され、その作物例としてトウモロコシやジャガイモがあげられる。

イ. 遺伝子組み換え食品を原材料とする場合の表示は任意である。

ウ. ヒトの遺伝子の配列を解読するヒトゲノム解析は、遺伝病の予防や新薬開発に活用されている。

エ. ユネスコ総会で「ヒトゲノムと人権に関する世界宣言」を採択している。

問3　下線部cに関連する記述として適当でないものを、次のア～エのうちから一つ選べ。 33

ア. ES細胞は、人の受精卵や胚から作製するため、生命倫理的な問題を指摘する声もある。

イ. iPS細胞は、自分の体細胞から作製されるため拒絶反応が起こりにくいという特徴を持つ。

ウ. 世界ではじめてマウスの皮膚細胞からiPS細胞を作製した京都大学の山中伸弥教授は、その功績が認められノーベル生理学・医学賞を受賞した。

エ. クローン羊ドリーは、世界で初めてES細胞を用いて誕生した羊であるが、短命だったためクローン技術はその後世界に広まらず、クローン牛やクローン豚が誕生することはなかった。

問4　下線部dに関連する記述として適当でないものを、次のア～エのうちから一つ選べ。 34

ア. 脳死は臓器提供を前提とする場合にのみ人の死として認められている。

イ. 家族に優先的に臓器提供をすることが認められている。

ウ. 脳死判定を受けた本人の意思表示が不明であっても、家族の承諾があれば臓器提供が可能であると認められている。

エ. 日本国内では、いかなる場合においても15歳未満の患者による臓器提供は認められていない。

問５　空欄［Ａ］に入る語句として最も適当なものを、次のア～エのうちから一つ選べ。［35］

ア．クライエント

イ．ホスト

ウ．レシピエント

エ．サロゲート

問６　下線部ｅに関連するあとの問い（１）、（２）に答えよ。

（１）ドナーカードに関連する記述として最も適当なものを、次のア～エのうちから一つ選べ。［36］

ア．臓器提供意思表示カードとも呼ばれ、日本に住んでいる場合は、20歳の誕生日を迎えると本人の希望に関わらず自宅に郵送されてくる。

イ．ドナーカードによって、臓器を提供しないという意思表示はできない。

ウ．ドナーカードのほかにも、運転免許証や健康保険証の意思表示欄でも臓器提供について意思表示することが可能である。

エ．ドナーカードを常に携帯することは国民の義務であり、身分証明書として活用することも可能である。

（2）次の図は、「移植医療に関する世論調査」における臓器提供の意思表示に対する考えを性別と年齢別に示したものである。その特徴として最も適当なものを、あとのア～エのうちから一つ選べ。 37

図　臓器提供の意思表示に対する考え

［性別］

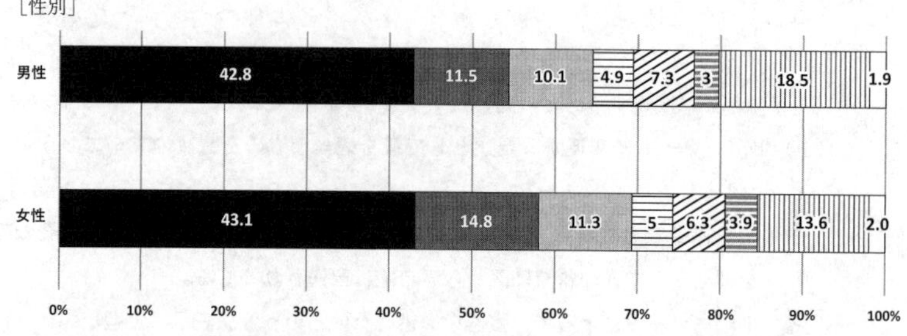

［年齢別］

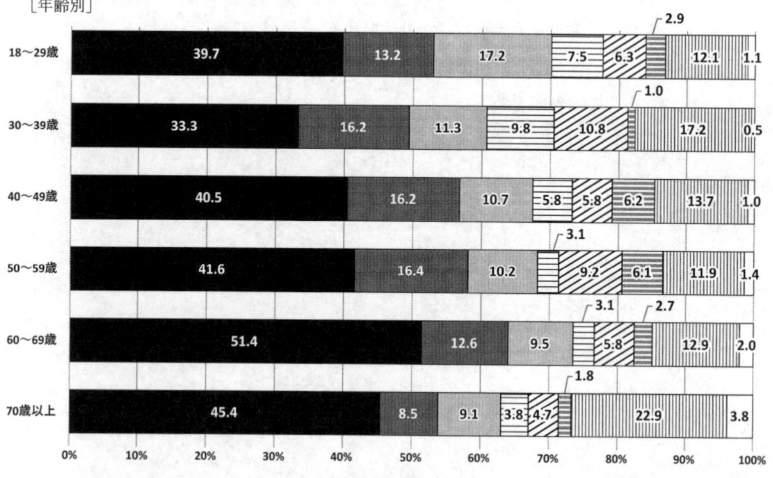

■ 臓器提供に関心があるが、臓器を提供する・しないは考えていない
■ 臓器提供に関心があり、臓器を提供する・しないを考えている
■ 臓器を提供する・しないは決めたが、意思表示するまでは考えていない
☰ 臓器を提供する・しないは決めており、意思表示することを考えている
▨ 既に意思表示をしている
☰ 既に意思表示したことを、家族または親しい方に話している
▥ 関心がない
□ 無回答

内閣府「令和３年度 移植医療に関する世論調査」より作成

ア．【臓器提供に関心があり、臓器を提供する・しないを考えている】人の割合は、60～69歳で最も高く、30～39歳で最も低い。

イ．【関心がない】人の割合は、性別では男性の方が高く、年齢別では年齢が高くなるにつれて増加する。

ウ．40～49歳の【臓器を提供する・しないは決めたが、意思表示するまでは考えていない】人の割合は、同年齢の【臓器提供に関心があるが、臓器を提供する・しないは考えていない】人の4分の1程度である。

エ．【既に意思表示をしている】人の割合は、性別では男性の方が高く、年齢別では50～59歳が最も高い。

問7　下線部fに関連する記述として適当でないものを、次のア～エのうちから一つ選べ。 38

ア．緊急避妊薬は意図しない妊娠を防ぐことを目的としており、日本では医師の処方箋がなくても一定の要件を満たす薬局で販売できるという試験的販売が始まった。

イ．政治哲学者のマイケル・サンデルは、遺伝子操作の問題は共同体の人びとが維持すべき価値や伝統という観点から考える必要があると指摘している。

ウ．ホスピスは、難病などの末期患者が緩和ケアを行いながら残された時間を自分らしく有意義に過ごすための施設である。

エ．延命により苦痛が長引くことは生命の質の観点から患者の利益にならないと考えられ、現在は日本でも安楽死や尊厳死が認められている。

問8　空欄 B に入る語句として最も適当なものを、次のア～エのうちから一つ選べ。 39

ア．エンハンスメント

イ．バイオエシックス

ウ．パターナリズム

エ．優生思想

問９　下線部ｇに関連し、用語①～③とその説明Ｘ～Ｚの組み合わせとして最も適当なものを、下のア～エのうちから一つ選べ。　40

①インフォームド・コンセント

②セカンドオピニオン

③リビング・ウィル

Ｘ　患者が将来、延命治療に関する自分の意思を表明できなくなった時のために、前もって自分の意思を文書で表明したもの

Ｙ　患者が自己の病名や病状、治癒の見込みや治療方針について、主治医以外の医師からも意見を聞くこと

Ｚ　患者の自己決定権を尊重するために、医師が患者やその家族に対して治療の目的や方法、副作用や治療費などについて十分に説明し、患者や家族がそれについて同意すること

ア．①-Ｚ　②-Ｙ　③-Ｘ

イ．①-Ｙ　②-Ｘ　③-Ｚ

ウ．①-Ｘ　②-Ｙ　③-Ｚ

エ．①-Ｚ　②-Ｘ　③-Ｙ

数学

(60分)

注意事項

① 解答は、解答用紙の問題番号に対応した解答欄にマークしなさい。

② 問題文中の［ア］、［イウ］などには、特に指示がないかぎり、符号 (−, ±) または数字 (0〜9) が入ります。ア、イ、ウ、･･･ のそれぞれは、これらのいずれか1つに対応します。
それらを解答用紙のア、イ、ウ、･･･ で示された解答欄にマークして答えなさい。

(例) ［ア］に3、［イ］に2、［ウ］に7と答えたいとき

ア	⊖	⊕	⓪	①	②	●	④	⑤	⑥	⑦	⑧	⑨
イ	⊖	⊕	⓪	①	●	③	④	⑤	⑥	⑦	⑧	⑨
ウ	⊖	⊕	⓪	①	②	③	④	⑤	⑥	●	⑧	⑨

なお、同一の問題文中に、［ア］、［イウ］などが2度以上現れる場合、原則として、2度目以降は、［ア］、［イウ］のように細字で表記します。

③ 分数の形で解答する場合、分数の符号は分子につけ、分母につけてはいけません。

例えば、$\dfrac{\boxed{エオ}}{\boxed{カ}}$ に $-\dfrac{4}{5}$ と答えたいときは、$\dfrac{-4}{5}$ として答えなさい。

また、それ以上約分できない形で答えなさい。

例えば、$\dfrac{3}{4}$ と答えるところを、$\dfrac{6}{8}$ のように答えてはいけません。

④ 根号を含む形で解答する場合、根号の中に現れる自然数が最小となる形で答えなさい。

例えば、［キ］$\sqrt{［ク］}$ に $4\sqrt{2}$ と答えるところを、$2\sqrt{8}$ と答えてはいけません。

⑤ 比の形で解答する場合、それ以上簡単にできない形で答えなさい。

例えば、［ケ］:［コ］に 1:2 と答えるところを、2:4 のように答えてはいけません。

1 以下の空欄部に当てはまる符号または数字を選択せよ。

(1) $(x^2+8x)^2+22(x^2+8x)+120$ を因数分解すると，

$(x+$ **ア** $)(x+$ **イ** $)(x^2+$ **ウ** $x+$ **エオ** $)$ である。

ただし，ア < イ とする。

(2) a を負の定数とする。放物線 $y=4x^2+ax+9$ が x 軸に接するとき，$a=$ **カキク** である。

(3) 全体集合Uと，その部分集合AとBをそれぞれ次のように定める。

$\mathrm{U}=\{n \mid n$ は 100 以上 1000 以下の整数$\}$

$\mathrm{A}=\{n \mid n\in\mathrm{U},\ n$ は 3 の倍数$\}$

$\mathrm{B}=\{n \mid n\in\mathrm{U},\ n$ は 5 の倍数$\}$

このとき，$\mathrm{A}\cup\mathrm{B}$ の要素の個数は **ケコサ** である。また，$\overline{\mathrm{A}}\cap\overline{\mathrm{B}}$ の要素のうちで最大の整数は **シスセ** である。ただし，$\overline{\mathrm{X}}$ は集合Xの補集合とする。

(4) 実数 x，y に関する次の条件P，Q，R，Sを考える。

P：$x=y$

Q：$xy=0$

R：$x^2+y^2=0$

S：$x^2=y^2$

このとき，**ソ** はPであるための必要条件であるが，十分条件でない。

また，**タ** はPであるための十分条件であるが，必要条件でない。

空欄 ソ，タ に当てはまるものを，次の **1**～**3** のうちから一つずつ選べ。

1 Q　　**2** R　　**3** S

(5) 1407 と 2948 の最大公約数は **チツ** である。

2 以下の空欄部に当てはまる符号または数字を選択せよ。

(1) $f(x)=\dfrac{3}{4}x^2-3x-5$ について考える。

放物線 $y=f(x)$ の頂点の座標は(ア , イウ)である。

また，$-2\leqq x\leqq 4$ における2次関数 $y=f(x)$ の最大値は エ ，

最小値は オカ である。

(2) a を $a>0$ の定数とし，b を実数の定数とする。

$g(x)=a(x^2+2x-2)^2-4a(x^2+2x-2)+b\quad(-2\leqq x\leqq 2)$ について考える。

$t=x^2+2x-2$ とおくと，$t=(x+$ キ $)^2-$ ク と表すことができるので，

t のとりうる値の範囲は ケコ $\leqq t\leqq$ サ である。

ここで，$a=2$，$b=4$ のとき，2次関数 $y=g(x)$ の最大値は シス である。

3 8人の生徒の英語と数学のテストの点数の散布図が次のようになっている。

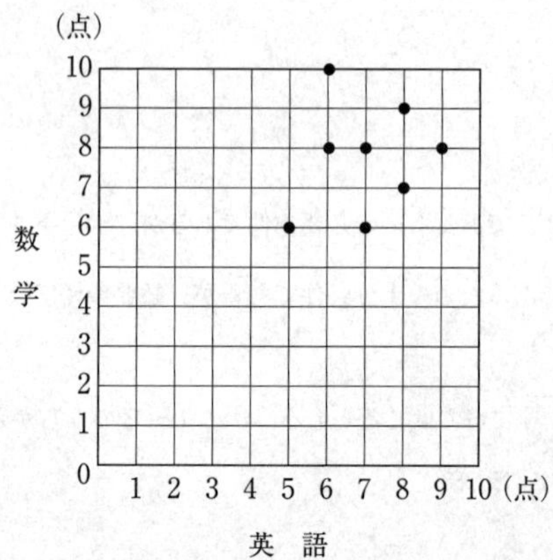

英語と数学のテストは10点満点で，点数はすべて整数である。

このとき，以下の空欄部に当てはまる符号または数字を選択せよ。

(1)　8人の生徒のテストの点数結果を以下の表にまとめた。

（単位：点）

	A	B	C	D	E	F	G	H
英語	7	x	8	7	5	6	9	z
数学	8	8	y	6	6	10	8	9

このとき，$x=$ ア ，$y=$ イ ，$z=$ ウ である。

この8人に続いてI君とJ君がテストを受けた。その結果，I君の英語の点数は9点，数学の点数は10点，J君の英語の点数は10点，数学の点数は8点であった。

(2)　10人の英語の点数の分散は エ . オカ ，数学の点数の分散は キ . ク である。

(3)　10人の英語と数学の点数の共分散は ケ . コ である。また，10人の英語と数学の相関係数 r の値としてふさわしいものを次の **1** ～ **6** より一つ選ぶと サ である。

1　$-0.8 \leqq r < -0.6$　　**2**　$-0.6 \leqq r < -0.4$　　**3**　$-0.4 \leqq r < -0.2$

4　$0.2 < r \leqq 0.4$　　**5**　$0.4 < r \leqq 0.6$　　**6**　$0.6 < r \leqq 0.8$

4　1辺の長さが1の正四面体OABCがある。辺OAの中点をP，辺ABの中点をQとするとき，以下の空欄部に当てはまる符号または数字を選択せよ。

(1)　この正四面体の高さは $\dfrac{\sqrt{\boxed{ア}}}{\boxed{イ}}$ であり，正四面体の体積は $\dfrac{\sqrt{\boxed{ウ}}}{\boxed{エオ}}$ である。

(2)　四面体APQCの体積は $\dfrac{\sqrt{\boxed{カ}}}{\boxed{キク}}$ である。

(3)　$\cos\angle CPQ = \dfrac{\sqrt{\boxed{ケ}}}{\boxed{コ}}$ であるので，三角形CPQの面積は $\dfrac{\sqrt{\boxed{サシ}}}{\boxed{スセ}}$ であり，

Aから三角形CPQにおろした垂線の長さは $\dfrac{\sqrt{\boxed{ソタ}}}{\boxed{チツ}}$ である。

倫理の広まりを期待することは困難である。

ウ　経済のグローバリゼーションは、激しい競争や格差の拡大をもたらした。そしてパンデミックを経ても、世界は資本主義の原理に基づき活発な経済活動を続けていくかもしれないが、その活動は目先の利益追求だけでなく交易相手や環境などにも配慮したものへと変わっていく可能性がある。

エ　市場は、自然それ自体から隔てられた、他の生き物にはない人間固有の共存共栄のシステムであった。だが経済のグローバリゼーションは、市場を崩壊させ人間を自然と同じくらい苛酷な状態に追い込んでしまったため、これからの人間には、たがいに配慮し合うケアの倫理が求められている。

域との間の格差を拡大するという負の側面をもつが、その一方で、それぞれの地域のなかでは、自文化を軸として自国民をたがいに尊重するような社会的結びつきが広がっていく可能性があるから。

エ　経済のグローバリゼーションは、自己の幸福の増大を最優先に考える功利主義に基づき格差の拡大などの問題を生んできたが、相互依存が深まると功利主義のままでは共倒れすることになりかねないので、たがいを尊重することの大切さが叫ばれつつあるから。

(8)　本文中の B・C・D に入る語句の組み合わせとしてもっとも適切なものを選べ。 23

	B	C	D
ア	つまり	なるほど	あるいは
イ	つまり	ところが	ただし
ウ	だが	ところが	それでも
エ	だが	なるほど	だとすれば

(9)　傍線部fの説明としてもっとも適切なものを選べ。 24

ア　パンデミックは経済のグローバリゼーションの危うさを明らかにしたが、だからと言って、世界がかつてのブロック経済に後戻りするとは考え難い。

イ　パンデミックは経済のグローバリゼーションの脆弱性を明らかにしたので、それを教訓として、グローバリゼーションに歯止めをかけることが必要である。

ウ　中国など一部の国が他国との友好関係を推進する動きにならうかたちで、自己の利益の最大化を追求するグローバリゼーションについて反省しなくてはならない。

エ　中国など一部の国がアフリカ諸国と築いている友好関係は、経済のグローバリゼーションの終わりと第二次世界大戦前のブロック経済への回帰を予示している。

(10)　本文の内容に合致するものを一つ選べ。 25

ア　市場は、人間が一人前の職業人となりそこに参加することで社会の一員として承認されるという物語の実現の場であった。しかし経済のグローバリゼーションがこの物語の崩壊を加速させた結果、多くのひとは市場に参加して働いても家庭や子どもをもつことを諦めなくてはならなくなっている。

イ　経済のグローバリゼーションは、市場をより苛酷な生殺与奪の場としたが、同時にケアの倫理が世界的に広まる土壌を生み出しもした。ところがパンデミックによりグローバルな社会の脆弱性が明らかとなったため、これからの世界にケアの

業構造の改革は一定程度必要である。

イ　リバタリアニズムは容認されるべきであり、規制緩和や産業構造の改革は推進しても問題ない。

ウ　リバタリアニズムは制限されるべきであり、規制緩和や産業構造の改革も進めるべきではない。

エ　リバタリアニズムは容認されるべきであるが、規制緩和や産業構造の改革には歯止めが必要である。

（6）傍線部dの説明としてもっとも適切なものを選べ。21

ア　現実の政治においては、移民や海外の労働者に職を奪われる不安に直面した自国民が過度に共同体主義に傾くことを防ぐために、グローバリゼーションのなかで成功している企業を自国に繋ぎ止めることで、自国民の雇用の確保と税収の安定化が図られてきた。

イ　現実の政治においては、様々な立場の政策を公平に実現する必要があるため、グローバリゼーションを進めようとするリバタリアニズムの主張と、それに反対して地場産業を保護しようとするような共同体主義の立場との折衷が試みられてきた。

ウ　経済のグローバリゼーションは、今や国家全体が経済成長を続けるうえで避けては通れないものであるだけでなく、国民の税負担を軽くするという長所も有しているのだが、自国の伝統や文化の保護という観点からは、共同体主義的な政策も必要とされてきた。

エ　経済のグローバリゼーションは、もはや国家といえども抗うことのできない潮流としてあるので、国が経済的に豊かになるためにはそれを受け入れる一方で、その結果生じるであろう問題に対しては、共同体主義的な立場から対処が試みられてきた。

（7）傍線部eの理由としてもっとも適切なものを選べ。22

ア　ケアの倫理は、経済のグローバリゼーションを国内向けに説明するために用いられてきた功利主義の論法とは反対に、自文化に限定されるものではないので、ケアの倫理が広まることで社会的に結びついた相手を尊重する思いが育まれていくであろうから。

イ　ケアの倫理は、まずは地域ごとにおける援助の輪を生み出すが、それはまた時代や国境に縛られない普遍性をもっているため、経済のグローバリゼーションとともにケアの倫理が広まるならば、交易相手の生活や環境に対する配慮も広まっていくと考えられるから。

ウ　経済のグローバリゼーションは、豊かな地域と貧困にある地

対的に低まっているから。

イ かつて人間は、特定の仕事をめざして修養を積み、仕事ができるようになって初めて一人前の職業人とみなされたが、分業体制が広まり社会が流動化した今日では、より高度な修養が求められるため、その成長が単独の人間の物語のなかに収まらなくなってしまったから。

ウ かつて人間は、生活に欠かせないものを生産し交換することで生計を立てられるような一人前の職業人となるべく修養を重ねてきたが、生の必需から物が作られるとは限らないようになると、分業が進み、修養がそのまま交換価値と結びつくとは言えなくなったから。

エ かつて人間は、生きるのに必要な品物を生産できるような一人前の職業人となることをめざして修養を積んできたが、現在の市場経済では、分業のもとで生産した品物をキャッチコピーやブランド名に頼って売るほかないため、修養に対する評価が以前よりも低下したから。

（4） 傍線部bの説明としてもっとも適切なものを選べ。 19

ア 経済のグローバリゼーションのもとでは、世界全体が共に経済発展していくように見える一方で、豊かな地域のひとが貧しい地域から都合よく労働力などを搾取したり、反対に、豊かな地域のひとの従来の暮らしが、貧しい地域の競争力に脅かされるといった状況が生み出されてきた。

イ 経済のグローバリゼーションのもとでは、人間が相互に補い合う共存共栄が可能になると言われてはいるが、現実には、豊かな地域のひとが貧しい地域から安価な労働力や自然資源を獲得したり、関税を引き下げて貧しい地域に商品を輸出したりしたため、両者の格差はさらに拡大してきた。

ウ 経済のグローバリゼーションは、豊かな地域と貧しい地域との間の格差を推進力としており、当初は豊かな地域のひとが安価な労働力や自然資源を得られるという点において優位にあったのだが、関税の引き下げ等が実施されたことにより、一転して豊かな地域のひとが競争に敗れつつある。

エ 経済のグローバリゼーションは、遠方の国々をも含めた共存共栄を人間にもたらすと思われていたが、市場を苛酷な生殺与奪の場へと変えてしまったため、貧しい地域のひとはもはや市場の構成員とはなり得ず、豊かな地域のひとにとってはたんに無価値な存在にすぎなくなった。

（5） 傍線部cで示されている考え方の説明としてもっとも適切なものを選べ。 20

ア リバタリアニズムは制限されるべきであるが、規制緩和や産

エ　先生にチクいち報告をする。

②　ホンろう　12

ア　自由ホンぽうな性格がうらやましい。
イ　難しいホンやくに挑戦する。
ウ　むホンによって政権が倒れた。
エ　自分ホンいな振る舞いを改める。

③　キよ　13

ア　キせい虫による食中毒に気をつけよう。
イ　キちょうな意見に感謝する。
ウ　計画がようやくキどうに乗った。
エ　朝早くにキしょうする。

④　こうケン　14

ア　関連するぶんケンを一読する。
イ　任意のほケンに加入する。
ウ　会社をケンぜんに運営する。
エ　問題点のさらなるケントうを求める。

⑤　タイとう　15

ア　組織に適切な新陳タイしゃを促す。
イ　安売り店にタイこうする策を練る。
ウ　タイふうの接近に備えて早めに帰宅する。
エ　工場をかいタイして更地にする。

⑥　ろテイ　16

ア　旅行のこうテイについて相談する。
イ　仮説のぜんテイが崩れ去った。
ウ　優勝者に記念品をぞうテイする。
エ　物価高で料金がかいテイされた。

（2）　本文中の［A］に入る文としてもっとも適切なものを選べ。　17

ア　各人が生産した品物の価値をたがいに競い合う
イ　自分だけが得をしたいという思いを捨て社会性を学ぶ
ウ　単独では生きていけない弱者を強者が救済する
エ　人間が作り出した価値を人間同士で交換する

（3）　傍線部aのように著者が述べる理由としてもっとも適切なものを選べ。　18

ア　かつて人間は、特定の職業に就くことを目標に修養を重ね、その職業によって生計を立てられるようになれば、単独でも生きていける一人前の職業人とみなされたが、分業や派遣労働が一般化した現在の市場経済では、修養に対する評価が相

ある。

このような投資それ自体は、消費者の支持を得やすい企業への投資という意味からすれば、自己の利潤の最大化を追求する資本主義の原理に依然として則している。［B］、そこには、格差を動力として進展する経済成長がいずれ自滅に陥る予覚も含まれていよう。きわめて少数の富裕者ときわめて大多数の貧民からなる社会では、富裕層はもはや新しい商品に購買意欲をそそられないほど豊かであり、大多数は商品を購入できないほど貧しいはずだ。一片の戯画と評されるとも、先進国のデフレ経済はその状況を予兆している。

二〇二〇年、世界を襲った新型コロナウイルス肺炎の流行は、グローバリゼーションが商品の流通のみならず疾病の蔓延（まんえん）もひきおこす苦い教えとなった。それゆえ、グローバリゼーションには歯止めがかかり、そのかわりにブロック経済〈注2〉が⑤タイとうしてくるという予想がある。［C］、パンデミックはグローバルな経済の脆弱性（ぜいじゃくせい）を⑥ろテイした。だが、市場の開放と拡大によって利益の最大化を追求するグローバリゼーションをいったん経験した世界では、第二次世界大戦以前に構想されたブロック経済に比べれば地政学的要因は相対的に低くなるだろう。アフリカ諸国との友好関係を推進する中国の動向はf それを示している。グローバリゼーションには歯止めがかかるにしても、自己の利潤の最大化を追求する資本主義についてはまだ反省されていないかもしれない。［D］、ブロックの内側の諸国のあいだで、また当該のブロックとブロックの外にある特定の国とのあいだで、グローバリゼーションが推進してきた競争的かつ共存的な関係のもとでの産業構造の急速な改編と分業化、活発な交易が依然として推進されるかもしれない。

それとも、世界は、世界経済が一方の利益が他方の損失となるゼロサムゲームではなくて、むしろ全員が乗り合わせている一艘（いっそう）の船であることをパンデミックの教訓として読みとるだろうか。それならば、先に記したESG投資による評価を例とするような、短期間で最大の利益をあげることよりも消費者と被雇用者の生活と自然の保全にも配慮した豊かさが求められるような方向に経済活動そのものが進んでいくかもしれない。

（品川哲彦『倫理学入門』による）

〈注1〉リバタリアニズム…他者の身体や財産を侵害しない限りにおいて、各人の行動は基本的に自由であるとする立場。

〈注2〉ブロック経済…本国と植民地や政治上の同盟国が一体となって、重要物資の自給自足や商品市場の確保を図り、閉鎖的な経済圏を築くこと。

（1）二重傍線部①～⑥のカタカナの部分を漢字に直したとき、その漢字と同じ漢字を用いるものをそれぞれ一つずつ選べ。

①　ほうチク　［11］

ア　校舎のぞうチクを計画する。

イ　はチクの勢いで勝ち進む。

ウ　がんチクに富んだ文章に触れる。

られる。

　これにたいして、共同体主義は地域住民のアイデンティティと地域の暮らしを成り立たせてきた地場産業の保護のためにグローバリゼーションに反対するはずだ。その思想的立場に対応する経済政策は地産地消、高い関税の設定である。

　ところが、d現実の政治では、伝統や自文化を尊重する価値観はしばしば経済のグローバリゼーションと合体してきた。この奇妙な融合は、安い賃金で働く移民や海外の労働者に職を奪われかねない人びとに国籍や伝統への帰属で一体感を与える一方、国家全体の経済成長はグローバリゼーションのなかで勝ち残ることでしか期待できないという事態から生じている。国家もまた市場に②ホンろうされる点では一企業に等しい。国家の主収入は税しかない。税収を安定させ増加するには、グローバリゼーションのなかで成功を収めている企業を自国に繫（つな）ぎ止め、他国から招くために法人税を低くし、国民の収入を上げて所得税を増収しなくてはならない。だから、国家の首脳同士の会談は、自国の産業の利害を代弁する経営者間の交渉に似てくる。

　必ずしも見通しのきかない政策を国内向けに説明するには功利主義めいた論法が利用される場合もある。構造改革によって一部の産業は市場から撤退するが、そのかわりに需要に合った産業が栄えることでいずれは失業者を吸収し、国内全体の福利は増大するという論法である。

　けれども、倫理は国内法や内政と違って時と場所を超えた普遍妥当性を要求する。たとえば、功利主義は快苦を感じうる存在者一般の幸福の増大と不幸の減少をめざしている。それゆえ、国境によって隔てをつける必要はない。絶対的貧困にあるひとへの国境を超えた援助を、シンガーは唱道している。シンガーによれば、地球上にきわめて悲惨な境遇で生きている人びとがいれば、その居住地域がどこであれ、生活にゆとりのある豊かな人びとはその状況の改善に③キよすべきである。

　ケアの倫理はさしあたり足元から、つまり個別の地域にケアのネットワークを構築する。だが、ケアの倫理は共同体主義のように自文化に限定されない。それゆえ、グローバリゼーションをとおして遠い地域との結びつきができれば、その交易相手もケアの対象とみなしうる。たとえば、自分たちの食の安全に気をつけるなら、食品の生産者の自然環境にも配慮するし、自分が購買する商品に価値を認めるなら、商品の生産者の生活の安定や改善も望むものだ。こうして個別の地域同士の局地的なつながりがたくさん築かれて、それらがまた結びつくことで、たがいにたがいをケアする人びとを包み込んだ世界中に広がるネットワークが編まれてゆくかもしれない。実際、ヘルドは遠い地域の生産者との連帯を説いている。

　だとすれば、e経済のグローバリゼーションは、格差による収奪や格差の拡大を産むばかりでなく、相互依存をとおしてたがいを尊重する社会的結びつきの広がりの萌芽（ほうが）ともなりうる。苛烈な資本主義のまえでは現実離れした理想にみえようか。

　とはいえ、すでに潮の変わり目を示唆する動きがないわけではない。たとえば、生産地の環境の保全、安い賃金だけを追求しない雇用形態、地域④こうケンなどに留意する企業を選んでの投資（ＥＳＧ投資）はその一例で

ではない。キャッチコピーやブランド名は確実に商品の価値を差異化する。それによって付与された価値は、なるほど使用者の地位や趣味、流行への敏感さを表わすのに「使用」されるが、生の必需と直結するとはいいがたい。むしろ、市場原理のもとでは、売れるからこそ価値があるというべきだろう。すると、前述の物語はドミノ倒しに裏返ってゆく。流動化する社会においては、修養は必ずしも交換価値に反映するとはかぎらない。修養にたいする評価は相対的に低まる。非熟練労働者でも担いうる分業体制のもとでは、ハンナ・アーレント（一九〇六―一九七五）が指摘するように、ひとりひとりがそっくり同じで「交換可能」（『活動的生』第三章第一六節）である。しかも、雇用期間が不定な、あるいは短期の派遣労働ではますますその感が増してくる。

前述の物語の崩壊は、自分の家庭をもち、子どもを育てるといった別の物語の崩壊にも通じている。病気・障碍（しょうがい）・高齢のために体力や知力が不足しているとか、非熟練労働ならできるがその働き口がないとか、ある種の熟練労働はできるがその仕事の需要がもはやないとかのさまざまな理由で、交換すべきものをもたない者、売りのない者は市場への参加を許されない。他方、株への投資は交換の促進と交換価値の増加に役立つゆえに仕事や労働として高く評価される。ところが、投資によって食糧が騰貴すれば、貧困層が餓死に瀕する危機も招きうる。

市場は、人間にとってたしかに協働して相互に補い合う共存共栄の場ではあるが、同時にまた、自然と同じくらい苛酷（かこく）な生殺与奪の場でもありうる。しかも、外部をもたない自然のなかで生物個体の死が他の生物の糧となるのにたいして、市場から①ほうチクされた人間は市場の他の構成員にとってたんに無価値を意味するにすぎない。

bこうした状況は経済のグローバリゼーションのもとにさらに加速してきた。その事態は、それまでは思いもよらぬ遠方の国々との産物の交換による共存共栄の事態のように語られつつも、他面では、貧しい地域をいっそう安価な労働力と自然資源の供給地と（とりわけより豊かな地域ではもはや売れない）商品の販売先として利用することで、それゆえ、地球上のどこかに格差が存在することを推進力として進んできた。これまで豊かだった国や地域の暮らしにしても、より安価な労働力を求めて企業が工場を移転してしまえば、また、関税が引き下げられて輸入される商品との競争に敗れれば、安定してみえた収入はあっという間に失われる。いくつかの倫理理論の観点とからめてこの事態をみてみよう。

市場原理を是とするリバタリアニズム（注1）は、経済のグローバリゼーションとなじみやすい。ある企業が別の職域に参入するのを促す規制緩和を、他と両立しうるかぎりでの最大限の自由を追求するこの理論は支持する。それによって惹き起こされる産業構造の改革は多くのひとの生活を激変させるかもしれない。才能や資質や資産に恵まれたひとはこの大波を乗り切るかもしれないが、それらに乏しいひとはこの大波に飲み込まれて沈み込みかねない。だが、ノージックのいうように、c他人から奪ったのではないものは本人の正当な所有物だと考えるなら、才能や資質や資産といった本人の所有物を活用する自由は容認されるべきであり、自由の尊重とひきかえに、それによる成功と表裏一体に生じうる失敗は本人の自己責任に帰せ

(7) 傍線部の中で種類が異なるものを一つ選べ。 8

ア　猫がそばに寄ってきた。
イ　彼女はさらに言葉を続けた。
ウ　ノートの表紙に名前を書く。
エ　明日、東京に行きます。

(8) 次の書き出しで始まる作品の作者を選べ。 9

「あ」
朝、食堂でスウプを一さじ、すっと吸ってお母さまが、
と幽かな叫び声をお挙げになった。
「髪の毛？」
スウプに何か、イヤなものでも入っていたのかしら、と思った。

ア　森鷗外　　イ　夏目漱石
ウ　宮沢賢治　　エ　太宰治

(9) 村上春樹の作品でないものを一つ選べ。 10

ア　風の歌を聴け　　イ　杜子春
ウ　1Q84　　エ　海辺のカフカ

2 次の文章を読んで後の設問に答えよ。解答は、解答用紙にマークすること。

市場（しじょう）というシステムのなかで、人間は自分たちが労働によって自然物に付加した価値を交換しあっている。自然それ自体は市場の外部におかれ、それゆえに生じる外部不経済が環境危機を招来しもするが、ともあれ、人間は他の生き物と違って生きる糧を市場で得る。経済活動は、人間が単独では生きていけない社会的動物だということを示すと同時に、人間がその制約を自分たちが生きていくのにきわめて有効で有用な共存共栄のシステムへと転化していったことを伝えている。

「働く」ということは、生き物が餌を探し求めるのと同様、さしあたりは生きるための必要を満たす行動にすぎない。だが、上述のように、それは A ことでもあるから、人間が一人前になる物語のなかに位置づけられてもきた。すなわち、ひとは（とくに若い時代に）自分の資質と志向にしたがって特定の仕事をめざし、それができるように修養を積んで、その職業に就き、その職務による労働によって自分（と家族）の生計を立てる。労働は人びとが生きるのに必要な、価値ある品物を生産する活動だから、一人前の職業人となってそれに参加するということは、相互に依存しあう人間関係のネットワークに入ることであり、社会の一員として承認されることにほかならない、と。

しかし、現在、この物語にどれほどのリアリティがあるだろうか[a]。今日、市場に流通する商品の多くは生きるための必要をただちに連想させるもの

国語

（六〇分）

1 次の設問に答えよ。解答は、解答用紙にマークすること。

（1）空欄□を補うのに適切なものをそれぞれ一つ選べ。

① 曖昧□糊 1

ア 藻　イ 模　ウ 川　エ 海

② 軽挙□動 2

ア 妄　イ 反　ウ 始　エ 作

（2）傍線部のカタカナを漢字に直したときの部首を一つ選べ。 3

午後から取引先に向かい折ショウする。

ア りっしんべん　イ ふるとり
ウ ぎょうがまえ　エ ぎょうにんべん

（3）「駄作」と熟語の組み立てが同じものを一つ選べ。 4

ア 暫定　イ 不遇　ウ 撤去　エ 徹夜

（4）音読み＋訓読みの読み方をする熟語を一つ選べ。 5

ア 値段（ねだん）　イ 割合（わりあい）
ウ 図星（ずぼし）　エ 城門（じょうもん）

（5）「亡羊の嘆」の意味としてもっとも適切なものを選べ。 6

ア 周囲に気を許すことができないこと
イ あまりのことにあきれてものが言えないこと
ウ 人間の欲望は尽きることがないということ
エ どこから手をつけてよいか途方にくれること

（6）「棚に上げる」の意味としてもっとも適切なものを選べ。 7

ア 何の苦労もせずに幸運を得ること
イ たえられなくて悲鳴を上げること
ウ 物事に深入りし、いろいろな事件に関係すること
エ 不都合なことには触れないで、そのままにしておくこと

解答編

英語

1 **解答** 1―イ 2―イ 3―ア 4―イ 5―ウ 6―ウ 7―イ 8―イ 9―ア 10―イ 11―ア

解説

《動物が用いるカムフラージュ》

1． 空所 A を含む文は「狩ることと（　　）の両方の場合で，多くの種が使ってきているひとつの適応は，自身をカムフラージュすることである」という意味。選択肢はそれぞれ，ア．「食べること」，イ．「隠れること」，ウ．「学ぶこと」の意味。捕食者と被食者を対比している文脈で，空所が hunting と並べられていることから，イが正解。

2． 空所 B を含む文は「この技術は見られることを避けるための最も（　　）手法である」という意味。選択肢はそれぞれ，ア．「危険な」，イ．「効果的な」，ウ．「普通でない」の意味。第 2 段第 4 文（Some animals …）で，環境に溶け込む技術をホッキョクグマやホッキョクウサギが使用しているとあるのでアは不適だと考える。第 2 段第 1 文（The easiest camouflage …）で，この技術は最も簡単だと述べられているのでウは不適。よってイが正解。

3． 空所 C を含む文は「ライオンはその模様（　　）その群れの最も小さい，もしくは最も弱い個体が誰なのかを決めることができない」という意味。選択肢はそれぞれ，ア．「～の結果」，イ．「～と比べて」，ウ．「～にもかかわらず」の意味。被食者の動物がカムフラージュの一種としてさまざまな模様を用いるという文脈に最も一致するアが正解。

4． 下線部の potential は「可能性を秘めた」の意味。選択肢はそれぞれ，ア．「非常に優れた」，イ．「ありえる」，ウ．「規則的な」の意味。よってイが正解。

5．下線部の triggers は「～の引き金になる，～のきっかけになる」の意味。選択肢はそれぞれ，ア．「～を目指す」，イ．「～を削減する」，ウ．「～という結果になる」の意味。よってウが正解。

6．下線部の frightened は「おびえた」の意味。選択肢はそれぞれ，ア．「腹が立って」，イ．「満足している」，ウ．「怖い」の意味。よってウが正解。

7．下線部を含む文は「それは１秒以内に色を変えることができ，すべての動物の中で最も先進的なカムフラージュを持っている」と訳せるため，下線部の second は「秒」の意味だとわかる。アは「英語は母語話者の数で中国語に次ぐ」と訳すことができる。この文の second は「(～に) 次ぐ」の意味なので，アは不適。イは「彼女が次に何をすべきか決めるのに１秒もかからなかった」と訳すことができる。この文の second は「秒」の意味なので，イが正解。ウは「本当にすみません。もう一度チャンスをいただけませんか？」と訳すことができる。ここでの second は「もうひとつの」の意味なので，ウは不適。

8．下線部の文の主語は The use of camouflage「カムフラージュの使用」，動詞は varies「異なる」となる。from species to species で「種類によって」の意味。よってイが正解。

9．下線部の意味の大枠は「カメレオンは…体色を変化させる」であり，based から mood までの部分の意味を考えるとよい。ここでの based は base *A* on *B*「*A* の根拠を *B* に置く」を過去分詞にした based on ～「～に基づいて」だと解釈する。differences は「違い」，mood は「気分」の意味。よってアが正解。それまで周囲の環境に応じて体色を変化させると信じられていたが，そうではなかったという文脈にも合う。

10. 下線部の enable は「～を可能にする」という意味だが，ここでは無生物を主語にとり，S enable *A* to *do*「S のおかげで *A* は～することができる」の構文を作っている。よってイが正解。

11. ア．「一部の動物は自身を実際よりも危険に見えるようにするためにカムフラージュを使う」　第１段第６文（Some do not …）で，「隠れようとさえせず，むしろ危険なもののように見えるようにする動物もいる」と述べられているため，一致する。よってアが正解。

イ.「タコやイカは食事によって急速に皮膚の色を変えることができる」 第3段（Some fish and …）で，タコやイカは急速に色を変える能力があると述べられており，カメレオンの話題を挟んだ後に第3段第7文（Some small sea …）で，「一部の小さな海の生き物は食事によって皮膚の色を変えることができる」と述べられている。この英文の話の流れから，一部の小さな海の生き物にイカやタコが含まれているとは判断できない。よって一致しない。

ウ.「一部の捕食者は自身をより大きな動物に見えるようにするためにカムフラージュを使う」 第4段第1文（Another technique that …）で，「動物に使われるもうひとつの技術は大群で生活する被食者の動物にとって役に立つカムフラージュの一種である」と述べられ，そのもうひとつの技術は続く第2文（They may use …）で，「彼らはより大きく見えるようにするか陰に隠れるために斑点や縞模様や他の模様を使うかもしれない」と述べられている。大きく見せるカムフラージュは捕食者ではなく，被食者のものだとわかるため，一致しない。

2 **解答** **12**―ウ **13**―ア **14**―ア **15**―イ **16**―ウ **17**―ア **18**―イ **19**―ア **20**―ウ **21**―ウ

解説

《上海の観光地に関する会話》

12. 下線部の in particular は「とりわけ」の意味。選択肢はそれぞれ，ア.「無関係の」，イ.「恐ろしい」，ウ.「特定の」の意味。よってウが正解。

13. 下線部の shame は「残念なこと」の意味。選択肢はそれぞれ，ア.「残念なこと」，イ.「大喜び」，ウ.「安心」の意味。よってアが正解。

14. 下線部の spectacular は「壮観な」の意味。選択肢はそれぞれ，ア.「すばらしい」，イ.「不快な，失礼な」，ウ.「荒れ果てた」の意味。よってアが正解。

15. 選択肢はそれぞれ，ア.「食べることができていたならと思うだろう」，イ.「絶対に見なければいけない」，ウ.「人々があなたと一緒にするであろう」の意味。サムの4番目の発言（First of all, …）で，「まず初めに上海タワーにぜひ訪れるべきだ」と述べているため，観光地を勧める文脈に最も合うイが正解。

16. 選択肢はそれぞれ，ア.「それもそうだね」，イ.「あなたの提案は賢明だ」，ウ.「それは問題ではない」の意味。サムの4番目の発言（First of all, …）で，サムが上海のおすすめの観光地として上海タワーを挙げているが，マークの5番目の発言（Er... I'm not …）で，マークの父が高所恐怖症だと判明している。空所の後ろで，タワーの中に入らなくても外から楽しめるという提案を行っていることからウが正解。

17. 選択肢はそれぞれ，ア.「しなければいけないことがもうひとつある」，イ.「すぐに家に帰るのがよい」，ウ.「私のおばに会ったほうがいい」の意味。空所を含むサムの発言に対して，マークが「それは何？」と尋ね，続けてサムが「ユーガーデンを訪れずに上海を出発してはいけない」と答えていることから，空所ではサムが更なる観光地の提案を行ったと考える。よってアが正解。

18. 下線部は「それはその都市の景色を見るのによい場所だ」の意味。選択肢はア.「最高の景色を見るために夜更かししなければならない」，イ.「上からその都市を観測することはとても価値がある」，ウ.「高いところに行けば行くほど，ますます気分が悪くなるだろう」の意味。下線部では時間や高所の得意不得意に関する話は行われていないのでア，ウは不適。よってイが正解。

19. 下線部は「お父さんは高所恐怖症なんだ！」の意味。選択肢はア.「お父さんは高いところにいることに耐えられないんだ！」，イ.「お父さんは観光が好きではないんだ！」，ウ.「お父さんは高いところにいるととても喜ぶんだ！」の意味。afraid は「恐れている」の意味であり，下線部に続くサムの発言でタワーを登ることに言及していることから，アが正解。なお，アの stand は「～を我慢する」の意味。

20. 下線部は「その都市の他の場所についてはどう？」の意味。選択肢はア.「その景色の違いは何？」，イ.「他に避けるべきものは何？」，ウ.「他によい場所はある？」の意味。下線部以降で新たな観光地についての会話が行われていることから，ウが正解。

21. ア.「マークとサムは上海観光の困ったことについて議論している」

本会話文の流れは，サムが観光地を紹介してマークがコメントをする，というものであり，サムは紹介したすべての観光地に対して肯定的な話をしており，マークは上海タワー以外には肯定的な返答を行っている。よって一致しない。

イ.「サムはマークが父を上海に連れて行くべきではないと考えている」

マークの3番目の発言（Oh, wow! How …）で父を連れて行こうとしているという発言をし，続くサムの発言でも肯定的に返答している。また，マークの父が高所恐怖症だと判明した後，空所Bで始まるサムの6番目の発言で，上海タワーは外からでも楽しめる場所だと述べており，父を連れて行くべきではないという趣旨の発言を行っていない。よって一致しない。

ウ.「マークは上海を訪れることに対するサムの助言を聞いて感謝している」

サムの観光地の紹介に関する発言に対して，マークは肯定的な返答や話を広げる返答を行っている。よってウが正解。

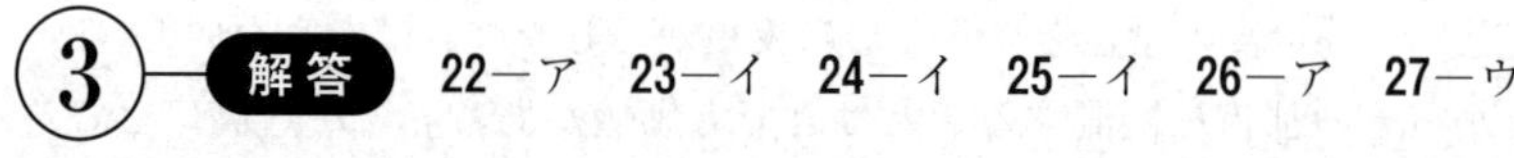
3 解答 22—ア 23—イ 24—イ 25—イ 26—ア 27—ウ

解説

22.「すべての人のために働くまさにその大統領こそが，私たちを導いてくれると私たちが望む唯一の人物だ」

空所の前に名詞句，後ろに動詞が続いているため，空所は関係詞が入ると考える。先行詞に the very「まさにその」がついている場合，関係詞は that が好まれる。よってアが正解。

23.「あなたのレポートは意見を支える根拠が不足しているため論理的ではない」

論理的ではないという文脈と，空所の後ろの to 不定詞句の内容からイ.「証拠，根拠」が正解。ア.「削除」 ウ.「(失敗・過失などの) 責任」 エ.「想像」

24.「私が所属するチームはその問題を解決するために他の部署と親密に働かなければならない」

空所の前後の文脈に最も適切なイ.「密接に」が正解。ア.「～について」 ウ.「ほとんど～ない」 エ.「～の上に」

25.「生徒たちはその説明にとても混乱していたので何をすべきかわから

なかった」

confuseの適切な変化形を選ぶ問題。so ～ that …「非常に～なので…」のthat以降の内容から，混乱したのは生徒だと判断する。confuseは他動詞で「～を混乱させる」という意味であることから，生徒は「混乱させられた」となる。よって過去分詞形のイ．confusedが正解。エは名詞形。

26. A：今年はどの授業をとるか決めた？

B：まだだよ。明日までに決めないといけないんだ。

動作がある時点までに終わることを表すア．by「～までに」が正解。イのuntil「～まで」は動作がある時点まで続くことを表すのでこの文脈では不適。

27.「申請が承認されてから10日以内に許可証があなたのもとに送られるでしょう」

副詞節の主語application「申請」と動詞approve「～を承認する」の関係を考え，approveを受動態の形にするのが適切だと判断する。よって，受動態になっているウが正解。after以下は時を表す副詞節なので，未来のことでも動詞は現在形になるルールが適用され，現在完了になっている。

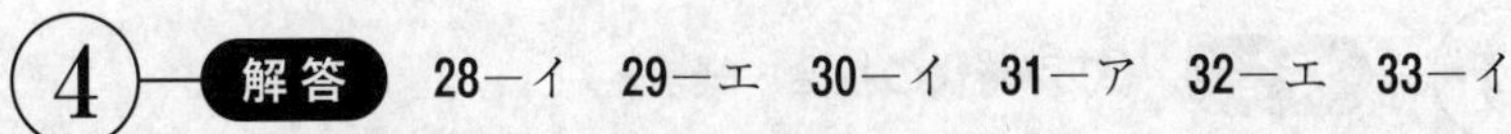

解説

28・29. (The company estimates a) 10 percent increase in transportation spending (next year.)

an increase in ～「～の増加」 transportation「交通費」 spending「出費」

30・31. (Clean air and water is something that) we take for granted(.)

take *A* for granted「*A*を当たり前だとみなす」

32・33. (Wearing a face mask has prevented) me from getting the flu (this winter.)

prevent *A* from *doing*「*A*が～するのを妨げる」

日本史

1　解答　《平安時代前期の政治》

1―エ　**2**―ア　**3**―ウ　**4**―ウ　**5**―エ　**6**―オ　**7**―ア　**8**―イ
9―オ　**10**―イ

2　解答　《原始～近代の身分制度》

11―オ　**12**―ウ　**13**―イ　**14**―エ　**15**―エ　**16**―ウ　**17**―ア　**18**―イ

3　解答　《「永仁の徳政令」「下関条約」――中世の社会・政治，近代の外交》

19―オ　**20**―イ　**21**―ア　**22**―イ　**23**―エ　**24**―ウ

4　解答　《江戸時代の社会・経済》

25―ウ　**26**―ケ　**27**―エ　**28**―イ　**29**―ク　**30**―ウ　**31**―オ　**32**―ケ
33―エ　**34**―ク　**35**―ウ　**36**―ケ　**37**―ア　**38**―コ　**39**―エ

世界史

1 解答 《秦・漢代の中国史》

1―イ　2―イ　3―イ　4―ウ　5―イ　6―ウ　7―ア　8―エ
9―ア

2 解答 《ムガル帝国の興亡》

10―ウ　11―イ　12―エ　13―ア　14―ウ　15―エ　16―ア　17―イ

3 解答 《アメリカ合衆国と帝国主義》

18―イ　19―エ　20―ウ　21―ウ　22―ア　23―エ　24―イ　25―イ
26―イ

4 解答 《ファシズム》

27―ウ　28―ウ　29―カ　30―ウ　31―ア　32―ウ　33―ア　34―エ

現代社会

1 解答 《基本的人権の尊重》

1―イ　**2**―イ　**3**―エ　**4**―ア　**5**―ウ　**6**―ウ　**7**―ウ　**8**―ア　**9**―エ　**10**―ウ

2 解答 《資本主義の歴史》

11―ウ　**12**―イ　**13**―ウ　**14**―エ　**15**―ア　**16**―ウ　**17**―イ　**18**―ア　**19**―ア　**20**―エ

3 解答 《食料問題と社会問題》

21―ウ　**22**―ウ　**23**―エ　**24**―イ　**25**―エ　**26**―エ　**27**―イ　**28**―ウ　**29**―イ　**30**―ウ

4 解答 《先端医療技術と生命倫理》

31―ア　**32**―イ　**33**―エ　**34**―エ　**35**―ウ　**36**―ウ　**37**―ウ　**38**―エ　**39**―イ　**40**―ア

数学

1 解答 《小問 5 問》

(1)**ア.** 2 **イ.** 6 **ウ.** 8 **エオ.** 10

(2)**カキク.** −12

(3)**ケコサ.** 421 **シスセ.** 998

(4)**ソ**−3 **タ**−2

(5)**チツ.** 67

2 解答 《頂点の座標，おき換えを利用した 4 次関数の最大値》

(1)**ア.** 2 **イウ.** −8 **エ.** 4 **オカ.** −8

(2)**キ.** 1 **ク.** 3 **ケコ.** −3 **サ.** 6 **シス.** 46

3 解答 《散布図の読み取り，分散，共分散，相関係数》

(1)**ア.** 6 **イ.** 7 **ウ.** 8

(2)**エ.** 2 **オカ.** 25 **キ.** 1 **ク.** 8

(3)**ケ.** 0 **コ.** 6 **サ**−4

4 解答 《四面体の高さと体積，三角形の面積，余弦定理》

(1)**ア.** 6 **イ.** 3 **ウ.** 2 **エオ.** 12

(2)**カ.** 2 **キク.** 48

(3)**ケ.** 3 **コ.** 6 **サシ.** 11 **スセ.** 16 **ソタ.** 22 **チツ.** 11

⑽

大戦以前」の「ブロック経済」と同じようには戻らないということなので、アの内容が合致している。

ア、「多くのひと」が「家庭や子どもをもつことを諦めなくてはならなくなっている」とは言っていない。イ、筆者はケアの倫理に肯定的なので、「これからの世界にケアの倫理の広まりを期待することは困難」は不適。エ、「経済のグローバリゼーション」が「市場を崩壊させ人間を自然と同じくらい苛酷な状態に追い込んでしまった」とは言っていない。

が存在することを推進力として進」み、「豊かだった国や地域の暮らし…競争に敗れれば…失われる」という。よってアが正解。イ、「関税を引き下げて…輸出」が不適。ウ、「関税の引き下げ等が実施されたことにより」とあるが、本文で述べられているのは仮定の話なので不適。エ、「貧しい地域のひと…無価値な存在にすぎなくなった」とは言っていない。

(5) 「才能や資質や資産といった本人の所有物を活用する自由は容認されるべき」とあるので、「リバタリアニズムは制限されるべき」としたアとウは不適。「リバタリアニズム」は容認されるのであるから、傍線部を含む段落の冒頭で述べているように、「リバタリアニズムは、経済のグローバリゼーションとなじみやす」く、「規制緩和」を「最大限の自由を追求するこの理論は支持する」のである。「規制緩和…歯止めが必要」とあるエは不適。

(6) 傍線部直後の文から考察するとよい。「国家全体の経済成長はグローバリゼーションのなかで勝ち残ることでしか期待できない」に対応するのは、選択肢エの前半部分。エの後半、「その結果生じるであろう問題」とは「安い賃金で働く移民や海外の労働者に職を奪われかねない」という問題であり、「国籍や伝統への帰属で一体感を与える」という「共同体主義的な立場から対処が試みられてきた」のである。

(7) 直前の段落の内容から考える。「グローバリゼーションをとおして遠い地域との結びつきができれば、その交易相手もケアの対象とみなしうる」「世界中に広がるネットワークが編まれてゆくかもしれない」とある。ア、「功利主義の論法とは反対に」が不適。「自文化に限定される」とされているのは「共同体主義」である。ウ、「自国民をたがいに尊重するような社会的結びつきが広がっていく」のではない。エ、「ケアの倫理」について全く触れていないので不適。

(9) 「アフリカ諸国との友好関係を推進する」ということは、「中国」にとっては「ブロック経済」圏外国との友好関係を推進するということである。これは、「ブロック経済がタイとうしてくるという予想」に対して、「第二次世界大戦以前に構想されたブロック経済に比べれば地政学的要因は相対的に低くなる」ということを示している。「第二次世界

解答

(1)　①―エ　②―イ　③―ア　④―ア　⑤―ウ　⑥―ウ
(2)　エ
(3)　ウ
(4)　ア
(5)　イ
(6)　エ
(7)　イ
(8)　エ
(9)　ア
(10)　ウ

解説

(2)　直前の「上述のように」と、「ことでもある」の「も」に着目する。第一段落に「人間は自分たちが労働によって自然物に付加した価値を交換しあっている…人間は他の生き物と違って生きる糧を市場で得る」とある。これも「働く」ことを説明している箇所である。ア・イ・ウは「価値を…競い合う」「社会性を学ぶ」「弱者を強者が救済する」がそれぞれ不適。

(3)　傍線部の後の「生の必需と直結するとはいいがたい…修養は必ずしも交換価値に反映するとはかぎらない」がポイント。ア、後半の内容は合致しているが、第二段落で述べられているように、「一人前の職業人」となることは単独で生きていけることではなく「相互に依存しあう人間関係のネットワークに入ること」なので不適。イ、「より高度な修養が求められる」が不適。エ、「キャッチコピーやブランド名に頼って売る」が不適。

(4)　「さらに加速」の内容がこの後で語られている。「共存共栄」のように見えるが、「貧しい地域…安価な労働力…格差

国語

1

解答

(1) ①―イ　②―ア
(2) ウ
(3) ア
(4) ウ
(5) エ
(6) エ
(7) イ
(8) エ
(9) イ

解説

(5) 「亡羊の嘆」は〝逃げた羊を追いかけたが、逃げた先が多くて見失い嘆く〟意。
(7) 「さらに」は副詞、他は助詞。

2

出典　品川哲彦『倫理学入門――アリストテレスから生殖技術、AIまで』（中公新書）

//////////////////// · memo · ////////////////////

/////////////////// · memo · ///////////////////

//////////////////// · memo · ////////////////////

//////////////////// · memo · ////////////////////

/////////////////// · memo · ///////////////////

2023年度

問題と解答

■学校推薦型選抜　公募制推薦入試Ａ方式（小論文型）

▶試験科目・配点

教　科	科　　　　目	配　点
小論文	日本語の課題文（2,000 字程度）を精読し，その内容理解に基づいた小論文（800 字以内）を作成する	200 点

▶備　考

- 上記のほかに出身学校における成績（出身学校調査書の全体の学習成績の状況を 10 倍して 50 点満点に換算）との総合評価による（合計 250 点満点）。

小論文

（100分）

次の文章を読み、下記の問いに答えなさい。

商品広告には、利用者の体験が書かれているものが数多い。広告の中では基本、十分な根拠がなければ、その商品の効果を表示することができない。このルールに抵触すると、景品表示法により消費者庁から摘発を受けてしまう。ところが、個人的な感想であれば、言論の自由という原則もあり、表示が許される向きがある。

販売業者も、「この運動器具を使っていれば、普通に食べていてもやせます」と広告に表示して売りたいところ、実際そうした実験データもないし、あからさまなウソにもなるので、“個人的な感想”の作戦を使う。“利用した人”の写真とともに「わたしは○○でやせました」と大きく表示し、隅に小さく「個人の感想です。商品効果を示すものではありません」などと書いておくのだ。

こうした隅に小さく表示された注釈は、広告の主張を適切に限定する役割を担っており「打消し表示」と呼ばれている。言い換えれば、主要な主張に「打消し表示」をプラスすることによって正当な商品広告になるところを、広告主は「打消し表示」を読ませないことで、消費者に商品の良さを拡大解釈させようとするフェイクなのである。

消費者庁は2017年、この「打消し表示」を消費者がどの程度認識しているかの実態調査を行った。予想通り、多くの消費者が「打消し表示」に気づかずに商品購入を決めていたのである。ところが、その気づかずに商品購入を決めた人々に対して「打消し表示」の内容をしっかり伝えたうえで、購入を再度検討してもらったところ、購入をとりやめた消費者は、予想に反してごく少数にとどまったのである。

この調査結果は、“個人的な感想”を告げられた場合、それが一個人の単なる意見であるとわかっていても、その成功体験に共感し、同じ商品を購入した自分にも同様な状況が訪れると、強く期待する消費者が少なくないことを示している。

広告の制作側では通常、広告に“一般消費者”を載せる場合も有名人と同様の“演出”を行っている。つまり、エキストラ会社から“一般消費者”のイメージに合った人を派遣してもらい写真を撮ったうえで、“個人的な感想”については制作側で作文しているのだ。「打消し表示」の調査結果をふまえると、広告の裏側を消費者がある程度理解していたとしても、共感にもとづく行動の誘引がそれ以上にあると思われる。〔中略〕この共感や同調、それにもとづく他者の意見を信じる傾向について考えていく。

ここで、共感にもとづく行動の誘引が社会問題化しやすい背景について、さらに事例を紹介しておこう。最近、スーパーでもよく見かけるようになった“生産者の顔が見える野菜”である。並んだ野菜の上部に、「わたしたちが心をこめて作った野菜をぜひどうぞ」などと、農家の方々の笑顔や収穫の様子が写真つきで表示されているのである。思わず買いたくなるのは、私だけではないだろう。

生産者の写真が野菜に付加価値をつけるのは、販売戦略上の大発見であった。「あの人の畑でとれた野菜なのできっとおいしい」とか「ちょっと傷がついていても大丈夫」とかと感じる消費者に支えられ、売り上げが上がるのだ。これは“生産者への共感にもとづく消費”と言えよう。

ところが2008年、商品パッケージに印刷された“農家の皆さん”であるはずの顔写真が、加工工場の社員であった事例が発覚して、農林水産省によって摘発された（JAS法違反）。加工した原材料が中国産であるのを偽装していたのだ。こうした摘発は氷山の一角であり、膨大なフェイクが潜んでいるのではないかとも思われた。共感にもとづく消費が単純に広まるとフェイクが横行し、消費者が引っかかってしまう問題は大きい。

しかし、情報社会になった今日ならばフェイクはかなり防げる。スーパーで並んだ野菜の上部に写真とともにQRコードを表示し、それをスマホで読み取れば生産者の考え方や農場の様子が動画で配信できる。さらに、生産者との対話までもが可能な環境をも整えることができる。熱意のある消費者が、そうした手段を利用して、生産者との交流を深めたうえで野菜を購入するのであれば、共感にもとづく妥当な消費であり、フェイクが入りこむ余地はほとんどなくなるだろう。

情報技術の進展は、共感に訴えるフェイクを増やす働きをする一方、減らす働きもする。私たちがフェイクに対抗するスキルを磨くには、私たちの共感が「どのような特徴をもつ心理作用であるか」を認識したうえで、的確な情報技術の利用を心がけることが肝要である。

（石川幹人『だからフェイクにだまされる――進化心理学から読み解く』より）

問1　著者の考えを300字以内で要約しなさい。

問2　著者の考えに対するあなたの意見を500字以内で述べなさい。

解答編

小論文

解答の指針　≪商品広告におけるフェイクと情報技術の進展について≫

問1．商品広告における「消費者の共感に訴えるフェイク」について，著者の考えを300字以内で要約する。

要約する際には具体例を省き，著者の考え・主張のみを抽出する必要がある。以上の方針で本文について検討してみると，第1～6段落の半ばまでは「打消し表示」についての具体例を提示している部分であり，第6段落の後半になって初めて「広告の裏側を消費者がある程度理解していたとしても，共感にもとづく行動の誘引がそれ以上にある」として著者の考えが述べられている。

第7～9段落では，「共感にもとづく行動の誘引が社会問題化しやすい」とあり，著者は野菜に添えられた生産者の写真が生産地を偽装するためのフェイクであった事例を挙げたうえで，「こうした摘発は氷山の一角であり，膨大なフェイクが潜んでいるのではないか」，「共感にもとづく消費が単純に広まるとフェイクが横行し，消費者が引っかかってしまう問題は大きい」と分析している。

第10・11段落では，そのような問題に対して，現代の高度化した情報技術を活用することでフェイクをかなり防ぐことができ，「共感にもとづく妥当な消費」が可能となるために「情報技術の進展は，共感に訴えるフェイクを増やす働きをする一方，減らす働きもする」ものであり，「私たちがフェイクに対抗するスキルを磨くには，私たちの共感が『どのような特徴をもつ心理作用であるか』を認識したうえで，的確な情報技術の利用を心がけることが肝要である」と述べており，この部分が本文の結論と考えられる。以上の内容を300字以内にまとめる。

問2．著者の考えに対する自身の意見を500字以内で述べる。

問１でみたように,「共感にもとづく行動の誘引」自体は, 自然な心理作用といえるが, 消費者に誤解を与えるフェイクによって悪用されるなど社会問題化する危険性をはらんでおり, 著者は, そのような危険を回避するためには的確な情報技術の利用を心がけることが肝要である, と述べている。

一般に, このような問題では, 著者の主張に対して「賛成」「反対」など, どのような立場から考察を進めるかを決定する必要があるが, 仮に「賛成」の立場をとったとしても, 著者の主張をそのまま繰り返すのでは,「あなたの意見を述べなさい」という出題条件を満たすことはできない。著者は最終段落において,「私たちの共感が『どのような特徴をもつ心理作用であるか』を認識」することが重要と述べており, 例えばこの部分について本文中には述べられていない具体例を挙げて考察を深め,「共感という心理作用の特徴」を自分なりに分析しながら著者の考えを補足する, もしくはより広げるなど, 著者の考えの単なる繰り返しにならないように注意して論を進める必要がある。

一方,「反対」するのであれば, 例えば「フェイクの危険性を回避するためには的確な情報技術の利用を心がけることが肝要」という著者の主張が妥当かどうかを検討する, というような方向性が考えられる。そもそも「情報技術の進展」自体に善悪の区別はないのだから, フェイクを防ぐための技術の進展は同時により高度なフェイクを出現させる要因ともなりうるのであり, 当然の帰結として「いたちごっこ」を招くだろう。昨今いわゆるディープラーニング（深層学習）によって「絵画や文章を生成するAI」についてのニュースを耳にすることも多いが, このような技術の高度化が進めばフェイクを見破ることがますます困難になっていくことは容易に想像できる。このような状況を踏まえると, 著者の考えは一般の人にはハードルが高すぎるという方向で論を進めることも可能であろう。

「賛成」「反対」いずれの立場をとるにしても, 単に自分の意見を主張するだけでは説得力のある小論文にはなりえない。具体例を挙げ, その分析を通じて自身の主張の論拠を提示する必要がある。

■学校推薦型選抜　公募制推薦入試B方式（2教科型）

▶試験科目・配点

教　科	科　目	配　点
英　語	コミュニケーション英語Ⅰ・Ⅱ	100点
国　語	国語総合（古文・漢文を除く）	100点

▶備　考

- 上記のほかに出身学校における成績（出身学校調査書の全体の学習成績の状況を10倍して50点満点に換算）との総合評価による（合計250点満点）。
- ハイスコア方式：複数日程受験の場合，英語と国語それぞれの最高点の合計点で判定される。

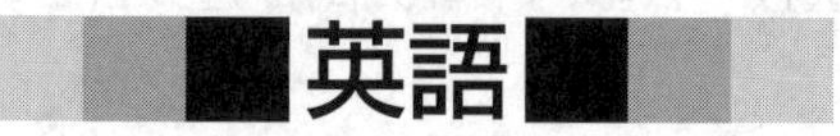

英語

（50分）

1 　次の英文を読んで、設問に答えよ。

Selling a product is not an easy task. First, companies need to change how people or consumers think about a product or service. That is, in order to sell a product, companies must raise awareness so that consumers know it exists. Advertisements on television are (1) typically shown many times throughout a day. Repetition is an advertising technique that creates awareness of a product and a company name.

Advertisements also aim to change the way people feel about a product. This is one of the most important aspects of advertising. The advertisement needs to show how a new product (A) a need. Companies might even create a need and show how a product fulfills that need. Advertising can be more effective when companies associate a product with a famous person. For example, Michael Jordan was the face of Nike for a long time. His image was often found on Nike's products. The company used the saying "Be Like Mike." Nike's message was, if a person buys one of their products, the person will become like Mike—run faster, jump higher, and shoot the ball better. The goal of this association is simple: A boy who does not need new shoes will feel the need for Nike shoes to play basketball better.

An advertisement's role is to first introduce a consumer to a product. Then, it must make the person feel that he or she needs the product. Finally, when consumers are persuaded to buy the product, then the advertisement's role in marketing has achieved its purpose.

Traditionally, advertisements were mostly on the radio and television or in magazines and newspapers. However, more consumers are shopping online and interacting on social media. Thus, more advertising has moved to the internet. On social media sites, advertisers can target their specific markets. A social media profile and news feed* related to a profile can show a lot about a person to an advertiser. For example, it will reveal a person's age, location, relationship (B), likes, and dislikes. In this way, advertisers can market their products specifically to the people who would be interested.

In addition, social media allows companies to interact directly with consumers. Companies can ask and answer questions on social media. They can also receive comments and (2) stimulate interest through product events and giveaways*. Consumers can also see how many people are interested in the product and buying it. This creates a "(3) bandwagon effect*." That is, when many people are buying something, it creates a desire among others to buy the product as well. The opportunities for advertising are numerous these days. Companies who take advantage of all these advertising opportunities are a step ahead toward success and (C).

注　news feed: 配信される新着情報や更新情報　　giveaway: 景品
　　bandwagon effect: バンドワゴン効果

設問

1．下線部(1)(2)の意味に最も近いものを、次のア～ウからそれぞれ一つ選び、解答用紙にマークせよ。

(1) [1]　ア．actually　イ．commonly　ウ．merely

(2) [2]　ア．spark　イ．occupy　ウ．sustain

2．空所A～Cに入れるのに最も適当なものを、次のア～ウからそれぞれ一つ選び、解答用紙にマークせよ。

A [3]　ア．digs　イ．fits　ウ．lays

B [4]　ア．analysis　イ．manual　ウ．status

C [5]　ア．challenge　イ．profit　ウ．regret

3．ナイキの広告について、本文の内容に合うものを、次のア～ウから一つ選び、解答用紙にマークせよ。[6]

ア．マイケル・ジョーダンの活躍が広告効果を高め、売上が急増した。

イ．マイケル・ジョーダンを広告に起用することで再起を図ろうとした。

ウ．マイケル・ジョーダンのようになりたいという消費者の心理を突いた。

4．広告の役割について、第三段落で2番目に書かれている内容を、次のア～ウから一つ選び、解答用紙にマークせよ。[7]

ア．消費者に製品が必要だと思わせること。

イ．消費者に製品の良さを評価してもらうこと。

ウ．消費者に製品の存在を認知させること。

5．ソーシャルメディアの広告について、本文の内容に合うものを、次のア～ウから一つ選び、解答用紙にマークせよ。[8]

ア．より少ない費用で広告できるようになった。

イ．より特定の層に絞って広告できるようになった。

ウ．より幅広い年齢の人々に広告できるようになった。

出典追記：Reading for the Academic World 1 by Averil Coxhead and Paul Nation, Seed Learning, Inc.

6．下線部(3)について、本文の内容に合うものを、次のア～ウから一つ選び、解答用紙にマークせよ。［9］

ア．ある物が高価であるほど、購入意欲が増加する。

イ．ある物が希少であるほど、購入意欲が増加する。

ウ．ある物が売れているほど、購入意欲が増加する。

7．本文の内容に合うものを、次のア～ウから一つ選び、解答用紙にマークせよ。［10］

ア．Social media has enabled companies to access customer preference information and deliver targeted advertising.

イ．The market size of online advertising is already beyond that of traditional advertising.

ウ．The more frequently a certain product is advertised, the more companies will have access to consumer preferences.

2

次の会話文を読んで、設問に答えよ。

A = Ayaka,　H = Ms. Howell

A: Ms. Howell, when do people come of age in your country?

H: It's 18. It was (1) <u>lowered</u> to 18 in Japan this spring, wasn't it? What do you think about that, Ayaka?

A: I'll (2) <u>turn</u> 18 next month, but I feel a little strange about it. I don't think I'm mature enough to be called an adult.

H: Why not?

A: I guess it's because I'm not financially independent. I plan to live by myself when I start college, and I should be able to rent an apartment without my parents' (3) <u>consent</u>, but I don't think I can pay all the rent.

H: I see what you mean.

A: I'm going to do some part-time work, but I'll need financial support from my parents. (4) <u>It is likely</u> my parents will sign the lease contract for me.

H: It's difficult for students to be completely independent. When I was a college student, I paid my school fees myself, but I also got some support from my parents.

A: (　　A　　)

H: Yes, I was. I had several part-time jobs, but I wasn't fully independent until I started working full-time after graduation.

A: (　　B　　)

H: You're right. And remember, adult responsibilities aren't limited to financial ones. Voting in elections is one of those responsibilities.

A: Frankly speaking, I'm not very interested in politics. It might be because I'm satisfied with my current life.

H: I hear the voting rate of young people in Japan is rather low.

A: (　　C　　) How about in your country?

H: Unfortunately, we have the same problem. Maybe it's worse. Many young people have little idea how powerful voting can be.

A: Do you think that young people around the world are not concerned with politics?

H: Not always. In Sweden, over 80% of young people go to vote. Many schools there hold a mock election* to let their students practice voting.

A: That must be helpful.

H: Our vote can help create the society we want to live in. Clearly, the Swedish know this.

注　mock election: 模擬選挙

設問

1．下線部(1)(3)(4)の意味に最も近いものを、次のア～ウからそれぞれ一つ選び、解答用紙にマークせよ。

(1) 11　ア．collapsed　イ．reduced　ウ．excluded

(3) 12　ア．approval　イ．concern　ウ．principle

(4) 13　ア．Precisely　イ．Probably　ウ．Hardly

2．下線部(2)のturnと同じ意味で使われているものを、次のア～ウから一つ選び、解答用紙にマークせよ。 14

ア．I never had a chance to <u>turn</u> my plan into reality.

イ．Please <u>turn</u> the key to the right to release the lock.

ウ．In Japan, it will <u>turn</u> midnight in 30 minutes.

3．空所A～Cに入れるのに最も適当なものを、次のア～ウからそれぞれ一つ選び、解答用紙にマークせよ。

A 15　ア．I'm sure you were very busy studying and working.

イ．I think you could say you were living an independent life.

ウ．You were proud that you could work full-time.

B 16　ア．I might not have to work part-time then.

イ．My parents aren't willing to support me.

ウ．We don't become independent overnight.

C [17] ア. Fortunately, we were able to achieve the goal.
イ. It was about 40% in the last national election.
ウ. That's not necessarily so in our country.

4. Ms. Howellについて、本文の内容に合うものを、次のア～ウから一つ選び、解答用紙にマークせよ。[18]

ア. Ms. Howellは、大学生のとき、アパートを借りて一人暮らしをしていた。

イ. Ms. Howellは、投票することは大人の責任として重要だと考えている。

ウ. Ms. Howellは、大学の授業料を親に払ってもらったが、卒業後に返済した。

5. 本文の内容に合うものを、次のア～ウから一つ選び、解答用紙にマークせよ。[19]

ア. Ayaka assumes that practicing voting at school will encourage young people to vote in elections.

イ. Ms. Howell persuaded Ayaka to try to support herself fully after entering college however hard it may be.

ウ. Ms. Howell worried that the voting rate of young people would go down if mock elections were introduced to schools.

3

次の各文の空所に入れるのに最も適当なものを、下のア～エからそれぞれ一つ選び、解答用紙にマークせよ。

1. The number of people working from home ([20]) for the last few years.

ア. was grown イ. will be growing
ウ. has been growing エ. had grown

2. Many people tend to hide their problems for fear of ([21]) the wrong way.

ア. taking イ. being taken ウ. having taken エ. to be taken

3. They had a terrible quarrel yesterday, but they are behaving as though nothing ([22]) between them.

ア. will have happened イ. have happened
ウ. had happened エ. would have happened

4. The artist achieved fame only after his death because he didn't seek ([23]) in his lifetime.

ア. permission イ. possession ウ. privacy エ. publicity

5．Meg is very cautious, and always (24) the risk before acting.

ア．calculates　イ．guarantees　ウ．reverses　エ．operates

6．A: Let's get into the room now.

B: Wait, something is wrong with the key. The door (25) open.

ア．won't　イ．don't　ウ．weren't　エ．hasn't

7．A: Do you have time this afternoon? I want to talk with you about our holidays.

B: Well, I'm kind of busy today. But I'm (26) all day tomorrow.

ア．aggressive　イ．alternative　ウ．ambitious　エ．available

8．A: Wait a minute. I want to buy a drink.

B: Hurry up! The show is (27) to begin!

ア．about　イ．off　ウ．still　エ．yet

4

日本文の意味になるように、それぞれ下の語（句）を並べ替えて英文を完成させるとき、２番目と４番目に来るものを、下のア～エから一つずつ選び、解答用紙にマークせよ。

1．物事はいつもあなたが思うようにうまくはいかない。

Things don't always work out _____ 28 _____ 29 to.

ア．the way　イ．want　ウ．them　エ．you

2．私は週末ほとんどの時間ゲームをしている。

I spend _____ 30 _____ 31 playing games on weekends.

ア．my time　イ．all　ウ．of　エ．almost

3．留学するときはそのことを覚えておきなさい。

Keep _____ 32 _____ 33 you study abroad.

ア．mind　イ．when　ウ．in　エ．that

⑾ 本文の内容に合致するものを一つ選べ。 25

ア 旅文学はその内容から三つの作品群に分けられ、それは長い間変化することがなかったが、十七世紀の半ば以降、旅行記録と旅日記がその役目を終えると、空想旅行物語がそれらの要素を引き継ぎ、さらに理想とする世界を描くことによって旅文学の新しい世界を切り開いた。

イ 旅文学は紀元前から長い間その内容や構造がほとんど変わることがなかったが、十八世紀に入り、デフォーやスウィフト、モンテスキューらは、旅以外の新しい要素を取り入れたり、旅の成果を他者ではなく自分自身に向けたりするなど、従来の旅文学の枠を超えた作品を生み出した。

ウ 旅文学は旅という形を借りて読者の目を外の世界へ向かわせたが、大航海時代が終わり人々の関心が自分たちが生きる社会へ向かうようになると、そうした時代の変化を受けて、社会の在り方や人間の生き方を問いかける作品が生まれ、それらが社会を大きく変化させた。

エ 旅文学はもともと現実の社会とは無縁であったが、十七世紀半ばの大航海時代の終焉（しゅうえん）や十八世紀の資本主義社会の成立のような社会変化が起こると、従来の性格を大きく変え、そのときどきの社会状況を反映し、社会だけでなく人間までをも批判する作品が数多く書かれるようになっていった。

は、家畜となって働くのと同じ屈辱を味わうことになる。

イ　人間ではない者たちが暮らす国々を旅するなかで、ガリヴァーは他人への嫌悪が自身をも傷つけることに気づき、帰国後は平穏無事に過ごすことを心がけることになる。

ウ　さまざまな国を旅してきたガリヴァーが、人に見せて自慢できるようなものを手に入れることができないまま帰ることは、旅や人生に何の意味もなかったと認めることになる。

エ　人間を嫌悪していたガリヴァーが人間の住む世界へ帰ると、他の旅文学の主人公のように名誉や幸福を得るのではなく、苦痛に満ちた生活を強いられることになる。

(8)　本文中の［A］に入れるのにもっとも適切なものを選べ。［22］

ア　これまでの旅行記の主人公や語り手は、旅先から何かよいものを持ち帰ってくるものであった

イ　主人公たちが旅先から持ち帰ってきたもののなかには、その後の苦難を暗示するようなものも含まれていた

ウ　さまざまな苦難を乗り越えて主人公たちが持ち帰ってきたものは、自分だけでなく多くの人々にも幸福をもたらした

エ　過去の旅行記の主人公や語り手のなかには、誰もが知る歴史的な偉人の名を見つけることができる

(9)　傍線部e・fについて、この二つの作品に共通していることは何か、その説明としてもっとも適切なものを選べ。［23］

ア　旅先でさまざまな経験をすることをとおして、主人公が次第に自立した人間へと成長していくということ。

イ　旅をしたことで主人公のまなざしが内部へと向かい、自分の目の前の現実を受けいれるように変化したということ。

ウ　旅に出て故郷を外部から観察することによって、主人公が故郷のすばらしさに初めて気づくということ。

エ　旅をすることによって主人公は社会の現実を知り、それを積極的に受けいれるようになったということ。

(10)　本文中の［B］に入れるのにもっとも適切なものを選べ。［24］

ア　カンディードは、旅によってさまざまな幸福を手に入れたはずだった

イ　カンディードは、現実を受けとめて生きていこうと決意したのだから

ウ　カンディードは、旅の目的を果たしたことだけで十分満足したはずだ

エ　カンディードは、自分自身で受けとめるしかないものを手に入れたのだから

ウ 対立の結果不和になる
エ 長年にわたって憎しみ合う

(4) 本文中の[i]・[ii]に入る語句の組み合わせとして、もっとも適切なものを選べ。[18]

	i	ii
ア	荒唐無稽	揶揄(やゆ)
イ	群雄割拠	揶揄
ウ	荒唐無稽	喧伝(けんでん)
エ	群雄割拠	喧伝

(5) 傍線部cについて、筆者は『ガリヴァー旅行記』四篇全体の内容をどのように説明しているか、もっとも適切なものを選べ。[19]

ア 『ガリヴァー旅行記』は、風刺の対象を、イギリスの政治や教育から、ヨーロッパ人の精神的な特徴へ、さらに学問や宗教そして人間全体へと移すことにより、同時代を代表する社会風刺小説となっている。

イ 空想旅行小説はふつう旅先で苦しんだ主人公が帰国して幸福になるという構成になっているが、スウィフトはそうした構成を逆にすることによって、人間を不幸にする社会というものを強く批判しようとしている。

ウ 『ガリヴァー旅行記』の作者であるスウィフトの視線は、初めのうちは他の空想旅行小説と同じように社会へと向けられていたが、物語が進んでいくにつれて主人公ガリヴァーとともに自身の内面へと向かうように変化している。

エ 空想旅行小説とは主人公が異国を旅することをとおして社会を風刺することを目的としており、『ガリヴァー旅行記』も初めのうちは社会全体を風刺しているが、篇を重ねるとともに宗教や教育へと深められていく。

(6) 本文中の[x]〜[z]に入る語句の組み合わせとして、もっとも適切なものを選べ。[20]

	x	y	z
ア	しかし	たとえば	むしろ
イ	つまり	たとえば	もしくは
ウ	しかし	すなわち	もしくは
エ	つまり	すなわち	むしろ

(7) 傍線部dについて、筆者は帰国後のガリヴァーがどのようになると述べているか、その説明としてもっとも適切なものを選べ。[21]

ア 人間社会の矛盾や人間の醜さから逃れるために異国への旅に出たガリヴァーが、嫌悪する人間の支配する世界に帰ること

③ ろうスイ 13
ア 新聞記事をばっスイする。
イ 栄枯せいスイの歴史を学ぶ。
ウ 計画がみスイに終わる。
エ 鉄棒でけんスイをする。

④ しょカン 14
ア 手続きをカンそ化する。
イ 証拠品のカンしき結果が出る。
ウ カンせいな住宅街で暮らす。
エ 裁判所のカンこくに応じる。

⑤ ほうロウ 15
ア はロウ警報が発令される。
イ 学校のロウかを掃除する。
ウ 会計がめいロウである。
エ ロウでん遮断機を付ける。

(2) 傍線部aについて、筆者は『ロビンソン・クルーソー』をどのような作品であると述べているか、その説明としてもっとも適切なものを選べ。 16

ア 『ロビンソン・クルーソー』という小説は、現実の旅とは無縁だったデフォーが自分の頭のなかで作り上げたものであったため、旅文学であるにもかかわらず旅よりもそれ以外の要素のほうがおもしろい作品。

イ デフォーが空想によって作り上げた『ロビンソン・クルーソー』という小説は、既存の空想旅行小説にはなかった自伝的な要素や資本主義的な世界観などを取り入れ、旅以外のおもしろさも見せた新しい作品。

ウ 『ロビンソン・クルーソー』という小説は、実際にはありえない非現実的な旅を読者に経験させる「空想旅行小説」という、それまでの旅文学にはなかった新しいジャンルを切り開いた作品。

エ それまでの旅文学は単なる虚構でしかなかったのに対し、『ロビンソン・クルーソー』という小説は、作者自身の旅の経験や当時の社会状況などの実際のできごとを主として描いた現実的な作品。

(3) 傍線部bの本文中における意味として、もっとも適切なものを選べ。 17

ア 固い約束を交わす
イ 離れ離れになってしまう

違いの恋をし、そのために故郷を追放されてほう⑤ロウの旅にでる。そして南アメリカで偶然に黄金郷エルドラドに迷いこみ、莫大な財宝を手にする。だがキュネゴンド姫のことが忘れられない彼は、苦難のすえにヨーロッパへ帰ってくる。そして行方不明の姫をさがしだして、再会する。――

昔話やユートピア小説であるならば、ここで「めでたし、めでたし」と終わっているはずであろう。［　B　］。ところが、そうではなかった。

――再会したキュネゴンド姫は、苦労のせいで顔はとても醜くなり、性格も口うるさい、いやな女になっていた。カンディードはうんざりするが、結婚の約束を取り消すこともできず、いやいやながら結婚をする。しかも彼は、財産を人にだましとられてしまい、結局、手もとには小さな土地が残されるだけとなってしまったのである。――

主人公がすべてを失ったところで物語は終わる。だが彼は絶望していない。最後にこうつぶやく。

　自分の庭を耕さねばならない。（『カンディード』最後の文章）

大旅行やさまざまな苦難のすえにカンディードがたどりついた結論とは、自分の小さな庭でつつましく生きることだったのである。

小説『カンディード』は、はじめは外部へ目をむけた旅物語としてはじまっていた。だが、カンディードが旅を終えてキュネゴンド姫に再会したとき、すべては一変する。美しい女性と結婚するという夢も、せっかく手に入れた財宝も消えさって、人に見せるべきものは何もなくなってしまう。だから彼は目を自分の庭へ、内部へと向けざるをえなくなったのである。

結局、『カンディード』もまた、まなざしを内部へ向けることへといたる旅物語だったと言えるだろう。

（石川美子『旅のエクリチュール』による）

（注1）ヘロドトス……古代ギリシアの歴史家。

（注2）ゴンサレス……十七世紀、イギリスのゴドウィンによって書かれた小説『月の男』の主人公。

(1) 二重傍線部①～⑤のカタカナの部分を漢字に直したとき、その漢字と同じ漢字を用いるものをそれぞれ一つずつ選べ。

① ざショウ　11

ア　議事運営にシショウを来す。
イ　新薬がショウにんされる。
ウ　計画があんショウに乗り上げる。
エ　意見が激しくショウとつする。

② いんボウ　12

ア　鉄が熱でボウちょうする。
イ　年末のはんボウきを迎える。
ウ　都内のボウしょに移り住む。
エ　その作戦はむボウである。

りつづけ、安全な立場をたもっているものであった。たとえ旅が危険なものだったとしても、主人公はすでに旅を終えて帰郷しているのであり、だからこそ旅の物語を書くことができたのである。もはや主人公に危険はない。読者もまた安心していられる。旅が無事に終わったから旅行記が書かれたのだということを知っているからである。ところが『ガリヴァー旅行記』はそうではない。主人公は帰国しても安全ではない。むしろ新たな危険に直面しなければならない。嫌悪する人間との生活という大きな苦難が待ちうけているからである。

また、［　A　］。それは、世界についての知識――ヘロドトス[注1]の場合――であったり、財宝――マルコ・ポーロ――であったり、あるいは新大陸の発見という手柄――コロンブス――であったり、月世界での見聞という希有な体験――ゴンサレス[注2]――であったりした。人に見せて自慢することのできる名誉を手にして、旅人たちは帰郷するのがつねであった。

ところがガリヴァーはそうではなかった。彼が持ち帰ったのは、人に見せることのできない不幸な意識だけであった。自分自身の生をもおびやかす、人間嫌悪という暗い意識であった。これでは浦島太郎とおなじである。昔話における異境訪問の主人公が宝物などの幸福を手にして帰郷するなかで、浦島太郎だけがろうスイという不幸を背負って帰ってきたのだから。浦島太郎とガリヴァーは、人に見せびらかすことのできないもの、すなわち自分自身で受けとめるしかないものを手にして帰還したのだった。このときから、つまり旅の成果が他者にではなく自分自身に向けられるしかなくなったときから、旅の文学は大きく変わりはじめたのである。

おなじような変化がフランスでも起こっていた。

一七二一年――『ロビンソン・クルーソー』が刊行された二年後であり、『ガリヴァー旅行記』が刊行される五年前である――に、啓蒙思想家モンテスキューは『ペルシア人の手紙』を出版した。これは、ヨーロッパを旅しているペルシア人が、故国の友人たちと文通をするというかたちをとったしょカン体小説である。作品のなかでは、フランスの政治や宗教そして風習などが風刺されているが、しかしペルシアがとりたてて美化されているわけではない。遠い異国の文化を紹介しようとしているのでもなければ、理想的な場所をもとめて夢想しているのでもない。［　z　］、主人公たちがそれぞれ、ヨーロッパやペルシアの現実を受けとめて生きようと決意するための旅が描かれているといっていい。すなわちこの作品は、それまではユートピアや異国をもとめていた旅が、自分の国を受けいれる旅へと変化しはじめたことをしめしている。つまり、旅をめぐる作品のまなざしが、外部ではなく内部のほうへ向きはじめたということである。

一七五八年に発表されたヴォルテールの小説『カンディード』もまた、おなじような傾向をみせていた。この物語も、はじめは、従来の空想旅行小説によくみられる話であるように思われた。

――素直な青年カンディードは、城主の美しい娘キュネゴンド姫に身分

対抗心もあって、スウィフトもまた空想旅行記を書こうと思いたつ。彼が考えた話は、［ i ］の国々での体験をガリヴァーという人物に語らせて、イギリスの社会や政治を批判しようとするものであった。

『ガリヴァー旅行記』は一七二六年に刊行された。物語は四篇からなっている。──第一篇は、小人の住む「リリパット国」にガリヴァーが漂着する話である。彼はリリパットの皇帝に寵愛されたが、いんボウ②にまきこまれて、やむなく国を脱出することになる。この第一篇では、イギリスの政治や教育が風刺の対象になっている。つづく第二篇は、巨人の国「ブロブディンナグ」への旅である。ガリヴァーは巨人たちの見せ物にされたあと、宮廷につれてゆかれ、王妃にかわいがられる。だが鷲にさらわれて、巨人の国を出ることになった。この篇では、ヨーロッパ人の精神的な特徴が批判的にえがかれ、当時の政治や宗教が風刺されている。第三篇は、空飛ぶ島「ラピュータ」や不死人間の島などを経て日本にいたるという渡航記である。当時のさまざまな学問や、不死を願う人間の欲望が［ ii ］されている。そして第四篇は、高雅な馬の国「フウイヌム」の話である。そこでは、人間の姿をした家畜「ヤフー」の不潔さ、醜悪さがえがかれている。──

［ x ］スウィフトの風刺と批判は、イギリスの政治にとどまることなく、ヨーロッパの文化へ、そして人間全体へと向けられていったのだった。だが、それだけならば、社会を風刺する、ほかの空想旅行小説とあまり違いがないともいえる。だが問題はそのあとである。

第四篇において、ガリヴァーは馬の国「フウイヌム」で幸福にすごしていた。ある日のこと、世話になっている家の主人から、国の大会議でつぎのように決まった、と告げられる。［ y ］、ガリヴァーは結局のところ「ヤフー」とおなじ姿をしているのだから、ほかの「ヤフー」たちと同じように家畜として働くか、それがいやなら自分の国へ帰るか、どちらかをえらばなければならない、というのである。そして家の主人は、船に乗って自国に帰ることのほうをガリヴァーにすすめたのだった。

わたし［ガリヴァー］は、主人の話を聞いて、急にはげしい悲しみと絶望とにおそわれた。その苦悩にたえられなくなって、とうとう気を失って、主人の足下に倒れてしまった。（『ガリヴァー旅行記』第四篇、第十章）

これほどまでに故郷へ帰ることをいやがった主人公が今までにいたであろうか。ガリヴァーが帰国をいやがったのは、人間を嫌悪しているからである。その嫌悪は、おなじく人間であるガリヴァー自身へも向けられて、やがては作者自身をもむしばんでゆくことになるだろう。作者と主人公とは、重なりあったり離れたりしながら、手をたずさえて人間嫌悪の言葉を口にするのである。こうして、イギリスの政治やヨーロッパの文化を風刺するための空想旅行小説という構造は崩壊してゆく。社会を風刺するための小説のはずが、いつしか、作者の内面のほうに刃を向ける恐ろしい作品となっていたのである。

それまでの旅文学においては、主人公は、おとずれた土地の観察者であ

2　次の文章を読んで後の設問に答えよ。解答は、解答用紙にマークすること。

　紀元前から十七世紀末にいたるまで、旅文学の世界はほとんど変わることがなかった。それは三つの作品群からなりたっていた。すなわち、目的のために作為をほどこされた公的な旅行記録と、虚構の旅を語る空想旅行物語、そして発表する理由のない私的な旅日記、の三つであった。

　このような構造も、十八世紀からは変化してゆくことになる。大航海時代はすでに十七世紀半ばに終わっており、公的な旅行記録の数は減少していた。そのかわりに、空想旅行をえがく作品が増加していったのである。たとえば十八世紀前半のフランスにおいては、啓蒙主義者たちがフランス社会を批判するための空想旅行小説をつぎつぎと発表している。イギリスでは、英国国教会と非国教会派の論争がつづくなかで、いくつもの空想旅行記が書かれた。十八世紀において、旅文学は数的に増加していっただけでなく、内容的にも大きく変化するのである。

　十八世紀のイギリスにおける注目すべき空想旅行小説としては、まず、ダニエル・デフォーの『ロビンソン・クルーソー』をあげることができるだろう。デフォーは非国教会派のジャーナリストであり、国教会を誹謗する論文を発表した罪で三日間のさらし台の刑になったこともあった。その後は、直接的な政治活動をひかえるようになる。[a]そして一七一九年に、孤島漂流記『ロビンソン・クルーソー』を刊行したのだった。

　その物語はこうである。——ロビンソンは父親の反対を押しきって船員になった。だが船が嵐にあって、ひとりで無人島に漂着する。その島で、彼は自給自足の生活をおくる。島に住んで二十五年がすぎたとき、人食い蛮人に追われている黒人少年をたすける。ロビンソンはその少年を教育して召使いにし、ふたりの共同生活がはじまった。その後さらに、[①]ザショウした船の船長をたすけたことにより、力をあわせて、長い航海のすえにイギリスに帰ることになる。三十五年ぶりの帰国であった。帰ってみると、人にまかせてあった農園は大成功をして、ロビンソンは金持ちになっていた。「苦労をしたすえに、これほどの幸運を手に入れた」と彼はしみじみ思うのであった。——

　デフォー自身は大航海をしたことはなく、商用でヨーロッパ大陸を旅したくらいであった。したがって彼は、十七世紀に書かれたさまざまな航海記を読んだり、孤島で実際に五年間をすごした人の話を聞いたりして、頭のなかで漂流記を作りあげていったのである。そして、父親との[b]確執という自伝的な要素を物語のなかに取り入れ、さらには資本主義的な世界観も織りこんで、それまでの空想小説にはなかった新しい広がりを見せる旅行作品を仕上げたのだった。すなわち、旅以外の要素でもおもしろさを見せる旅行小説をうみだしたのである。

　『ロビンソン・クルーソー』は驚くべき好評をえて、その年のうちに続編も出版されたほどであった。そのようなデフォーの成功をこころよく思わなかったのが、国教会派のジョナサン・スウィフトである。デフォーへの

イ　把握
ウ　水没
エ　増幅

(5) 次の言葉の意味としてもっとも適切なものをそれぞれ選べ。

① ほぞを嚙(か)む　6

ア　どうにもならないことを悔やむ。
イ　不平や不満ばかり口にする。
ウ　あれこれと理屈を並べて言い返す。
エ　大勢で激しく議論を戦わせる。

② 待てば海路の日和あり　7

ア　こつこつと努力をすれば大きな成果がもたらされる。
イ　何事もしっかりと計画を立てて始めることが大事である。
ウ　焦らずにじっとしていればいつかは好機が訪れる。
エ　時間や手間がかかっても安全な方法を選んだほうがよい。

(6) 次の文中における四字熟語の（　）にあてはまる漢字としてもっとも適切なものを選べ。　8

大（　）名分を得て行動を起こす。

ア　義
イ　議
ウ　儀
エ　犠

(7) 次の四字熟語とその意味の組み合わせのうち、**適切でない**ものを一つ選べ。　9

ア　一言居士　――　同じ主張や態度を最後まで貫き通す。
イ　得手勝手　――　自分の都合ばかりを考える。
ウ　猪突(ちょとつ)猛進　――　よく考えず向こう見ずに行動する。
エ　呉越同舟　――　反目しながらも共通の目的で協力し合う。

(8) 次の文中における傍線部の「ば」と同じ意味・用法の「ば」を一つ選べ。　10

懸命に努力をすれば必ず成功する。

ア　彼はよく勉強もすればスポーツもする。
イ　そろそろ出発しなければならない。
ウ　天気予報によれば、明日は雨だそうだ。
エ　よく話し合えば問題は解決するはずだ。

国語

（五〇分）

1 次の設問に答えよ。解答は、解答用紙にマークすること。

(1) 次の傍線部の言葉の意味としてもっとも適切なものをそれぞれ選べ。

① 茶道を指南する。 1

ア 身につける
イ 研究する
ウ 教え導く
エ 紹介する

② 彼らはどんな労苦も厭(いと)わない。 2

ア 嫌がらない
イ 支持しない
ウ 恐れない
エ 受け入れない

(2) 「卓越」の類義語としてもっとも適切なものを選べ。 3

ア 斬新
イ 狡猾(こうかつ)
ウ 厳密
エ 非凡

(3) 「寛容」の対義語としてもっとも適切なものを選べ。 4

ア 気長
イ 無骨
ウ 軽率
エ 狭量

(4) 「剝落」と熟語の組み立てが同じものを一つ選べ。 5

ア 耐火

解答編

英語

1 **解答**　1－イ　2－ア　3－イ　4－ウ　5－イ　6－ウ
7－ア　8－イ　9－ウ　10－ア

解説　≪広告の役割と現代における広告の変化≫

1．下線部の typically は「典型的に，一般的に」の意味。イ．commonly「普通，一般に」が同じ意味で正解。ア．actually「実際に，本当のところ」 ウ．merely「単に（～にすぎない）」

2．下線部の stimulate は「～を刺激する」の意味。ア．spark が「～を刺激する，引き起こす」の意味で正解。アは受験生にはなじみのない単語かもしれないが，イ．occupy「～を占める」，ウ．sustain「～を維持する，持続させる」は，いずれも「刺激する」という意味からは遠いので，消去法でアを選ぶこともできる。

3．空所を含む文は「広告はどのように新しい製品が要求（　　）かを示す必要がある」という意味から，空所にはイ．fits「～に合う」が適する。ア．digs「～を掘る」 ウ．lays「～を置く」

4．空所を含む文の直前で「ソーシャルメディアのプロファイル…は個人に関して多くのことを教えてくれる可能性がある」と述べて，空所を含む文は「例えば…」と具体例を示す文になっており，空所の前後は，age「年齢」，location「位置」，relationship「（人間）関係」，likes, and dislikes「好き嫌い」という個人の属性を表す単語が列挙されている。したがって，空所には個人の属性を示すウ．status「地位」が適する。relationship status で「既婚・未婚等の交際状況」の意。ア．analysis「分析」 イ．manual「マニュアル，小冊子」

5．空所を含む文は「広告の機会を活用する会社は成功と（　　）へ向けて一歩リードしている」という意味。したがって，イ．profit「利益」が適する。ア．challenge「難問，挑戦」 ウ．regret「後悔」

6．第2段第9文（Nike's message was, …）に「ナイキのメッセージは，もし人がナイキの製品の一つを買えば，その人はマイク（マイケル＝ジョーダン）のようになれるだろう，というものだった」とあるので，ウが正解。

7．第3段第1文（An advertisement's role …）に first「第1に」とあり，第2文に Then とあるので，この第2文が広告の役割の2番目の内容とわかる。第2文は「それ（広告）はその人に，自分はその製品が必要だと感じさせなければならない」という意味なので，アが正解。

8．第4段第4文（On social media …）「ソーシャルメディアのサイトでは，広告主は特定の市場をターゲットにすることができる」，および同段最終文（In this way, …）「このようにして，広告主は関心を持つであろう人に絞って自分たちの製品を売り込むことができる」よりイが正解。

9．下線部(3)の直後の That is, は「すなわち」の意味で言い換えのサイン。続けて「多くの人が何かをどんどん買っている時，それは他の者たちの間にもその製品を買いたいという欲望を生み出す」とあるので，ウが正解。

10．ア．「ソーシャルメディアは，会社が顧客の好みの情報にアクセスし，ターゲットを絞った広告を届けることを可能にしている」　イ．「オンライン広告の市場の規模はすでに従来の広告の規模を超えている」　ウ．「ある製品が頻繁に宣伝されればされるほど，会社はより顧客の好みにアクセスできる」

アが正解。第4段第5文（A social media …）「ソーシャルメディアのプロファイル…は広告主にある人について多くのことを教えてくれる」，および8で考えた内容に一致している。イ・ウは本文に該当する記述はない。

2　解答

11―イ　12―ア　13―イ　14―ウ　15―ア　16―ウ
17―イ　18―イ　19―ア

解説　≪成人と経済的自立および若者の投票に関する会話≫

18・19のように内容真偽の設問の場合は先に選択肢にさっと目を通し，読み取るべき情報を頭に置いた上で英文を読み始めると効率的に問題を解き進められる。選択肢が英文で情報を頭に残しにくい場合は，選択肢の内容を簡単にメモしておくと短期記憶により残りやすくなるので試してみよう。

解答編

11. Ayakaの最初の発言の中にあるcome of ageは「成人になる」という意味。次のMs. Howellの発言に「この春に日本では18歳にlowerされた」とあるので成人年齢の話題だと推測でき，lowerは「引き下げる」の意味だとわかるだろう。したがって，reduce「減らす」の過去分詞のイ．reducedが最も意味が近く，これが正解。アはcollapse「崩壊する」の，ウはexclude「排除する」のそれぞれ過去分詞。

12. 下線部を含む文は「大学生活を始めたら一人暮らしをするつもりで，親のconsentなしでアパートを借りられるはずだが，賃料全額は払えないと思う」という意味。文脈からconsentは「同意，許可」の意味だろうと推測できる。したがって，ア．approval「賛成，許可」が正解。イ．concern「関心，心配」 ウ．principle「原則」

13. It is likely (that) …は「たぶん…だろう」の意味。したがって，イ．Probably「おそらく～だろう」が最も意味が近く正解。ア．Precisely「正確に」 ウ．Hardly「ほとんど～ない」

14. 下線部を含む文は「来月私は18歳になる」という意味。ウは「日本では30分で真夜中になる」という意味で，同じ意味のturnである。ア．「計画を現実のものに変えるチャンスがなかった」 イ．「ロックを解除するには鍵を右に回してください」

15. 空所に続いてMs. Howellが「私はそうでした。複数のアルバイトをしていましたが，卒業後フルタイムで働くまでは完全に自立していたわけではありませんでした」と言っているので，ア．「きっと勉強と仕事にとても忙しかったでしょうね」が適切。イ．「自立した生活を送っていたと言えると思います」 ウ．「フルタイムで働けて誇らしかった」

16. ウが正解。空所の直前のMs. Howellの発言と直後の「その通りです」の間に入れるのに適切なのはウ．「私たちは一夜にして自立するのではありませんね」になる。ア．「では私はアルバイトをする必要はないかもしれませんね」 イ．「両親は私を援助する気がありません」

17. Ayakaが空所に続けて「あなたの国ではどうですか？」と尋ねているのに対してMs. Howellが「残念ながら私たちは同じ問題を抱えています」と言っている。したがって，空所では「残念な問題」について述べているので，イ．「この前の国政選挙では約40パーセントでした」が正解。40パーセントという数字が残念な数字かどうかは即断できないが，ア．

「幸い，私たちは目標を達成することができました」とウ．「私たちの国ではかならずしもそうではありません」は，いずれも直後に「同じ問題を抱えている」と続けることができないので消去できる。

18. Ms. Howell の6つ目の発言の第2・3文（And remember, … those responsibilities.）で「大人の責任は経済的なものに限られるわけではありません。選挙での投票はそうした責任の一つです」と述べているのでイが正解。「一人暮らしをしていた」かどうかは会話中では述べられていないのでアは不一致。Ms. Howell の4つ目の発言の第2文（When I was …）に「大学生の時，私は自分で授業料を払っていた」とあるのでウも不一致。

19. Ms. Howell の9つ目の発言の第3文（Many schools there …）に「そこの多くの学校は生徒に投票の練習をさせるために模擬選挙を行っている」とあり，それを受けて Ayaka が「それは役に立つに違いないですね」と述べているのでア．「Ayaka は学校で投票を練習することは若者に選挙で投票することを促すだろうと考えている」が正解。イ．「Ms. Howell は，大学に入った後どれほど大変でも完全に自分をサポート（=完全に自立）しようとするよう Ayaka を説得した」，ウ．「Ms. Howell は学校に模擬選挙が導入されたら若者の投票率が下がるだろうと心配した」はいずれも会話の中で述べられていない。

アの選択肢の文中にある assume は2022年度の推薦入試の大問1の1でも同意語を答えさせる問題として問われた。

3 解答

20―ウ　21―イ　22―ウ　23―エ　24―ア　25―ア
26―エ　27―ア

解説 20.「在宅で働く人の数が過去数年で増えてきている」

文末の for the last few years から現在完了（進行形）が適切であると判断する。ウが正解。

21.「多くの人が誤解されることを恐れて自分たちの問題を隠しがちだ」

for fear of ～は「～を恐れて」，take *A* the wrong way は「*A* を誤解する」という意味。完全に意味がわからなくても，「受け取る，受け止める」という意味で take が使われていると推測できれば「受け止められることを恐れて」という受動態の意味になるはずとわかるだろう。選択肢で受動態の形になっているのはイとエであるが，前置詞 of の後に to 不定詞は置けないのでエは消去でき，イが正解とわかる。

22.「彼らは昨日ひどい口喧嘩をしたが，自分たちの間に何も起こらなかったかのようにふるまっている」

as though SV は「まるでSがVするかのように（仮定法過去），まるでSがVしたかのように（仮定法過去完了）」という意味になる。選択肢の中に過去形はないので過去完了のウが答えであろうと見当をつけて意味を確認することで素早く正解を導くことができる。

23.「そのアーティストは生涯有名になることを求めなかったので死後初めて名声を得た」

エが正解。publicity を「知名度，有名になること」という意味で知っている受験生は少ないだろうが，文脈からア．permission「許可」，イ．possession「所有，所有物」，ウ．privacy「プライバシー，私事」は当てはまらないので，消去法で正解にたどりつけるだろう。

24.「メグはとても注意深くて，いつも行動する前にリスク（危険性）を計算する」

空所の直後の「リスク（危険性）」と結びつき，文脈的にも適切なのはア．calculate(s)「計算する」。イ．guarantee(s)「保証する」 ウ．reverse(s)「逆転させる」 エ．operate(s)「操作する」

25. A：さあ，部屋に入ろう。

B：待って，鍵が変なの。ドアがどうしても開かない。

won't *do* で「どうしても～しようとしない」という意味になり，人・物のどちらも主語にできる。アが正解。The door（単数）が主語なのでイ，ウは消去でき，エ．hasn't の後では opened になるはずとわかればエも消去できる，というように消去法でも正解できるだろう。

26. A：今日の午後は時間がある？　休日について話をしたいんだけど。

B：そうだね，ちょっと今日は忙しいな。でも明日なら一日中大丈夫。

available は「忙しくない，都合がつく」の意味なのでエが正解。ア．aggressive「攻撃的な，積極的な」，イ．alternative「代わりの，二者択一の」，ウ．ambitious「野心的な」はいずれも少しレベルの高い単語なので消去法は使いにくい。

27. A：ちょっと待って。飲み物を買いたいな。

B：急いで！　ショーはもう始まるよ！

be about to *do* で「今にも～しようとしている」の意味。アが正解。about は「周り」のイメージで，「何かをすることの周りにいる」ととらえると覚えやすいだろう。be yet to *do*「まだ～していない」も押さえておこう。

4 **解答** 28－エ 29－ウ 30－イ 31－ア 32－ウ 33－イ

28・29. (Things don't always work out) the way you want them (to.)
the way SV で「S が V するように」の意味。the way you want things to work out で「あなたが物事がうまくいってほしいと思うように」という意味になる。完成した英文の末尾の to はこの to work out の意味になる代不定詞。

30・31. (I spend) almost all of my time (playing games on weekends.)
spend *A doing* で「～するのに *A*（時間）を費やす」という意味の構文。「ほとんどの時間ゲームをしている」を「ゲームをするのにほとんどの時間を費やす」と言い換えて表現する。almost all of ～「ほとんど（全て）の～」

32・33. (Keep) that in mind when (you study abroad.)
keep *A* in mind で「*A* を覚えておく，心にとどめる」という意味。「覚えておく」は「心の中に保つ」ということだとイメージできれば正解できるだろう。

福をもたらした」、エは「歴史的な偉人の名を見つける」がそれぞれ、この後の内容に合わない。

(9)　『ペルシア人の手紙』はこの後で、「自分の国を受けいれる旅へと変化しはじめた」「旅をめぐる作品のまなざしが、外部ではなく内部のほうへ向きはじめた」と述べられ、『カンディード』は最終段落に「まなざしを内部へ向けることへといたる旅物語だった」とある。選択肢イが合致している。

(10)　空所直後の「ところが、そうではなかった」から考える。次段落で「いやな女になっていた」姫と「いやいやながら結婚」し、「財産を人にだましとられ」る結末が紹介されている。主人公が「莫大な財宝を手に」し「行方不明の姫をさがしだして、再会する」という「めでたし、めでたし」に当たる内容が入るはずである。

(11)　ア、第十三段落以降で「作品のまなざし」が「内部」へ向き始めたことを語っている。「理想とする世界」を描いたわけではない。ウ、「人間の生き方を問いかける作品」もアと同じ理由で不適。エ、「旅文学はもともと現実の社会とは無縁であった」が、第一段落の「公的な旅行記録」「私的な旅日記」にあてはまらない。

(4)　ア
(5)　ウ
(6)　エ
(7)　エ
(8)　ア
(9)　イ
(10)　ア
(11)　イ

解説

(2)　イ、第五段落の「自伝的な要素を物語のなかに取り入れ」「資本主義的な世界観も織りこんで」「旅以外の要素でもおもしろさを見せる」に合致している。ア「現実の旅とは無縁だった」、ウ「非現実的な旅」、エ「作者自身の旅の経験」がそれぞれ不適。

(5)　ウ、第十段落の「社会を風刺するための小説のはずが、いつしか、作者の内面のほうに刃を向ける恐ろしい作品となっていた」に合致している。ア、「社会風刺小説」ではない。イ、「人間を不幸にする社会……強く批判」が不適。エ、「宗教や教育へと深められていく」とは述べられていない。

(7)　エ、他の旅文学では、「名誉を手にして、旅人たちは帰郷するのがつね」（第十二段落）で、「宝物などの幸福を手にして帰郷」（第十三段落）していたのに、『ガリヴァー旅行記』では「彼が持ち帰ったのは、人に見せることのできない不幸な意識だけ」（第十三段落）だったので、その意識を持ったまま生きる必要があった。ア「家畜となって働くのと同じ」、イ「平穏無事に過ごす」、ウ「旅や人生に何の意味もなかったと認める」がそれぞれ不適。

(8)　直後の内容から考える。「世界についての知識」「財宝」「新大陸の発見という手柄」などの「名誉を手にして、旅人たちは帰郷するのがつね」だったのである。イは「その後の苦難を暗示するようなもの」、ウは「多くの人々にも幸

国語

1

解答

(1) ①―ウ　②―ア

(2) エ

(3) エ

(4) イ

(5) ①―ア　②―ウ

(6) ア

(7) ア

(8) エ

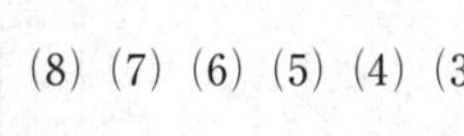

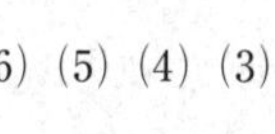

解説 (8) 〈努力をする〉という条件を満たせば、「成功する」という事態を導くことを示す接続助詞の「ば」である。エも〈よく話し合う〉という条件を満たせば、「問題は解決する」という事態を導いている。

2

出典 石川美子『旅のエクリチュール』〈第三章　旅行記をめぐって　2　「わたし」の旅〉（白水社）

解答

(1) ①―ウ　②―エ　③―イ　④―ア　⑤―ア

(2) イ

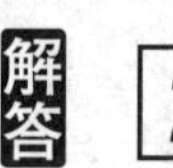

(3) ウ

■一般選抜　一般入試［第１期］（３教科型・２教科型）

問題編

▶試験科目・配点

学部	教　科	科　　目	配　点
３教科型	英　語	コミュニケーション英語Ⅰ・Ⅱ	100 点
	地歴・公民・数　学	日本史Ｂ，世界史Ｂ，現代社会，「数学Ⅰ・Ａ」から１科目選択	100 点
	国　語	国語総合（古文・漢文を除く）	100 点
２教科型	英　語	コミュニケーション英語Ⅰ・Ⅱ	100 点
	国　語	国語総合（古文・漢文を除く）	100 点

▶備　考

ハイスコア方式：複数日程受験の場合，各教科それぞれの最高点の合計点で判定される。

英語

(60分)

1 次の英文を読んで、設問に答えよ。

Flags decorate, communicate, and warn, but their most common use is to symbolize the unity of a nation. (あ) The colors on flags are often highly symbolic as well. Black often (1) represents strength and determination. White can represent peace and purity. Blue can mean freedom and prosperity. Red might represent blood and courage. Green can be the color of earth or agriculture. Yellow or gold often represents the sun and wealth. Of course, with so many countries in the world, individual colors may have different meanings (2) entirely, and may depend on historical or cultural factors, or even how we (3) perceive certain colors.

Groups of colors can also have (A). The most common three colors—red, white, and blue—represent freedom and revolution. These colors are on flags from the U.S., the U.K., Chile, Australia, Cuba, and many others. France's flag has three vertical stripes of blue, white, and red, while Russia's has the same colors but with three horizontal stripes. Another popular (B) is green, gold, and red, representing African (4) unity and identity. Mali's flag has three vertical stripes of these colors. Many other African countries also use these three colors.

There are other groupings of colors. For example, Colombia's flag has three vertical stripes. Yellow shows the metal gold, blue shows the sea, and red shows blood. These colors can also be found on the flags of Venezuela and Ecuador, Colombia's neighbors. And then there are the colors that represent Arab unity: black, white, green, and red. Each of these colors represents a different Arab empire, or era. (い) The flag of the United Arab Emirates consists of a red vertical stripe on the left side, with three horizontal stripes of green, white, and black.

Since 1947, the flag of the United Nations has contained a white world map on a light blue background. These are the official colors of the U.N. Blue was chosen because it is "the opposite of red," which sometimes symbolizes blood. The Olympic flag was designed in 1914 and first flown in 1920. It has five rings of blue, yellow, black, green, and red on a white background. (う) These colors were chosen because at least one of them appeared on the flag of every country of the world at that time.

Flags are used in many sports to signal and communicate. In Australia, yellow and red flags on the beach indicate swimming conditions. There are no universal standards, but in auto racing a green flag generally means start, yellow means (C), red means stop, and a black and white checked flag means the race is finished. American football uses a yellow flag when a rule is broken, while Canadian football uses an orange flag. Flags are not restricted to the field. Many sports teams have their own flags and fans wave them to show support for their favorite team.

設問

1．下線部(1)の represent(s) と同じ意味で使われているものを、次のア～ウから一つ選び、解答用紙にマークせよ。［1］

ア．The athletes represent their countries in the tournament.

イ．The memorial represents the sacrifice of people who gave their lives in war.

ウ．The new prices represent a 10% increase over last year.

2．下線部(2)(3)(4)の意味に最も近いものを、次のア～ウからそれぞれ一つ選び、解答用紙にマークせよ。

(2)	2	ア．partly	イ．totally	ウ．uniquely
(3)	3	ア．ignore	イ．overlook	ウ．regard
(4)	4	ア．appeal	イ．denial	ウ．harmony

3．空所A～Cに入れるのに最も適当なものを、次のア～ウからそれぞれ一つ選び、解答用紙にマークせよ。

A	5	ア．awareness	イ．meaning	ウ．morality
B	6	ア．combination	イ．distribution	ウ．rank
C	7	ア．deliberation	イ．elimination	ウ．caution

4．下線部(あ)(い)(う)の意味として最も適当なものを、次のア～ウからそれぞれ一つ選び、解答用紙にマークせよ。

(あ)［8］
ア．国旗の色もまた、大いに問題視されることが多い。
イ．国旗の色もまた、非常に貴重なものが多い。
ウ．国旗の色もまた、しばしば非常に象徴的である。

(い)［9］
ア．アラブ首長国連邦の国旗は、右側に赤の縦縞、左側に緑、白、黒の横縞の三本で構成されている。
イ．アラブ首長国連邦の国旗は、左側の赤い縦縞と、緑、白、黒の横縞の三本で構成されている。
ウ．アラブ首長国連邦の国旗は、左側の赤い横縞と、緑、白、黒の縦縞の三本で構成されている。

(う)［10］
ア．これらの五色が選ばれたのは、当時すべての国の国旗に、少なくともそのうちの一色が用いられていたからである。
イ．これらの五色が選ばれたのは、当時すべての国の国旗のうち、少なくとも一つには、これらの色が用いられていたからである。

出典追記：Skillful Second Edition Level 1 Reading & Writing Student's Book by David Bohlke, Macmillan Education

ウ．これらの五色が選ばれたのは、当時どの国も、オリンピック旗に少なくともそのうちの一色を用いていたからである。

5．本文の内容に合うものを、次のア～ウから一つ選び、解答用紙にマークせよ。 11

ア．The colors on flags are the tools with which people can judge the quality of a nation.

イ．There is a feeling that flags are most valuable to the people who designed them.

ウ．The colors on flags are purposely arranged so as to convey information.

2 次の会話文を読んで、設問に答えよ。

H = Host　　S = Sandra

(The host is interviewing Sandra.)

H: Good evening, and welcome to another episode of our show. I am your host, Dan Walker. Today, I have with me Sandra Johnson, an expert on traffic safety. Welcome to the show, Sandra.

S: Thank you for having me, Dan. I am happy to be here tonight.

H: For most of us, the riskiest thing we ever do is to get into a car and drive. And because this is something that we do almost every day of our lives, (1) <u>we need to take the risks involved in driving very seriously.</u> Sandra, as an expert on road safety, (　　　A　　　)?

S: Sure. Driving gets a lot of bad publicity. (2) <u>Statistics</u> show that, mile for mile, it's riskier to be a pedestrian or a jogger than to drive a car or ride a motorcycle.

H: But car accidents do happen. What's the main reason?

S: (3) <u>Many fatal accidents occur because someone has broken the law.</u> The most frequent cause of fatal accidents in the U.S. is (4) <u>careless</u> driving—when a driver focuses his attention on a smartphone or eating something, and the second most frequent is driving too fast. And the third major cause of fatal accidents is drunk driving.

H: Are there any times of day or night that are particularly risky?

S: Research shows that you're most likely to have an accident between five and seven p.m. during the week, and especially in the winter when it's dark. And in the U.S., more accidents happen on a Saturday than on any other day.

H: (　　　B　　　)

S: It's probably because the weekend is when the highest number of people are driving.

H: So, what about fatal accidents? (　　　C　　　)

S: (5) <u>As far as fatal accidents are concerned,</u> the riskiest kind of road to drive on is a rural road. More fatal car crashes in the U.S. happen on country roads than on city streets.

H: And why is that?

S: Drivers often think that it's OK to break the speed limit on these roads because there's less traffic, and

(6) consequently, they take more risks.

H: Sandra, thank you so much for sharing with us this important information on road safety. Hopefully, people will try to be more careful the next time they drive.

S: Thank you for inviting me here today. Please drive safely everybody!

設問

1．下線部(1)(3)(5)とほぼ同じ意味になるものを、次のア～ウからそれぞれ一つ選び、解答用紙にマークせよ。

(1) 12
ア．it is our duty to deal with the risks that occur when driving
イ．we have to consider the risks related to driving very thoughtfully
ウ．we must think very seriously about where it is the most dangerous to drive

(3) 13
ア．When someone has not followed regulations, a lot of harmful accidents take place.
イ．A lot of dangerous accidents happen when someone hardly does car maintenance on a daily basis.
ウ．The ratio of critical car accidents to the number of deaths may depend on how carefully drivers drive during rush hours.

(5) 14
ア．Because of fatal accidents
イ．According to fatal accidents
ウ．With regard to fatal accidents

2．空所A～Cに入れるのに最も適当なものを、次のア～ウからそれぞれ一つ選び、解答用紙にマークせよ。

A 15
ア．could you please give us some advice on important driving manners
イ．how long have you been analyzing the data on traffic accidents in the U.S.
ウ．could you tell us how dangerous driving is compared to other ways of getting around

B 16
ア．How do you know that?
イ．Why do you think that is?
ウ．Why don't you investigate the causes of fatal accidents?

C 17
ア．Where do these tend to happen?
イ．What should we do if we see a fatal accident?
ウ．Which fatal accident was the worst in the past?

3．下線部(2)(4)(6)の意味に最も近いものを、次のア～ウからそれぞれ一つ選び、解答用紙にマークせよ。

(2) 18　ア．circumstances　イ．data　ウ．outcomes
(4) 19　ア．absent-minded　イ．like-minded　ウ．weak-minded
(6) 20　ア．as a result　イ．in other words　ウ．on the contrary

4．本文の内容に合うものを、次のア～ウから一つ選び、解答用紙にマークせよ。 21

ア．In the U.S., more fatal car accidents happen on urban streets than on rural roads.

イ．Sandra points out that speeding is the second major cause of fatal accidents in the U.S.

ウ．Drivers can avoid the risk of fatal accidents in the U.S. if they pay close attention to people walking or jogging on the road.

3

次の各文の空所に入れるのに最も適当なものを、それぞれア～エより一つ選び、解答用紙にマークせよ。

1．The actor got so many messages from fans that he could not (22) to all of them himself.

ア．confess　イ．embrace　ウ．encounter　エ．respond

2．The girl begged her parents to let her go to the pop concert, but it was in (23). They completely refused to let her go.

ア．charge　イ．place　ウ．purpose　エ．vain

3．Victor was very busy with his schedule when he first started college, but he has become (24) it over the last year.

ア．accustomed to　イ．guilty of　ウ．second to　エ．worthy of

4．A: What club are you in?

B: I (25) to the soccer club.

ア．belong　イ．belonging　ウ．am belonging　エ．have been belonging

5．A: Let's (26) the bill.

B: Well, today is your birthday. So, let me pay this time.

ア．cut　イ．contribute　ウ．deliver　エ．split

6．A: I lost the final game yesterday.

B: Oh, what a (27)! You practiced so hard, didn't you?

ア．mess　イ．nerve　ウ．pity　エ．relief

4

日本文の意味になるように、それぞれ下の語（句）を並べ替えて英文を完成させるとき、２番目と４番目に来るものを、下のア～エから一つずつ選び、解答用紙にマークせよ。

1．もうこのような行為は我慢できません。

We won't _____ [28] _____ [29] anymore.

ア．for　　イ．stand　　ウ．behavior　　エ．this

2．彼は自分の命を犠牲にして妻の命を救った。

He saved the life of his wife _____ [30] _____ [31] own.

ア．at　　イ．his　　ウ．of　　エ．the cost

3．調子の悪いところが全くなかったので、順子はその古い機械を使い続けた。

Junko kept using the old machine, _____ [32] _____ [33] with it.

ア．nothing　　イ．there　　ウ．being　　エ．wrong

日本史

(60 分)

1 次の文A～Cの下線部 (a)～(j) について、正しい場合はアを、誤っている場合はイ～オのうちから正しいものを一つ選べ。 1 ～ 10

A. 鎌倉時代、争乱や飢饉が頻発する中で、国家と結び付いたこれまでの仏教のあり方に疑問をもち、民衆をいかに救済するかを説く仏教者たちが現れた。慈円(a)は、「南無阿弥陀仏」と念仏をとなえるだけで、人びとを平等に救済しようとする阿弥陀仏の本願にかなうという、専修念仏の教えを説いた。その弟子である親鸞は、仏を信じ自己の罪深さを自覚した者こそが救われると説いたと、唯円の『選択本願念仏集』(b)に記される。一遍は諸国を遊行し踊念仏(c)を広め、その教えは地方の武士や庶民にも受け入れられた。

(a) ア. 正 イ. 法然 ウ. 源信 エ. 円仁 オ. 空也 1
(b) ア. 正 イ. 興禅護国論 ウ. 正法眼蔵 エ. 立正安国論 オ. 歎異抄 2
(c) ア. 正 イ. 風流踊り ウ. 題目 エ. 只管打坐 オ. 公案問答 3

B. 東大寺・興福寺などの大寺院が栄えた南都では、治承・寿永の乱の渦中に、平氏による焼打ちがおこなわれ、鎌倉時代には復興と改革が叫ばれた。またこの時代には入宋僧が次々に現れた。貞慶(d)は帰国後、宋人陳和卿と協力して東大寺の再建にあたり、栄西は宋から禅の教えを伝え臨済宗(e)を開き、同様に道元は曹洞宗を広めた。栄西は戒律と坐禅による修行で悟りが開けると説き、鎌倉幕府の保護を受けた。その死後は宋から北条氏の招きで虎関師錬(f)らの高僧が来日し、日中間の僧侶の交友は 14 世紀後半まで活発に続いた。

(d) ア. 正 イ. 明恵 ウ. 叡尊 エ. 忍性 オ. 重源 4
(e) ア. 正 イ. 三論宗 ウ. 真言宗 エ. 時宗 オ. 黄檗宗 5
(f) ア. 正 イ. 無学祖元 ウ. 夢窓疎石 エ. 絶海中津 オ. 義堂周信 6

C. 浄土真宗では応仁の乱の頃、本願寺の一休宗純(g)が、極楽往生のことを平易な文章で御文に説き、座(h)を組織して村々に広めた。本願寺勢力は各地で強大なものとなり、時には農村の支配を強めつつあった守護大名らとも衝突した。その代表的なものが1488年におこった大和(i)の一向一揆である。いっぽう、初め東国を基盤とした日蓮宗は、やがて京へ進出した。財力を蓄えた京の商工業者に信者が多く、彼らは町政を自治的に運営したが、1536年に延暦寺と衝突した享徳(j)の乱では焼打ちを受けて、一時京を追われることになった。

(g) ア．正　イ．日親　ウ．蓮如　エ．如拙　オ．覚如　[7]

(h) ア．正　イ．講　ウ．林下　エ．結　オ．名　[8]

(i) ア．正　イ．山城　ウ．越前　エ．加賀　オ．丹波　[9]

(j) ア．正　イ．永享　ウ．嘉吉　エ．天文法華　オ．寧波　[10]

2

次の文A～Cを読み、問1～8に答えよ。　[11]～[18]

A. 11世紀後半以降、日本と宋や[a]との間では貿易がさかんになり、行き来する商船によって、仏教をはじめとする文化的な面での交流も活発になった。こうした流れの中で、平安時代の末期に政治の実権を握った平氏は日宋貿易(b)に力を入れ、その富を蓄積することに成功した。また、平氏滅亡後に成立した鎌倉幕府も日宋貿易を重視し、東アジアにおける通商活動に参加した。しかし、13世紀の初めに帝国を築いたモンゴルは、周辺諸国に服属を求め、これを拒絶した日本は二度にわたる侵略（元寇）を受けることになった(c)。

問1　空欄[a]に入る語句として正しいものを、次のア～オのうちから一つ選べ。　[11]

ア．新羅　イ．渤海　ウ．金　エ．高句麗　オ．高麗

問2　下線部（b）に関する説明として誤っているものを、次のア～エのうちから一つ選べ。　[12]

ア．日本からの主な輸出品には、金・刀剣・工芸品などがあった。

イ．日本への主な輸入品には、陶磁器・典籍・香料などがあった。

ウ．宋からは宋銭ももたらされたが、当時の日本ではほとんど流通しなかった。

エ．日宋貿易は、日本と宋との間での正式な国交に基づくものではなかった。

問3　下線部（c）に関する説明として正しいものを、次のア～エのうちから一つ選べ。　[13]

ア．九州はじめ西国の御家人らを中心に、集団戦法や火器使用によってよく応戦した。

イ．一度目の元寇後、博多湾の沿岸には強固な石塁（石築地）が設けられた。

ウ．一度目の元寇後、新たに設置された鎮西奉行のもとに非御家人勢力が動員された。

エ．元寇後には御家人に十分な恩賞が与えられ、彼らの幕府への忠誠心が高まった。

B．元寇という大きな動きがあった後も、東アジアにおける通商活動や、これにともなう文化的な交流は引き続き活発であった。室町幕府を開いた足利尊氏・直義兄弟も、1342年に［ d ］を派遣し、こうした貿易・交流に参画した。一方、交流が活発化する過程で、倭寇と呼ばれる集団が、朝鮮半島や中国大陸の沿岸で猛威をふるった(e)。1401年、足利義満は明に使者を派遣して国交を開き、勘合貿易を開始した。こうした動き以外にも、室町時代には、朝鮮半島や琉球、蝦夷地との交易もさかんにおこなわれた。

問4　空欄［ d ］に入る語句として正しいものを、次のア～オのうちから一つ選べ。 ［14］

ア．建長寺船　　イ．遣明船　　ウ．亀甲船　　エ．天龍寺船　　オ．奉書船

問5　下線部（e）に関する説明として誤っているものを、次のア～エのうちから一つ選べ。 ［15］

ア．倭寇とは、13～16世紀という長い期間にわたって活動した海賊集団の総称である。

イ．倭寇という呼称は、朝鮮半島や中国大陸における呼び名である。

ウ．倭寇の主体は、対馬・壱岐・肥前などの日本の住民に限られていた。

エ．1419年、倭寇の本拠地と考えられていた対馬が朝鮮軍によって襲撃された。

C．16世紀後半に全国統一を目指した織田信長は、ヨーロッパの文化を伝えたキリスト教に好意的な態度をとり、南蛮貿易にも関心を寄せた。その統一事業を引き継いだ豊臣秀吉は、当初はキリスト教の布教を認めていたが、やがてこれを危険視し、禁圧の姿勢に転じた(f)。また当時の東アジア情勢の変化の中で、日本を中心とした新たな秩序形成をもくろみ、種々の外交政策をおこなった。その最大のものは、文禄の役・慶長の役（朝鮮では壬辰・丁酉倭乱とよばれた）と称される朝鮮侵略(g)であった。その後に成立した江戸幕府は、成立当初は海外貿易を積極的に推進した(h)が、やがてこれに強い制限を加える姿勢に転じた。これにより日本はいわゆる鎖国の状態に入ることになった。

問６　下線部（f）に関する説明①～④について、正しいものの組み合わせを、次のア～エのうちから一つ選べ。　16

①織田信長は、京都や博多の地に南蛮寺（教会）や学校を建立することを許した。

②織田信長が親交のあった宣教師ルイス＝フロイスは、ポルトガル人であった。

③豊臣秀吉は、フランシスコ会の宣教師や日本人信徒ら26名を捕え処刑した。

④豊臣秀吉は、バテレン（宣教師）追放令を出し、キリスト教の禁制を徹底した。

ア．①と②　　イ．②と③　　ウ．③と④　　エ．①と④

問７　下線部（g）に関する説明として正しいものを、次のア～エのうちから一つ選べ。　17

ア．対馬の大村氏を介し、入貢と明への出兵に際しての先導を要求したが拒絶された。

イ．侵略軍は、当初、精錬された弓や槍の威力により、まもなく漢城·平壌に至った。

ウ．李成桂が率いる朝鮮水軍は、日本の侵略軍の攻撃をよく防ぎ、休戦に導いた。

エ．膨大な費用と兵力の浪費をもたらしたこの侵略は、豊臣政権衰退の原因となった。

問８　下線部（h）に関連する語句として誤っているものを、次のア～オのうちから一つ選べ。　18

ア．天正遣欧使節　イ．朱印船　ウ．山田長政　エ．三浦按針　オ．糸割符制度

3 次の史料A・Bを読み、問1～6に答えよ。 19 ～ 24

A．乃ち共に一女子を立てて王と為す。名を卑弥呼と曰ふ。鬼道に事へ、能く衆を惑はす。年已に長大なるも、夫壻なし。男弟あり、佐けて国を治む。王となりしより以来、見るある者少なく、婢千人を以て自ら侍せしむ。ただ男子一人あり、飲食を給し、辞を伝へ居処に出入す。宮室・楼観・城柵、厳かに設け、常に人あり、兵を持して守衛す。……

景初二年六月、倭の女王、大夫難升米等を遣し郡に詣り、天子に詣りて朝献せんことを求む。……その年十二月、詔書して倭の女王に報じて曰く、「……今汝を以て［ a ］と為し、金印紫綬を仮し、装封して帯方の太守に付し仮授せしむ……」と。……

その（正始）八年(247)、……倭の女王卑弥呼、［ b ］の男王卑弥弓呼と素より和せず。倭の載斯烏越等を遣して郡に詣り、相攻撃する状を説く。

（「魏志」倭人伝、原漢文）

注）景初二年：景初三年（239）の誤り　太守：長官のこと

問1　史料Aの内容として誤っているものを、次のア～エのうちから一つ選べ。 19

ア．卑弥呼という女王は、呪術によって人びとを支配した。

イ．卑弥呼に夫はなく、その弟が政治を補佐して（邪馬台）国を治めた。

ウ．卑弥呼には千人の婢が飲食を給仕し、その居所へ出入りした。

エ．卑弥呼は使いを送り、（魏の）天子に朝貢したいと願い出た。

問2　史料Aの空欄［ a ］・［ b ］に入る語句として正しいものの組み合わせを、次のア～エのうちから一つ選べ。 20

ア．a：親魏倭王　b：狗奴国　　イ．a：漢委奴国王　b：狗奴国

ウ．a：親魏倭王　b：楽浪郡　　エ．a：漢委奴国王　b：楽浪郡

問3　邪馬台国の所在地をめぐっては、大きく近畿説と九州説にわかれるが、それに関する説明として正しいものを、次のア～エのうちから一つ選べ。 21

ア．近畿説では、邪馬台国は比較的小範囲の地域政権であったとされる。

イ．九州説では、邪馬台国は西日本の広域におよぶ政治連合を形成していたとされる。

ウ．いずれの説も、邪馬台国とのちのヤマト政権とはまったく別であると考えられる。

エ．邪馬台国とヤマト政権との関係は、いずれの説かによって考え方が大きく異なる。

B．さて、日本のちから(カ)を益(ます)には、蝦夷の金山を開(ひ)らき、並(ならび)にその出産物を多くするにしくはなし。ゑぞ(蝦夷)の金山を開く事、昔より山師(やまし)どもの云(いい)ふらす所なるが、入用(いりよう)と出高(でだか)と相当せず、これによりすたれ(廢)有る所なり。然(しか)るに、前にいふ所の「ヲロシヤ」と交易の事おこらば、この力を以(もっ)て開発有度(ありたき)事なり。この開発と交易のちからをかりて、ゑぞ一国を伏従せしめば、金・銀・銅にかぎらず、一切の産物、皆我(わが)国の用をたすくべし。右交易の場所、あながちゑぞ地にもかぎるまじ。長崎をはじめ惣じて要害よき湊に引受てよろしき事なり。

右に申す通り、日本の力を益事、蝦夷にしく事なし。又このままにすておきて、「カムサスカ」のもの共ゑぞ地と一所になれば、蝦夷も「ヲロシヤ」の下知に附従(つきしたが)ふゆへ、もはや我国の支配はうけ(受)まじ。　（『赤蝦夷風説考』）

注）ヲロシヤ：ロシア帝国　カムサスカ：カムチャツカ半島（当時はロシア帝国領）

問4　史料Bを著した人物は誰か、次のア～オのうちから一つ選べ。　22

ア．間宮林蔵　イ．工藤平助　ウ．安藤昌益　エ．大原幽学　オ．伊能忠敬

問5　史料Bの内容として誤っているものを、次のア～エのうちから一つ選べ。　23

ア．日本の国力を増強するためには、蝦夷の金山を開発し、資源の産出を多くすることが一番である。

イ．ロシアと貿易をおこなうとともに、ロシア側に金山の開発をもさせて、蝦夷を征服すれば、金・銀・銅に限らず、すべての生産物がわが国の役に立つだろう。

ウ．貿易の場所は蝦夷に限定せずとも、長崎など防衛の備えがあるところでおこなえばよい。

エ．今のままで放置して、カムチャツカの人びとと蝦夷の人びとが一緒になれば、蝦夷もロシアに従って、日本の支配を受けなくなるだろう。

問6　史料Bが著された18世紀後半の出来事として誤っているものを、次のア～エのうちから一つ選べ。　24

ア．浅間山の噴火や、東北地方を中心にした大飢饉がおこった。

イ．印旛沼・手賀沼の大規模干拓工事が始められるなど、新田開発が試みられた。

ウ．幕府財政再建と対外防備の強化のため、上知令が出された。

エ．杉田玄白らが西洋医学の解剖書『解体新書』を訳述した。

4 次の文A～Cの空欄[25]～[39]に入る適切な語を、それぞれの語群ア～コのうちから選べ。 [25]～[39]

A．近代的な学問は、明治初期に日本から留学した人びとからの紹介や、欧米からまねいた学者に学ぶ形で本格的に始まり、やがて日本人自身の手で各分野の専門研究・教育ができるようになった。経済学では、自由貿易を主張する[25]の経済学が導入され、ついでドイツの保護貿易論などが主流となった。法律学では、初めフランスから[26]がまねかれて法典の編纂にあたったが、[27]をきっかけにドイツ法学が支配的となった。自然科学の分野では、医学では北里柴三郎が細菌学を研究し[28]を発見し、地震学では[29]による地震計の考案などがなされた。

〈語群〉 ア．アメリカ イ．イギリス ウ．ボアソナード
エ．ロエスレル オ．民法典論争 カ．天皇機関説問題
キ．ペスト菌 ク．赤痢菌 ケ．大森房吉
コ．志賀潔

B．大正期には、[30]の風潮のもと多様な学問や芸術が発達した。欧米諸国のさまざまな思想や文学が紹介され『東洋経済新報』などで急進的自由主義が主張される一方、[31]が知識人に大きな影響を与えた。なかでも[32]の『貧乏物語』は広範な読者を獲得した。自然科学の分野では、第一次大戦期に染料・薬品などの輸入が途絶えたため、この分野での独自の研究が始まり、1917年には[33]が設立された。また[34]による黄熱病の研究など、すぐれた業績が生まれた。

〈語群〉 ア．大正デモクラシー イ．ロマン主義 ウ．マルクス主義
エ．無政府主義 オ．河上肇 カ．小林多喜二
キ．理化学研究所 ク．日本赤十字社 ケ．木村栄
コ．野口英世

C．敗戦後、天皇制に関するタブーがとかれ、人文・社会科学各分野の研究に新分野が開かれ、[35]の発掘など考古学研究もさかんになった。また西欧近代との比較により日本の後進性を批判する[36]の政治学などが学生・知識人に大きな影響をおよぼした。自然科学の分野では、理論物理学者の[37]が1949年に日本人初のノーベル賞を受賞した。また同年、あらゆる分野の科学者を代表する機関として[38]が設立された。1950年には、前年の法隆寺金堂壁画の焼損をきっかけとして[39]が制定された。

〈語群〉 ア．大森貝塚 イ．岩宿遺跡 ウ．大塚久雄
エ．丸山真男 オ．湯川秀樹 カ．長岡半太郎
キ．文化庁 ク．日本学術会議 ケ．古社寺保存法
コ．文化財保護法

世界史

(60分)

1 次の文章を読み、下記の問1～8に答えよ。 [1]～[8]

前4世紀にマケドニアのアレクサンドロス大王(A)が西北インドまで進出し、インドの各地にギリシア系の政権が誕生した。こうしたアレクサンドロス大王進出後の混乱を収め、インドの最初の統一王朝となったのはチャンドラグプタ王が創始者となったマウリヤ朝であり、その最盛期の王はアショーカ王であった。彼は広大な帝国を統治する理念としてダルマ（法、社会倫理）を重視し、ガウタマ＝シッダールタを開祖として伝えられていた仏教の経典の結集（編纂）を行った。しかしアショーカ王の死後にマウリヤ朝は衰退し、やがて紀元後1世紀にクシャーン人（クシャーナ族）がインダス川流域に入ってクシャーナ朝をたてた。

2世紀のクシャーナ朝のカニシカ王(B)は、中央アジアからガンジス川中流域までを支配下においた。マウリヤ朝のアショーカ王が重んじた仏教については、クシャーナ朝では、ヘレニズム文化(C)の影響を受けて、ガンダーラ地方(D)で仏像が作られるようになった。

4世紀になるとグプタ朝がおこり、グプタ朝の最盛期(E)には北インド全域が支配下におかれた。この時代には仏教やジャイナ教が盛んになり、東晋からの僧(F)がインドに来た。また多神教のヒンドゥー教(G)が社会に定着した。『マヌ法典』、『マハーバーラタ』、『ラーマーヤナ』が取りまとめられ、『シャクンタラー』が著された。(H)天文学や数学が発達してゼロの概念が生み出されたのもこの時代である。

7世紀のヴァルダナ朝時代には唐からの僧(I)がインドに入った。彼は後に中央アジアやインドでの経験を『大唐西域記』としてまとめた。

問1　下線部Aに関する説明として誤っているものを、次のア～エのうちから一つ選べ。 [1]

ア．エジプトを征服した。

イ．カイロネイアの戦いで勝利した。

ウ．フィリッポス2世の子である。

エ．ペルシアを滅ぼした。

問2　下線部Bに関する説明として適切なものを、次のア～エのうちから一つ選べ。

2

ア．クシャーナ朝最盛期の王であった。

イ．サンスクリット語をはじめて公用語化した。

ウ．菩薩信仰を否定した。

エ．モンゴルとの交易を押し進めた。

問3　下線部Cに関する説明として誤っているものを、次のア～エのうちから一つ選べ。

3

ア．ポリス中心の思想が発達した。

イ．世界市民主義（コスモポリタニズム）の思想が生まれた。

ウ．自然科学が発達した。

エ．ムセイオンが作られた。

問4　下線部Dの「ガンダーラ地方」の仏像と、グプタ朝の時代に成立したとされるグプタ様式の仏像との組み合わせとして適切なものを、次のア～エのうちから一つ選べ。

4

a

b

c

d

ａ～ｄ：ユニフォトプレス提供
著作権の都合上，類似の写真に差し替えています。

ア．ガンダーラ地方の仏像：ａ　　グプタ朝における仏像：ｃ
イ．ガンダーラ地方の仏像：ｂ　　グプタ朝における仏像：ｄ
ウ．ガンダーラ地方の仏像：ｃ　　グプタ朝における仏像：ａ
エ．ガンダーラ地方の仏像：ｄ　　グプタ朝における仏像：ｂ

問５　下線部Ｅの王として適切なものを、次のア～エのうちから一つ選べ。　5

ア．アイバク　　イ．アクバル　　ウ．チャンドラグプタ２世　　エ．ハルシャ王

問６　下線部Ｆと下線部Ｉの人物の組み合わせとして適切なものを、次のア～エのうちから一つ選べ。　6

ア．Ｆ：法顕　　Ｉ：玄奘
イ．Ｆ：鳩摩羅什　　Ｉ：法顕
ウ．Ｆ：玄奘　　Ｉ：鳩摩羅什
エ．Ｆ：鳩摩羅什　　Ｉ：玄奘

問７　下線部Ｇの神として適切なものを、次のア～エのうちから一つ選べ。　7

ア．アトン　　イ．シヴァ　　ウ．ゾロアスター　　エ．ヤハウェ（ヤーヴェ）

問８　下線部Ｈに関する説明として誤っているものを、次のア～エのうちから一つ選べ。　8

ア．『シャクンタラー』はカーリダーサによって著された。
イ．『シャクンタラー』と『マハーバーラタ』は二大叙事詩と呼ばれる。

ウ.『マヌ法典』では、ヴァルナごとの義務や生活規範が規定されている。

エ.『ラーマーヤナ』は王子ラーマの冒険を描いた物語である。

2 次の文章を読み、下記の問1～7に答えよ。　[9]～[17]

ルネサンスは14世紀のイタリアにはじまり(A)、その後16世紀にかけて、一種の文化運動としてヨーロッパ各地においてさまざまな分野の発達と活性化をもたらした。

文芸の分野では、14世紀にペトラルカがイタリア語で『叙情詩集』を著し、[あ]は『デカメロン』において世俗的な人間の姿を描いた。イギリスではチョーサーが『カンタベリ物語』を書き、シェークスピア(B)は戯曲をはじめとして数多くの文芸作品を残した。フランスではモンテーニュが古典の教養を背景としながら人間を観察した『エセー』(『随想録』)を著した。ネーデルラント出身の[い]は『愚神礼賛』において教会や聖職者らの堕落を風刺した。

建築では、古代ローマ建築の要素を取り入れて、ブルネレスキがサンタ=マリア大聖堂(花の聖母マリア大聖堂)のドームを設計し、ブラマンテらはサン=ピエトロ大聖堂(C)の設計にかかわった。

中世においてはもっぱら教会の装飾品であった絵画や彫刻は、ルネサンス期には芸術作品としての独自の意味をもつこととなった。ルネサンス絵画の先駆者は「聖フランチェスコの生涯」で知られるジョットである。ミケランジェロ(D)はシスティナ礼拝堂に「最後の審判」を描き、すぐれた彫刻作品も残した。またブリューゲルは民衆の生活を巧みに描いた。

ルネサンス期には科学の新しい考え方も生まれた。16世紀前半には、[う]人のコペルニクスが地動説をとり、天動説をとっていたローマ=カトリック教会(E)とは異なった見解をとることとなった。同じころ、ドイツではマルティン=ルター(F)がカトリック教会を批判した。

問1　空欄[あ]～[う]に入る語として適切なものを、次のア～エのうちから一つずつ選べ。

あ　ア. セルバンテス　イ. ダンテ　ウ. ディドロ　エ. ボッカチオ　[9]

い　ア. エラスムス　イ. ツヴィングリ　ウ. デカルト　エ. デューイ　[10]

う　ア. イタリア　イ. スイス　ウ. フランス　エ. ポーランド　[11]

問2　下線部Aに関して、ルネサンスがイタリアではじまった理由として適切なものを、次のア～エのうちから一つ選べ。　[12]

ア．改良された活版印刷術の実用化に最初に成功していたから。

イ．古代ローマの遺跡や美術品が各地に残っていたから。

ウ．富裕な商人たちが鉄砲や大砲などの火器を積極的に輸出していたから。

エ．ローマ＝カトリック教会の改革がローマを中心にはじまっていたから。

問3　下線部Bの文芸作品として適切なものを、次のア～エのうちから一つ選べ。　13

ア．『君主論』

イ．『ドン＝キホーテ』

ウ．『ハムレット』

エ．『ユートピア』

問4　下線部Cを建築する際の資金調達のために贖宥状（免罪符）を発売した、メディチ家出身の教皇の名を、次のア～エのうちから一つ選べ。　14

ア．ウィリアム3世　イ．カール5世　ウ．フェリペ2世　エ．レオ10世

問5　下線部Dの彫刻作品として適切なものを、次のア～エのうちから一つ選べ。　15

ア

イ

ウ

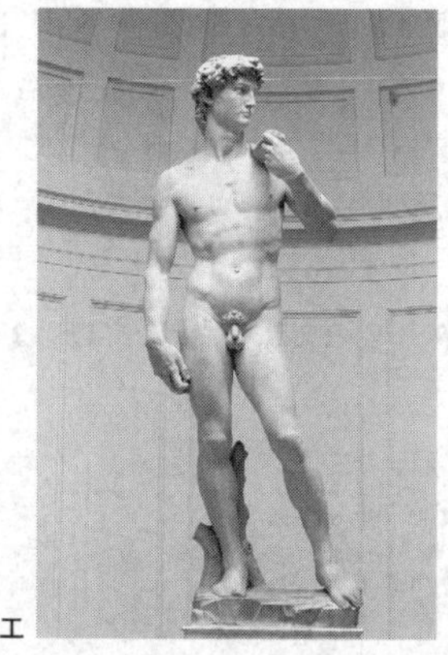
エ

問6　下線部Eに関する説明として誤っているものを、次のア～エのうちから一つ選べ。 16

ア．教皇の権威はインノケンティウス3世のときに絶頂に達した。

イ．教皇を頂点としたピラミッド型の階層制組織である。

ウ．世俗を離れた修行の場として修道院をそなえていた。

エ．レオン3世とのあいだで叙任権闘争が生じた。

問7　下線部Fに関する説明として誤っているものを、次のア～エのうちから一つ選べ。 17

ア．キリストの福音を信じることによってのみ魂の救いが得られるとした。

イ．皇帝からヴォルムスの帝国議会に召喚された。

ウ．『新約聖書』のドイツ語訳を完成した。

エ．ドイツ農民戦争を指導し続けた。

3　次の文章を読み、下記の問1～8に答えよ。　18 ～ 25

中国では、清の支配のもと、領土は広がり(A)、人口も増加したが、耕地の不足や環境破壊のため社会不安も高まり、18世紀末には四川を中心に［　あ　］が起こった。

一方、18世紀後半にはヨーロッパ諸国が積極的に東アジアに進出するようになるが、中でもイギリスは清にとってヨーロッパ最大の貿易国となっていた。当時のイギリスでは中国茶の需要が高まっており、輸入が増加した結果、清との貿易は輸入超過となり、大量の銀が流出することになる。こうした状況を打開するため、イギリスは植民地のインドからアヘンを清に密輸し、イギリスの綿織物をインドへ輸出するという三角貿易をはじめた。その結果、清ではアヘンを吸引する習慣が広がり、従来とは逆に大量の銀が流出したことにより、経済状況を悪化させることになる。清は1839年に広州に［　い　］を派遣し、取り締まりにあたらせた。彼はアヘンを没収・廃棄した上で、アヘン貿易を厳禁したが、イギリスは自由貿易の実現を理由として、1840年にアヘン戦争を起こした。

清はこの戦争に敗れ、1842年にはイギリスとの間で南京条約(B)を締結した。さらに翌年には領事裁判権・協定関税制・片務的最恵国待遇を認める不平等条約を結ばされた。その後、同様の内容で〔　a　〕と望厦条約、〔　b　〕と黄埔条約を締結する。

しかしながら、期待したほど貿易の利益が上がらなかったため、イギリスは1856年に起こったアロー号事件を口実に、フランスを誘って共同出兵し、アロー戦争（第2次アヘン戦争）を起こした。英仏両軍は広州占領後、天津に迫り、天津条約を締結したが、その批准書の交換のための英仏の使節の入京を清が阻止したため、再び戦闘となり、北京を占領して北京条約(C)を締結した。

こうした清の苦境に乗じて、東方進出の機会をうかがっていたロシアは、1858年に［　う　］を締結して黒竜江以北をロシア領とし、1860年にアロー戦争の講和を仲介した見返りに北京条約を締結して［　え　］を獲得し、太平洋進出の拠点とした。

問1　下線部Aについて述べた次の文aとbの正誤の組み合わせとして適切なものを、下のア～エのうちから一つ選べ。　18

a. 台湾は藩部として間接統治された。

b. 康熙帝の時代に東トルキスタン全域を支配下に入れ、「新疆」と称した。

ア. a－正　b－正　　イ. a－正　b－誤

ウ. a－誤　b－正　　エ. a－誤　b－誤

問2　空欄［　あ　］に入る語として適切なものを、次のア～エのうちから一つ選べ。 ［19］

ア．黄巾の乱　　イ．太平天国の乱　　ウ．白蓮教徒の乱　　エ．東学の乱

問3　空欄［　い　］に入る語として適切なものを、次のア～エのうちから一つ選べ。 ［20］

ア．袁世凱　　イ．康有為　　ウ．李鴻章　　エ．林則徐

問4　下線部Bにより開港された港の位置を示すものとして適切なものを、次のア～エのうちから一つ選べ。 ［21］

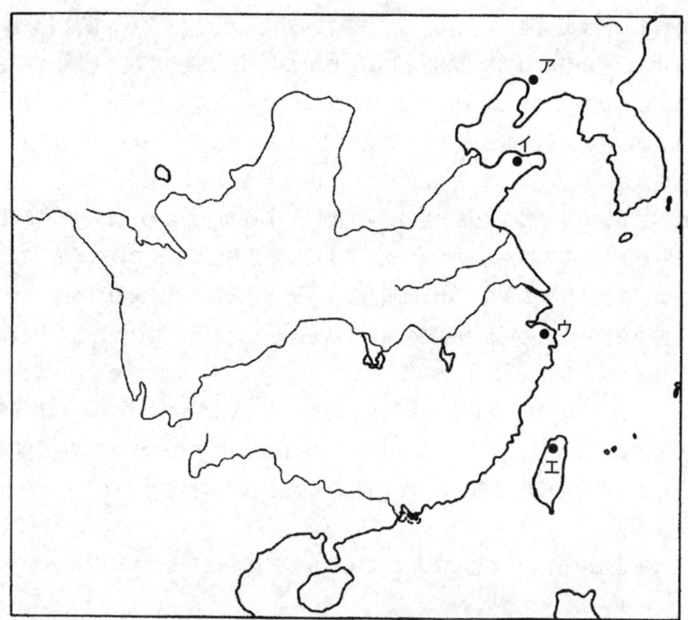

問5　下線部Cについて述べた文として適切なものを、次のア～エのうちから一つ選べ。 ［22］

ア．イギリスに香港島を割譲した。

イ．公行が廃止された。

ウ．キリスト教の布教の自由を認めた。

エ．外国軍隊の北京駐屯を認めた。

問6　空欄〔a〕・〔b〕に入る語の組み合わせとして適切なものを、次のア～カのうちから一つ選べ。 23

ア.〔a〕フランス　〔b〕アメリカ合衆国

イ.〔a〕アメリカ合衆国　〔b〕フランス

ウ.〔a〕アメリカ合衆国　〔b〕ドイツ

エ.〔a〕ドイツ　〔b〕アメリカ合衆国

オ.〔a〕ドイツ　〔b〕フランス

カ.〔a〕フランス　〔b〕ドイツ

問7　空欄 う に入る語として適切なものを、次のア～エのうちから一つ選べ。 24

ア. アイグン条約　イ. イリ条約　ウ. キャフタ条約　エ. ネルチンスク条約

問8　空欄 え に入る語として適切なものを、次のア～エのうちから一つ選べ。 25

ア. 樺太　イ. 沿海州　ウ. 山東半島　エ. 遼東半島

4

次の文章を読み、下記の問1～8に答えよ。 26 ～ 33

産業革命は18世紀のイギリスで最初におこった。イギリスでは商工業の発達にともなって資本が蓄積されており、また重商主義政策のもとでオランダやフランスをおさえて広大な海外市場を獲得していた(A)。他方で農業が発達し、大地主が中小農民の土地などを大農場に集約する運動(B)が議会の承認のもとで推進されたために、土地を失った農民は都市に流入して工業化を支える労働力となった。石炭や鉄などの資源にも恵まれ、17世紀以来、自然科学や技術の進歩もめざましかった。このようにイギリスでは産業革命のさまざまな条件がととのっていた。

イギリスの産業革命は綿工業からはじまった。17世紀末に あ から輸入された綿布が流行すると、イギリスからは支払いのために多額の銀が流出した。そこで輸入製品を国内生産に切り替えることを目的として、綿布生産のための技術革新が求められた。18世紀になり、綿糸から布を織る織布の分野で い が飛び杼を発明すると、綿布の生産量が増えて糸不足になったため、今度は綿花から糸をつむぐ紡績機の発明・改良(C)があいついでなされた。良質の綿糸の大量生産が可能になったことにこたえて、 う が蒸気機関を動力源とする力織機を発明し、これにより綿織物業の機械化が完了した。

綿工業での機械の使用にともなって、機械をつくる機械工業、その原料となる鉄をつくる鉄工業、蒸気機関や溶鉱炉で使う石炭をつくる石炭業など、重工業の部門も飛躍的に発展した。また大量の原料・製品・石炭などを効率的に輸送するため、交通機関の発明・改良(D)がなされて、19世紀には交通・運輸の一大変革である交通革命がおこった。

イギリスにはじまった産業革命はさまざまな影響や結果を国内外にもたらした(E)。産業革命はその後ベルギーやフランスに波及し、さらに19世紀前半にはドイツ諸邦の一部やアメリカ合衆国(F)、19世紀後半にはロシア(G)や日本が続いた。

問1　下線部Aについて述べた文として誤っているものを、次のア～エのうちから一つ選べ。 26

ア. 3回にわたるイギリス＝オランダ（英蘭）戦争はイギリス優勢のうちに終わった。

イ. アンボイナ事件をきっかけに、イギリスはオランダの勢力をインドネシアから締め出した。

ウ. インドではイギリスのクライヴが、フランスと地方政権の連合軍をプラッシーの戦いでうち破った。

エ. イギリスはパリ条約で、フランスからカナダとミシシッピ川以東のルイジアナを獲得した。

問2　下線部Bを表す呼称として適切なものを、次のア～エのうちから一つ選べ。 27

ア. 商業革命

イ. プランテーション

ウ. ラダイト運動

エ. 第2次囲い込み

問3　空欄 あ ～ う に入る語として適切な組み合わせを、次のア～カのうちから一つ選べ。 28

ア. あ－アメリカ大陸　い－ジョン＝ヘイ　う－アークライト

イ. あ－アメリカ大陸　い－ジョン＝ケイ　う－カートライト

ウ. あ－アメリカ大陸　い－ジョン＝ヘイ　う－カートライト

エ. あ－インド　い－ジョン＝ケイ　う－アークライト

オ. あ－インド　い－ジョン＝ヘイ　う－アークライト

カ. あ－インド　い－ジョン＝ケイ　う－カートライト

問4　下線部Cについて述べた文として適切なものを、次のア～エのうちから一つ選べ。
29

ア．ジェンナーが多軸紡績機（ジェニー紡績機）を発明した。

イ．ハーグリーヴズが水力紡績機を発明した。

ウ．クロンプトンがミュール紡績機を発明した。

エ．オーウェンが綿繰り機を発明した。

問5　下線部Dについて述べた文として誤っているものを、次のア～エのうちから一つ選べ。
30

ア．ワットが蒸気機関車を実用化した。

イ．マンチェスター・リヴァプール間に旅客鉄道が開通した。

ウ．イギリス国内の交通網の中心は運河から鉄道へ移った。

エ．フルトンが蒸気船を建造した。

問6　下線部Eについて述べた文として誤っているものを、次のア～エのうちから一つ選べ。
31

ア．イギリスは19世紀には「世界の工場」の地位を獲得した。

イ．産業資本家が労働者を雇って利潤を追求する資本主義体制が確立した。

ウ．労働者は劣悪な環境に置かれ、労働問題・社会問題が発生した。

エ．マルサスは社会主義社会の実現を説き、『共産党宣言』を発表した。

問7　下線部Fについて述べた次の文aとbの正誤の組み合わせとして適切なものを、下のア～エのうちから一つ選べ。
32

a. アメリカ＝メキシコ戦争で工業製品の輸入がとだえ、合衆国国内の工業化が促進された。

b. リンカンが大統領に当選すると、南部諸州は合衆国から離脱してアメリカ連合国を結成し、南北戦争が勃発した。

ア．a－正　b－正　　イ．a－正　b－誤

ウ．a－誤　b－正　　エ．a－誤　b－誤

問8　下線部Gに関連して、ロシアの出来事について述べた次の文a～cが年代の古いものから順に正しく配列されているものを、下のア～カのうちから一つ選べ。
33

a. 皇帝アレクサンドル2世が農奴解放令を発布した。

b. 露仏同盟を結んだ。

c. ロシアがクリミア戦争に敗北した。

ア. a→b→c　イ. a→c→b　ウ. b→a→c
エ. b→c→a　オ. c→a→b　カ. c→b→a

現代社会

（60分）

1 次の文章を読み、下の問い（問1～問9）に答えよ。　[1]～[10]

司法権は、最高裁判所(a)とそれ以外の下級裁判所(b)に属している。また、裁判(c)を誤りのないようにするため、同一事件につき三回まで裁判を受けることができる三審制(d)がとられている。

公正な裁判が行われるためには、司法権の独立(e)が必要である。司法権の独立には、裁判所が他の国家機関(f)から独立していることと、それぞれの裁判官が上級裁判所の裁判官などから影響を受けずに独立して裁判にあたることの、二つが要請されている。これについては、憲法第76条3項で「すべて裁判官は、その良心に従ひ独立してその職権を行ひ、この憲法及び法律にのみ拘束される」と定められている。また、憲法は裁判官の身分を保障しており、心身の故障による職務の遂行不可能、公の弾劾、国民審査によって罷免される以外には、裁判官が罷免されることはない。

裁判所は、一切の法律、命令、規則または処分が憲法に違反していないかを判断する権限(g)をもっている。この権限は、すべての裁判所にあたえられているが、とくに最高裁判所の判断はきわめて大きな意味をもつ。

また、日本では、1999年から司法制度改革が行われ、2009年には、裁判に一般市民の視点や感覚を反映させ、裁判の手続きや判決を容易にすることなどを目的として、裁判員制度(h)が導入された。なお、国民の司法への参加に関しては、検察審査会制度(i)についても同年の改正で権限が強化された。

問1　下線部aに関連する下の問い（1）、（2）に答えよ。

（1）最高裁判所に関する記述として適当でないものを、次のア～エのうちから一つ選べ。　[1]

ア．最高裁判所は、長官1名とその他の裁判官14名の合計15名で構成される。

イ．最高裁判所は、民事事件、刑事事件、行政事件のすべてを扱う。

ウ．最高裁判所の出した判決（最高裁判例）は、その後の裁判で尊重される。

エ．最高裁判所のなかに特別裁判所を設置することができる。

（2）最高裁判所の裁判官に対して行われる国民審査に関する記述として適当でないものを、次のア～エのうちから一つ選べ。　2

ア．有権者のなかから抽選で選ばれた人のみ国民審査の投票をする。

イ．国民審査用紙には、罷免を求める裁判官にのみ「×」を書く。

ウ．国民審査は、裁判官任命後初の衆議院議員総選挙時と、その後10年が経過した後に初めて行われる衆議院議員総選挙時に実施される。

エ．これまで、国民審査によって裁判官が罷免された例はない。

問2　下線部bに含まれないものを、次のア～エのうちから一つ選べ。　3

ア．簡易裁判所

イ．高等裁判所

ウ．行政裁判所

エ．家庭裁判所

問3　下線部cに関連する記述として適当でないものを、次のア～エのうちから一つ選べ。　4

ア．適正に行われているかを国民が見守るため、原則として裁判は公開される。

イ．裁判官の身の安全を守るため、刑事裁判についてはすべて非公開で行われる。

ウ．法廷で行われる裁判の手続は、原則として誰でも傍聴することができる。

エ．法廷では、裁判所が許可した場合を除き、録音や写真撮影は禁止されている。

問4　下線部dに関連する記述として最も適当なものを、次のア～エのうちから一つ選べ。　5

ア．十分な審理を経て判決が下されるので、確定した判決に対する再審はいかなる理由があっても認められない。

イ．第一審の判決に納得できないときは、上級の裁判所に上訴することができる。

ウ．裁判の種類にかかわらず、法廷には必ず弁護士、検察官、裁判官の三者が同席する。

エ．最終的な判決は最高裁判所が下すので、下級裁判所は判決を下す前に最高裁判所の意見を聞かなければならない。

問5　下線部eに関連する下の記述の空欄　A　と　B　に入る用語の組み合わせとして最も適当なものを、次のア～エのうちから一つ選べ。　6

1891年にロシア皇太子が襲撃された[A]は、当時の大審院長であった[B]が、政府の干渉を排除し司法権の独立を守った出来事として知られている。

ア．A　大津事件　B　高橋是清

イ．A　大津事件　B　児島惟謙

ウ．A　東京事件　B　高橋是清

エ．A　東京事件　B　児島惟謙

問6　下線部fに関連する記述として適当でないものを、次のア～エのうちから一つ選べ。[7]

ア．内閣は、最高裁判所の指名した者の名簿にもとづいて、下級裁判所の裁判官を任命する。

イ．国会は、罷免の訴追を受けた裁判官を裁判するため、弾劾裁判所を設ける。

ウ．内閣は、政令を定めるにあたって、憲法審査会の審査を受ける必要がある。

エ．国会は、衆議院および参議院それぞれの総議員の三分の二以上の賛成で憲法改正を発議することができる。

問7　下線部gに関連する記述として適当でないものを、次のア～エのうちから一つ選べ。[8]

ア．国民の基本的人権を立法府や行政府による侵害から守るために、裁判所がもつ重要な権限である。

イ．この権限のことを違憲立法（法令）審査権とよぶ。

ウ．最高裁判所はこの権限を有する終審裁判所であることから、「憲法の番人」ともよばれる。

エ．権限は認められているものの、これまで最高裁判所で違憲判決が出されたことはない。

問8　下線部hの説明として最も適当なものを、次のア～エのうちから一つ選べ。[9]

ア．裁判員は、重大犯罪に対する刑事裁判の第一審のみに参加する。

イ．裁判員は、行政裁判の第一審のみに参加する。

ウ．裁判員は、有罪か無罪かを判断するのみで、量刑については裁判官が判断する。

エ．裁判員は、ロースクール（法科大学院）を修了した有権者のなかから抽選で選ばれる。

問9　下線部iの説明として適当でないものを、次のア〜エのうちから一つ選べ。

10

ア．検察審査会は、検察官の不起訴処分が適当であったかどうかを審査する。

イ．検察審査会は、検察官の不正行為について審査する。

ウ．検察審査会の審査員は、有権者のなかから抽選で選ばれる。

エ．検察審査会が二度、起訴相当と議決した場合には強制的に起訴される。

2　次の文章を読み、下の問い（問1〜問9）に答えよ。　11 〜 20

企業の分け方には複数あるが、資本金や従業員数などの規模によって大企業と中小企業(a)にも分けられる。企業の事業所数をみると、日本ではほとんどが中小企業(b)である。従来より日本のものづくりの強みは中小企業にあるといわれ、良い製品を作るための良質な部品を供給するなど、不可欠な役割を果たしてきた。自動車や機械製品における日本企業躍進のもととなってきたのである。製造業にかぎらず、商店街などの小さな商店も中小企業である。つまり、中小企業は、大企業との取引関係(c)で部品生産を請け負ったり、サービス、建築、流通などあらゆる事業を行っている。

中小企業は生産活動をするうえで大企業に比べて資金調達が難しい(d)。銀行からの融資を受けられるものの、収益性や賃金などの面で大企業との間に格差が生じている。これは［A］とよばれ、日本では問題とされてきた。中小企業はとりわけ不況のしわよせを受けやすい。また、グローバル化や環境問題など、国内にとどまらない多様な変化にさらされている。

中小企業はさまざまな問題を抱えてはいるが、その数の多さからも国民経済において重要な役割を担っている。たとえば地域における地場産業(e)が、地域社会の存続や活性化に関わる意義は大きい。小規模小売店の存在が、地域住民の買い物や日々の暮らしの支えとなっていることも無視できない。そして、独自の技術や専門性を活かして新たな市場を開拓(f)しようとする中小企業も少なくない。2006年に会社法が施行され(g)、起業のハードルが低くなった。これにより、ベンチャー企業(h)が注目されるようになった。

問1　下線部aに関連する下の問い（1）、（2）に答えよ。

（1）下の文章の空欄［B］と［C］に入る語句の組み合わせとして最も適当なものを、次のア〜エのうちから一つ選べ。　11

中小企業基本法における製造業の規模の定義では、資本金［ B ］以下、従業員数［ C ］以下のいずれかを満たすものが中小企業とされている。

ア．B 1億円　C 500人

イ．B 1億円　C 300人

ウ．B 2億円　C 500人

エ．B 3億円　C 300人

（2）製造業における大企業と中小企業の関係を説明する記述として適当でないものを、次のア～エのうちから一つ選べ。［12］

ア．不況期に大企業が、中小企業に対して納入する製品の大幅な値下げを求めることはない。

イ．不況期に中小企業は景気変動の調整弁としての役割を担わされる。

ウ．不況期に大企業から中小企業への発注量が減らされる。

エ．中小企業は独自の技術を用いて大企業の製品開発に参画することもある。

問２　下線部ｂに関連する下の図の空欄［ D ］～［ G ］に入る語句の組み合わせとして最も適当なものを、次のア～エのうちから一つ選べ。［13］

図　日本経済における大企業と中小企業の割合（%）

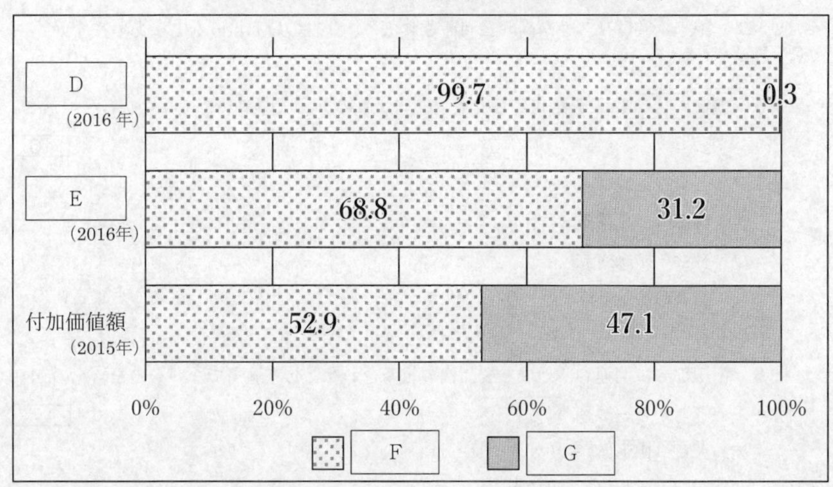

※付加価値額：売上総額から原価を差し引いた額。
企業の事業活動によって生み出された価値を数値化したもの。

2021 年版『中小企業白書』、『小規模企業白書』(中小企業庁)より作成

ア．D製造業出荷額　E企業数　F大企業　G中小企業

イ．D企業数　E従業員数　F大企業　G中小企業

ウ．D企業数　E従業員数　F中小企業　G大企業

エ．D企業数　E製造業出荷額　F中小企業　G大企業

問3　下線部cに関連する記述として最も適当なものを、次のア〜エのうちから一つ選べ。 14

ア．戦前の財閥を引き継ぐ親会社・子会社の強い縦の関係をパートナーという。

イ．大企業と中小企業の水平的な取引を下請け関係という。

ウ．原材料や部品の取引のほかに株式や資金、技術などをめぐる企業間の継続的関係を系列と呼ぶ。

エ．海外との取引を行っている中小企業はまだ見当たらない。

問4　下線部dに関連する記述として適当でないものを、次のア〜エのうちから一つ選べ。 15

ア．製造業の中小企業が倒産した際にもペイオフが発動される。

イ．資金力に乏しいため、大企業に比べて中小企業は資本装備率・設備投資率が低くなりやすい。

ウ．事業の展開には仕入れや給与支払いなどで資金が必要だが、金融機関は大企業への融資を優先する傾向がある。

エ．中小企業はリスクが高いと判断されると、銀行の貸し渋りなどにあいやすい。

問5　空欄 A に入る語句として最も適当なものを、次のア〜エのうちから一つ選べ。 16

ア．経済の逆機能

イ．経済の二重構造

ウ．社会の階級対立

エ．企業の法令遵守

問6　下線部eに関連し、地域と製品例の組み合わせとして適当でないものを、次のア〜エのうちから一つ選べ。 17

ア．天童（山形県）－メガネフレーム

イ．西陣（京都府）－絹織物

ウ．信楽（滋賀県）－陶磁器

エ．今治（愛媛県）－タオルなどの綿製品

問7　下線部fに関連する記述として適当でないものを、次のア～エのうちから一つ選べ。 18

ア. 従来見落とされてきた市場のすき間をねらい、ニッチ産業を興している中小企業もある。

イ. 新たな市場の開拓には原則として行政の承認をうけることが必要である。

ウ. 異なる業種への進出や連携を模索する中小企業もある。

エ. 新たな市場の一つとして、バイオテクノロジーの分野がある。

問8　下線部gに関連し、現在新たに設立できない会社形態として適当なものを、次のア～エのうちから一つ選べ。 19

ア. 株式会社

イ. 合同会社

ウ. 有限会社

エ. 合名会社

問9　下線部hに関連する記述として適当でないものを、次のア～エのうちから一つ選べ。 20

ア. 自立心やチャレンジ精神など、新事業への意欲が推奨される。

イ. 優れた技術力やアイディア、先端産業分野の開発をすすめて、成功している中小企業もある。

ウ. 国境を越えて生産・流通の拠点を形成している企業のことである。

エ. 日本にはいわゆる新興企業向けの資金調達、成長促進を目的とする株式市場がある。

3　次の文章を読み、下の問い（問1～問6）に答えよ。　21 ～ 30

2022年5月、日本は1972年の沖縄本土復帰（沖縄返還）から50年の節目を迎えた。第二次世界大戦後、連合国の占領下に置かれた日本は、1951年9月8日に<u>サンフランシスコ講和（平和）条約</u>(a)に調印した。この条約は1952年4月28日に発効し、この日をもって日本は<u>連合国軍総司令部</u>(b)の占領下から脱却して、<u>国家</u>(c)としての主権を回復し、<u>平和国家として再出発</u>(d)を目指すことになった。しかしながらこの条約の第二章第三条には、①沖縄、②奄美群島、<u>③小笠原諸島</u>(e)をアメリカの施政権下におくことが明記されていた。奄美群島は1953年12月25日に復帰が実現したが、小笠原諸島は1968年6月26日まで、沖縄は1972年5月15日まで時間を要した。1972年は<u>日中共同声明</u>(f)が調印された年でもあり、これにより日中の国交回復も実現した。このように1972年は戦後の日本と国際社会の関わりを考える上で、節目となった年であるといえる。

問1　下線部aに関連する下の問い（1）、（2）に答えよ。

（1）下線部aの条約は、その不十分さから「片面講和」や「単独講和」と言われる。その理由として最も適当なものを、次のア～エのうちから一つ選べ。　21

ア．条約が締結されたサンフランシスコ講和会議で、ソ連が反対し署名しなかった。

イ．朝鮮・台湾・南樺太・千島の放棄が定められていなかった。

ウ．日本が第二次世界大戦で侵攻したインドネシアやミャンマー（ビルマ）などへの戦後処理が定められていなかった。

エ．条約が締結されたサンフランシスコ講和会議で、中国が反対し署名しなかった。

（2）下の資料の空欄［ A ］は、国連創設当時に多数あった未解放の地域に対する施策として取られた統治方法が該当する。空欄［ A ］に入る語句として最も適当なものを、次のア～エのうちから一つ選べ。　22

資料　サンフランシスコ講和条約第二章（領域）第三条

日本国は、北緯二十九度以南の南西諸島（琉球諸島及び大東諸島を含む。）孀婦岩(そうふ)の南の南方諸島（小笠原群島、西之島及び火山列島を含む。）並びに沖の鳥島及び南鳥島を合衆国を唯一の施政権者とする［ A ］制度の下におくこととする国際連合に対する合衆国のいかなる提案にも同意する。このような提案が行われ且つ可決されるまで、合衆国は、領水を含むこれらの諸島の領域及び住民に対して、行政、立法及び司法上の権力の全部及び一部を行使する権利を有するものとする。

ア．直接統治

イ．間接統治

ウ．信託統治

エ．二重統治

問２　下線部ｂに関する記述として適当でないものを、次のア～エのうちから一つ選べ。 23

ア．略称でＧＨＱと呼ばれる。

イ．最高司令官はマッカーサーである。

ウ．第二次世界大戦終結前に設置された。

エ．戦後日本の非軍事化・民主化を遂行した。

問３　下線部ｃに関連する下の問い（１)、(２)、(３）に答えよ。

（１）国家の３要素の組み合わせとして最も適当なものを、次のア～エのうちから一つ選べ。 24

ア．領土・国民・王権

イ．領土・国益・主権

ウ．領域・国民・主権

エ．領域・国益・外交能力

（２）17世紀のヨーロッパにおけるウェストファリア条約（1648年）の締結をきっかけに、国際社会が形成された。この条約に関連する記述として適当でないものを、次のア～エのうちから一つ選べ。 25

ア．17世紀最大の宗教戦争であった三十年戦争（1618～48年）を終結させるための条約である。

イ．西欧諸国はそれぞれ平等に独立した主権を持つことを認めるようになった。

ウ．国家を承認する要件として締結された。

エ．内政に干渉しないことを約束した。

（３）国家間の関係を律する国際法を『戦争と平和の法』(1625年）のなかで提唱し、「国際法の父」と呼ばれた人物を、次のア～エのうちから一つ選べ。 26

ア．リカード

イ．グロティウス

ウ．モンテスキュー

エ．マルクス

問4　下線部dに関連する下の問い（1）、（2）に答えよ。

（1）1956年に発表された「日本外交の三原則」として適当でないものを、次のア～エのうちから一つ選べ。 27

ア. 国連中心主義

イ. 自由主義諸国との協調

ウ. アジアの一員としての立場の堅持

エ. 核の放棄

（2）平和憲法を基盤として経済成長を遂げ、世界でも屈指の経済大国となった日本は、その経済力を生かして1950年代から発展途上国へのさまざまな援助を行っている。その具体的な取り組みとして適当でないものを、次のア～エのうちから一つ選べ。 28

ア. ODA（政府開発援助）の実施

イ. 技術者派遣などの人的な貢献

ウ. 武器の輸出を通じた支援

エ. 青年海外協力隊の派遣

問5　下の図において下線部eを示す場所を、次のア～エのうちから一つ選べ。 29

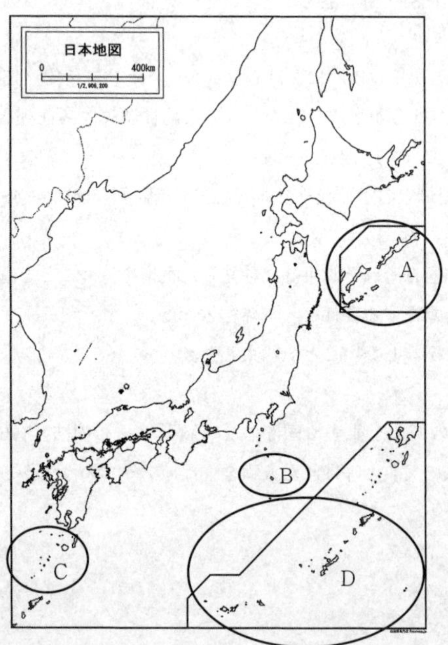

ア. A

イ. B

ウ. C

エ. D

問6　下線部fを受けて1978年に締結された条約を、次のア～エのうちから一つ選べ。 30

ア. 日中安全保障条約

イ. 日中地位協定条約

ウ. 日中基本条約

エ. 日中平和友好条約

4　次の文章を読み、下の問い（問1～問10）に答えよ。 31 ～ 40

私たちの行動は欲求によって引き起こされる。心理学者のマズローによると、もっとも低い次元の欲求は睡眠や食欲などの生理的欲求である。これが満たされると［ A ］の欲求、所属・愛情の欲求、［ B ］の欲求、そしてもっとも高い次元である［ C ］の欲求を追い求めるようになる。このような見方を［ D ］という。

青年期(a)は、自らの生き方を試行錯誤する(b)時期であるが、やりたいことを辛抱しなければいけなかったり、欲求が満たされなかったりして、精神的に不安定な状態(c)になることもある。オーストリアの精神分析学者フロイトは、そのような状態の人間には自己を無意識に防ぎ守ろうとする心の自動的な働き（防衛機制・防衛反応）(d)があることを指摘した。

また、青年期の発達課題(e)の一つとしてアイデンティティの確立があげられる。アイデンティティとは、自己の存在証明や、自分と他人とを区別する「自分らしさ」のことである。青年期は自我のめざめによって自分らしさを求める気持ちが強くなる。一方で、自分らしさをなかなか見出せず不安を感じたり、逆に自意識のみが過剰となったりしてアイデンティティを見失うこともある。

このように青年期は、悩みや課題を抱えることが多いが、ボランティア(f)やインターンシップ、就職などさまざまな活動への参画を通して社会の一員になっていく時期でもある。しかし、男性に比べ女性は、仕事と家庭の両立に悩み、出産・育児・介護のために職業から離れることが多い(g)。この背景には、社会的・文化的に作られた性差であるジェンダー(h)の存在がある。

問1　空欄 A ～ C に入る用語の組み合わせとして最も適当なものを、次のア～エのうちから一つ選べ。 31

ア. A 安全　B 承認・自尊心　C 自己実現

イ. A 承認・自尊心　B 自己実現　C 安全

ウ. A 自己実現　B 安全　C 承認・自尊心

エ. A 安全　B 自己実現　C 承認・自尊心

問2　空欄 D に入る用語として最も適当なものを、次のア～エのうちから一つ選べ。 32

ア. 欲求充足説

イ. 欲求階層説

ウ. 欲求希求説

エ. 欲求階段説

問3　下線部aに関連する記述として最も適当なものを、次のア～エのうちから一つ選べ。 33

ア. ルソーは、青年期について頼りにしていた保護者や大人の監視からの自立をのぞむようになる心理的離乳の時期であると述べた。

イ. 小此木啓吾は、自立を回避し、短絡的な欲望の充足を求め、私生活へのこだわりをみせる青年期の心理的特徴を個性と呼んだ。

ウ. レヴィンは、青年期は子どもと大人の時期にはさまれたどちらにも属さない中間的なものであるとし、青年のことをマージナル・マン（境界人）と呼んだ。

エ. ホリングワースは、著書『エミール』のなかで青年期の特徴を第二の誕生と表現し、自立して一人前になる新しい誕生の時期であると述べた。

問4　下線部bに関連し、人間としてのあり方や生き方を考えた哲学者についての記述として最も適当なものを、次のア～エのうちから一つ選べ。 34

ア. ソクラテスは、自分の無知を自覚して、真理を探究し続けるものこそが本当に知恵のあるものだと考えた。

イ. アリストテレスは、人間の魂は理性・気概・欲望から成り立っており、理性が支配する正しい魂を持った哲人が理想の政治を追求する哲人政治がふさわしいと説いた。

ウ. プラトンは、人間は社会的動物であると考え、都市国家で生きる人間が必要とする徳として、正義と友愛を重んじた。

エ．パスカルは、すべてを疑って、なおかつ疑いえない確実な真理として考える自己を発見した。

問5　下線部ｃを示す用語として最も適当なものを、次のア～エのうちから一つ選べ。 35

ア．フラストレーション
イ．コンフリクト
ウ．パーソナリティ
エ．アパシー

問6　下線部ｄに関連する記述として最も適当なものを、次のア～エのうちから一つ選べ。 36

ア．反動形成とは、困難な問題にぶつかったとき、その事態に直面することを避けて、空想のなかなどに逃げ込むことである。
イ．同一視とは、ある欲求を別の類似した欲求によって満たそうとすることである。
ウ．合理化とは、他のものを自分のなかに取り入れ、それと同じように行動し、考え、感じることである。
エ．昇華とは、満たされない欲求を、さらに他に価値のある社会的に認められた行為に向けることで解決を図ることである。

問7　下線部ｅに関連する記述として最も適当なものを、次のア～エのうちから一つ選べ。 37

ア．個人が自己の中にある可能性を信じて、発達課題を解決しながら人格を完成させていくことを第二次性徴という。
イ．ハヴィガーストは、青年期の発達課題として、社会的役割の遂行や成熟した人間関係の認識、情緒的自立、経済的独立などをあげた。
ウ．発達課題を抱えて自立できない未熟な心理状態のことをモラトリアムという。
エ．エリクソンは、発達課題を抱える青年は成人式などいくつかの通過儀礼を経て大人になると述べた。

問8　下線部ｆに関連する記述として最も適当なものを、次のア～エのうちから一つ選べ。 38

ア．日本国民は、1年に1度必ずボランティア活動に参加しなければならないと特定非営利活動促進法において定められている。

イ．1995年の阪神・淡路大震災発生時までは、日本においてボランティア活動は行われていなかった。

ウ．ボランティア活動を行うNPO法人は、個人や企業・団体からの寄付を受け取ることができる。

エ．企業によるボランティア活動や社会貢献活動は、ディスクロージャーと呼ばれている。

問9　下線部gに関連する下の図の説明として適当でないものを、次のア～エのうちから一つ選べ。　39

図　女性の年齢階級別労働力率（M字カーブ）の推移

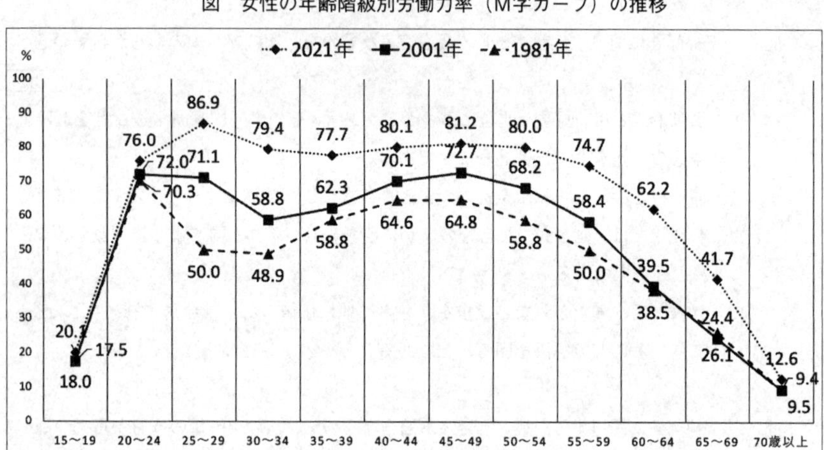

総務省「労働力調査（基本集計）」より作成

ア．2001年から2021年の労働力率の上昇率は、25～29歳では22.2%、30～34歳では35.0%である。

イ．1981年と比較して、2021年に最も労働力率が上昇した年齢は25～29歳で、36.9ポイント上昇している。

ウ．1981年は25～29歳の50.0%および30～34歳の48.9%を底とするM字カーブを描いていたが、2021年では25～29歳が86.9%、30～34歳が79.4%と上昇しており、その形はM字から台形に近づきつつある。

エ．いずれの年も、子育てがひと段落すると考えられる45～49歳の労働力率が最も高くなっている。

問10　下線部hに関連する記述として適当でないものを、次のア～エのうちから一つ選べ。　40

ア．日本では、男女共同参画社会を形成するため、職場や議会での女性比率に一定の数値目標を定めたり、一定期間内に機会均等と結果の平等が実現するように取り組んだりすることをポジティブ・アクションという。

イ．1979年の国連総会において、人類の発展と真の平和を実現するためには男女平等が不可欠であるとし、女性差別や性役割の克服をかかげた女子（女性）差別撤廃条約が採択された。

ウ．職場での地位を利用して性的関係を強要したり、性的言動などで職場環境を不快にしたりして人権を侵害することをセクシュアル・ハラスメントというが、女性から男性への性的嫌がらせはこれに含まない。

エ．女性労働者の健康の保護や、雇用における男女の機会均等と待遇の平等をはかるために、1986年に男女雇用機会均等法が施行された。

数学

（60分）

注意事項

① 同一の問題文中に、[ア]、[イウ] などが2度以上現れる場合、原則として、2度目以降は、[ア]、[イウ] のように細字で表記します。

② 分数の形で解答する場合、分数の符号は分子につけ、分母につけてはいけません。

例えば、$\dfrac{\boxed{エオ}}{\boxed{カ}}$ に $-\dfrac{4}{5}$ と答えたいときは、

$\dfrac{-4}{5}$ として答えなさい。

また、それ以上約分できない形で答えなさい。

例えば、$\dfrac{3}{4}$ と答えるところを、$\dfrac{6}{8}$ のように答えてはいけません。

③ 根号を含む形で解答する場合、根号の中に現れる自然数が最小となる形で答えなさい。

例えば、$\boxed{キ}\sqrt{\boxed{ク}}$ に $4\sqrt{2}$ と答えるところを、$2\sqrt{8}$ と答えてはいけません。

④ 比の形で解答する場合、それ以上簡単にできない形で答えなさい。

例えば、[ケ]：[コ] に 1：2 と答えるところを、2：4 のように答えてはいけません。

1 以下の空欄部に当てはまる符号または数字を選択せよ。

(1) 5進法で表された次の計算の答えを5進法で表すと アイウエ $_{(5)}$ である。

$324_{(5)}+1043_{(5)}$

(2) $\dfrac{1}{\sqrt{2}-1}$ の整数部分を a，小数部分を b とすると，

$a^3+a^2b-ab^2-b^3=$ オ $+$ カ $\sqrt{\text{キ}}$ である。

(3) 連立不等式 $\begin{cases} x^2 \geqq 3x \\ x^2-4x-9 \leqq 0 \end{cases}$ を解くと，

ク $-\sqrt{\text{ケコ}} \leqq x \leqq$ サ ， シ $\leqq x \leqq$ ス $+\sqrt{\text{セソ}}$ であり，この連立不等式を満たす整数 x は タ 個ある。

(4) 100以下の自然数のうち，4，5，6の倍数の集合をそれぞれ X，Y，Z とするとき，集合 $X \cup Y \cup Z$ の要素の個数は チツ 個である。また，集合 $(X \cap Y) \cup Z$ の要素の個数は テト 個である。

(5) 実数 x，y，z について，$x^2+y^2+z^2=0$ であることは $x+y+z=0$ であるための ナ 。

空欄 ナ に当てはまるものを，次の**1**～**4**のうちから一つ選べ。

1　必要十分条件である
2　十分条件であるが，必要条件でない
3　必要条件であるが，十分条件でない
4　十分条件でも必要条件でもない

2　a を実数の定数とする。x の関数 $f(x)=(x^2-2x)^2-2a(x^2-2x)+a+1$ について，x が $-2\leqq x\leqq 2$ の範囲で変化するとき，以下の空欄部に当てはまる符号または数字を選択せよ。

(1)　$t=x^2-2x$ とおくとき，t のとりうる値の範囲は $\boxed{\text{アイ}}\leqq t\leqq\boxed{\text{ウ}}$ である。

(2)　$f(x)$ の最小値を $m(a)$ とする。$m(a)$ を求めると，

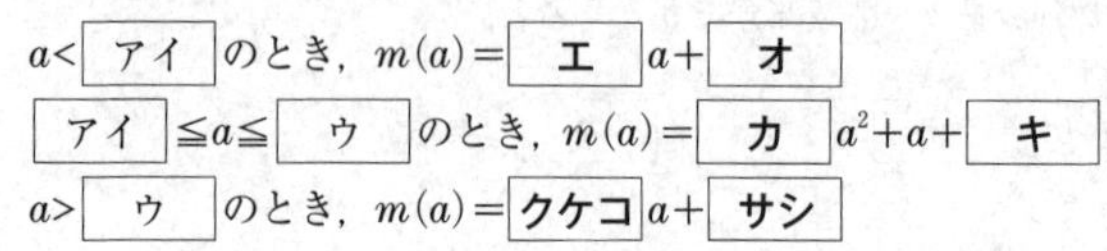

$a<\boxed{\text{アイ}}$ のとき，$m(a)=\boxed{\text{エ}}a+\boxed{\text{オ}}$

$\boxed{\text{アイ}}\leqq a\leqq\boxed{\text{ウ}}$ のとき，$m(a)=\boxed{\text{カ}}a^2+a+\boxed{\text{キ}}$

$a>\boxed{\text{ウ}}$ のとき，$m(a)=\boxed{\text{クケコ}}a+\boxed{\text{サシ}}$

である。

(3)　a がすべての実数値をとって変化するとき，$m(a)$ は $a=\dfrac{\boxed{\text{ス}}}{\boxed{\text{セ}}}$ のとき最大値 $\dfrac{\boxed{\text{ソ}}}{\boxed{\text{タ}}}$ をとる。

3　1 の目がでる確率が $\dfrac{1}{3}$，その他の目が出る確率はすべて等しいさいころがある。このさいころを 4 回続けて投げる試行を考える。このとき，以下の空欄部に当てはまる符号または数字を選択せよ。

(1)　4 回連続で 1 の目が出る確率は $\dfrac{\boxed{\text{ア}}}{\boxed{\text{イウ}}}$ であり，1 の目が 1 度も出ない確率は $\dfrac{\boxed{\text{エオ}}}{\boxed{\text{カキ}}}$ である。

(2)　4 回のうち 2 回だけ 1 の目が出て，残り 2 回は 1 以外の目が出る確率は $\dfrac{\boxed{\text{ク}}}{\boxed{\text{ケコ}}}$ である。

(3)　4 回のうち 1 の目が 3 回連続して出て，残り 1 回は 1 以外の目が出る確率は $\dfrac{\boxed{\text{サ}}}{\boxed{\text{シス}}}$ である。

また，4 回のうち 2 回だけ連続して 1 の目が出て，残り 2 回は 1 以外の互いに異なる目が出る確率は $\dfrac{\boxed{\text{セソ}}}{\boxed{\text{タチツ}}}$ である。

さらに，２回目に１の目が出たとき，１の目がちょうど２回だけ出て，残り２回は他の目が出る条件付き確率は $\frac{\boxed{テ}}{\boxed{ト}}$ である。

4　下の図１のように点 Q_1 を中心とする半径５の円 C_1 と点 Q_2 を中心とする半径３の円 C_2 が点 A，B で直線 l に接し，さらに２円が点 P において外接している。このとき，以下の空欄部に当てはまる符号または数字を選択せよ。

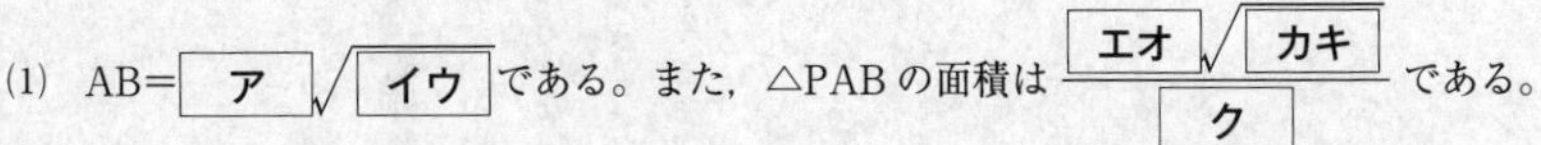

(1)　AB＝$\boxed{ア}\sqrt{\boxed{イウ}}$ である。また，△PAB の面積は $\frac{\boxed{エオ}\sqrt{\boxed{カキ}}}{\boxed{ク}}$ である。

(2)　図１の直線 l に A と B の間で接し，２円 C_1，C_2 に外接する円 C_3 を考える。C_3 と l の接点を C，半径を r とすると AC＝$\boxed{ケ}\sqrt{\boxed{コ}}\,r$，BC＝$\boxed{サ}\sqrt{\boxed{シ}}\,r$ であり，

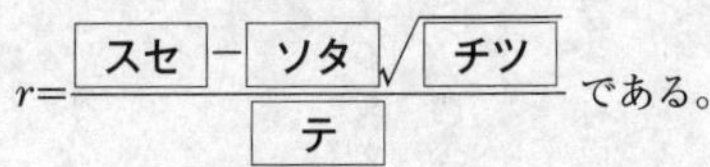

$r=\frac{\boxed{スセ}-\boxed{ソタ}\sqrt{\boxed{チツ}}}{\boxed{テ}}$ である。

(3)　図２のように BQ_2 の延長と C_2 の交点を S とし，S から C_1 に引いた接線と C_1 の接点を T とする。このとき，ST＝$\boxed{ト}$ である。

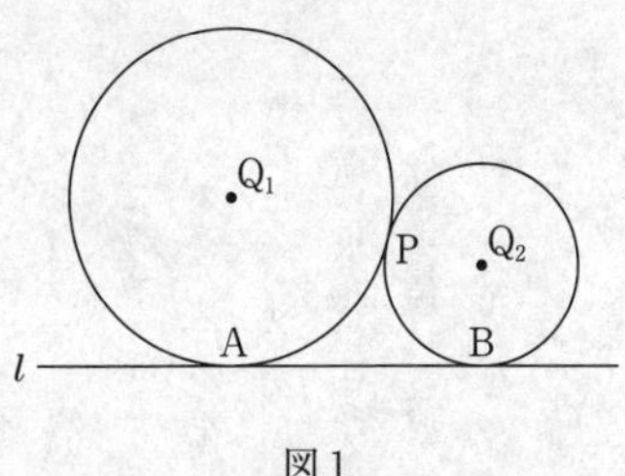

図１

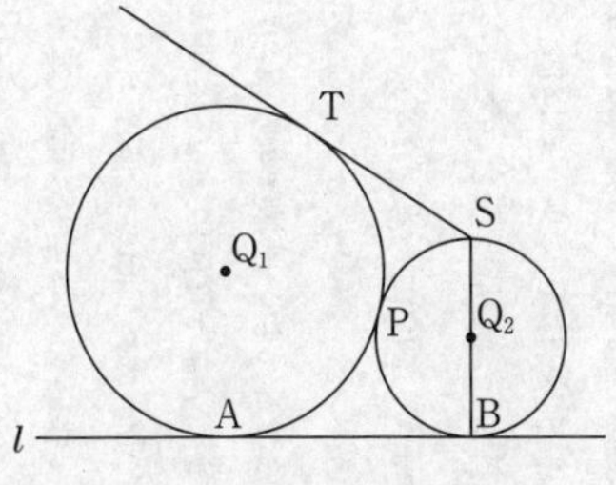

図２

エ　ネットでは検索するだけで自分が知りたい情報に瞬時にアクセスすることができるが、同時に自分の無知を思い知らされることにもなるから。

（9）　本文中の［D］に入る文としてもっとも適切なものを選べ。［24］

ア　統治に関して以前ほどは「部外者」ではないにしても、それでもやはり公共的な領域を、少数のエリートたる「関係者」に委ねてしまっているのではないだろうか

イ　統治に関する「部外者」となってしまっている現状を打破し、少数のエリートたる「関係者」の手から公共的な領域を取り戻すべく、団結すべきではないだろうか

ウ　統治に関して以前にもまして「部外者」である他なく、より多くの公共的な領域を、少数のエリートたる「関係者」に委ねざるを得なくなっているのではないだろうか

エ　統治に関する「部外者」である大多数の者たちを啓蒙し、公共的な領域の底上げを図ることで、少数のエリートたる「関係者」の質を高めるべきではないだろうか

（10）　本文の内容に合致するものを一つ選べ。［25］

ア　リップマンは、二十世紀のアメリカに現れた「大社会」においては、公衆が統治に参加することによって近代民主主義の理想形に一歩近づいたが十分ではないと分析した。そこで指摘された問題点は、発達したインターネット技術を有する現代社会においても未だに解決されてはいない。

イ　リップマンは、マスメディアが発達したにもかかわらず、人びとの政治への関心は低下したと分析した。それゆえインターネットを活用し得る現代においては、個人が知りたい情報を積極的に検索し、正しい統治のあり方を模索していくべきである。

ウ　マスメディアが発達し始めた当初は、人びとはより多くの情報を正しく速やかに知り得るようになると考えられていたが、実際には、提供される情報には制限があったうえ、そもそも人間の認識能力にも限界があった。インターネットを通して情報が得られる現代においても、この問題は解決されてはいない。

エ　マスメディアが発達し始めた当初は、人びとは多くの情報を速やかに知ることができていたが、戦争中には誤った情報が流されることもあった。それゆえインターネットを通して膨大な情報が入手可能な現代においては、一つ一つの情報の正否を見極める能力を身に付けることが重要である。

てきたが、その後産業構造が変化し都市化が進むと、マスメディアが発達したため、そうした集会の規模はより大きくなっていった。

ウ　建国期のアメリカにおいては、地域のコミュニティごとに集会が開かれ、そこで国家の重要な政治問題についての意見交換と合意形成がなされてきたが、その後産業構造が変化し都市化が進むと、そうした集会の必要性は薄らいでいった。

エ　建国期のアメリカにおいては、マスメディアの発達が十分でなかったため、人びとは政治的判断を下すうえで必要な情報を満足に得ることができなかったが、その後産業構造が変化し都市化が進むと、マスメディアが発達し民主主義が成熟していった。

(7)　傍線部eの説明としてもっとも適切なものを選べ。22

ア　従来、公衆は統治に無関心であり、それは政治家や公務員、有力者らによって担われてきたが、公衆もまた彼らの言動や提案に対して意見や賛否の立場を表明することで民主主義を一層成熟させることができる。

イ　従来、公共的な事柄について議論を重ね直接判断を下してきた公衆が、その代替策として、自分たちの中から統治機構を構成する少数の代表者を選出し、彼らに統治を委ねることで民主主義を維持することができる。

ウ　かつては選ばれたエリートとしての公衆に統治を委ねてきたが、少数者で構成される統治機構では細かなデータのチェックまでを行なうことができないため、大衆に統治を開くことで民主主義を一層成熟させることができる。

エ　かつてのように、公衆が公共的な事柄に積極的に参加することはなくなったが、統治を担っている一部の者たちの行為や提案に対して、公衆が自らの考えや賛否の立場を表明することで民主主義を維持することができる。

(8)　傍線部fと著者が述べる理由としてもっとも適切なものを選べ。23

ア　ネット上においては、自分の考えと近しい情報ばかりが提供されがちになるため、偏狭な考え方に陥ってしまう危険性があるから。

イ　ネット上においては、自分の好みに合ったもの以外にも膨大な数の情報が存在するため、何を信じるべきかが分からなくなるから。

ウ　ネットでは検索するだけでマスメディアにさえ載っていないような膨大な情報を手に入れられるが、そのスピードについていくことが困難であるから。

収集し考察しようとする者もいるが、そうでない者も一定程度存在する。そのような者たちは、社会の進むべき方向性を決定する統治機構の構成員となるべきではない。

イ 人びとは公共的な事柄に関心をもって報道に耳を傾け、さらに思索、討議することで、大勢によって共有される意見を形成する。そしてそうした人びとから選ばれた統治機構は、その意見を基盤として社会のあるべき姿に関する政治的判断を下す。

ウ 人びとは公共的な事柄に関心をもって積極的にメディアから情報を収集し議論するのだが、大勢の間で意見の一致を見ることは難しい。そのため人びとから選ばれた少人数で構成される統治機構が、社会の有り様について独自に判断を下す。

エ 人びとの中には公共的な事柄に関心をもち、メディアを通して自分の意見を積極的に発信しようとする者たちがいる。彼らは大きな影響力を有しているので、政治的な決定を司る統治機構からは距離を置くべきである。

（4） 本文中の A ・ B ・ C に入る語句の組み合わせとしてもっとも適切なものを選べ。 19

	A	B	C
ア	すなわち	一方	したがって
イ	すなわち	しかし	ところが
ウ	ましてや	一方	ところが
エ	ましてや	しかし	したがって

（5） 傍線部cの語について正しく用いられているものを一つ選べ。 20

ア 天然資源のバイアスが物価の高騰を招いている。

イ 留学を通じて異文化に対するバイアスを取り払う。

ウ 理想と現実の間には埋めがたいバイアスがある。

エ 部品の製造工程を見直してバイアスを削減する。

（6） 傍線部dの特徴とその後の変化の説明としてもっとも適切なものを選べ。 21

ア 当初人びとは、自分の生活圏において形成されたコミュニティのなかで、日常生活と直接関係する具体的な諸問題について議論し、判断を下してきたが、その後産業構造が変化し都市化が進むと、そうした人びとの関わり合いは希薄になっていった。

イ 当初人びとは、お互い顔見知りの住民たちと集会を開き、自分たちの暮らしと関わりの深い問題について民主的に決断し

③ ヒじゅん 13
ア ヒはん的な思考を身に付ける。
イ 学園祭でダンスをヒろうする。
ウ 地震によるヒがいを最小限に抑える。
エ ヒしの汚れをしっかり落とす。

④ ショみん 14
ア ショはんの事情から会合を欠席する。
イ 町内会のショむの仕事を引き受ける。
ウ 虫歯を早めにショちする。
エ 友人といっショに学校に行く。

⑤ けんエツ 15
ア たくエツした能力を発揮する。
イ 大統領にはいエツする。
ウ 図書館で資料をエツらんする。
エ 会心の勝利にごまんエツの様子だ。

⑥ ヘンけん 16
ア ガラスのはヘンが散らばる。
イ ヘンきょうの地を訪れる。
ウ 諸国をヘンれきする。
エ 学歴ヘンちょうの社会を問い直す。

（2） 傍線部aについて、第一次世界大戦後のアメリカ大衆社会の特徴として適切でないものを一つ選べ。 17
ア 生活インフラが整備され経済的に豊かになったことで、人びとは様々な娯楽に興じるようになり、そうした時代の変化が新たな文学作品を生み出した。
イ 生活に余裕が生まれたことに加え、マスメディアが発達し、より多くの情報を得られるようになったにもかかわらず、人びとの政治に対する関心は下がってしまった。
ウ 経済規模が拡大するなかで、スポーツ観戦や映画といった娯楽が広まり、もぐりの酒場が賑わって風紀が乱れたことに対し、著名な作家たちが警鐘を鳴らした。
エ 自動車や鉄道といった交通手段の発達や、マスメディアや通信手段の発展によって、遠くの場所との物理的な隔たりが小さくなり、情報伝達が速やかになされるようになった。

（3） 傍線部bについて、「次のような前提」の説明としてもっとも適切なものを選べ。 18
ア 人びとの中には公共的な事柄に関心をもって報道から情報を

うか。インターネットが発達し、知りたいことを瞬時に調べられるようになり、地球の裏側にいる人びととも瞬く間にコミュニケーションが取れるようになっても、必ずしもそれは「公衆」の形成に資するわけではない。

たしかに、旧来のマスメディアと違って、ネット上には膨大な情報がある。少し検索をするだけで、マスメディアには載っていないような情報でも、瞬時に手に入れられる。ついに私たちは、自らの認識能力の不足を補ってくれる千里眼を手に入れたと思えるかもしれない。しかし、果たして本当にそうだろうか。

検索するということは、自分が知りたいと思う情報にアクセスすることである。それを繰り返していると、自分が知りたいことしか見ようとしなくなるかもしれない。Amazon などでは、購入履歴がデータ化され、ユーザーの好みに合った「お薦めの商品」が提示されるようになっている。アクセスしたサイトには、それと似た傾向のサイトのリンクが多く貼ってある。

こうしたメディア環境にあって人びとは、「偏った」情報ばかりを受け取るようになり、自分とは異なる意見に触れる機会が減っていく。自分と似た傾向のサイトばかりを見ていると、自分は「真理」を知っているのに、世間の人たちはそれを知らず、無知だと感じるようになる。しかし、そもそも私たちは、「ステレオタイプ」に基づく情報から判断をし、自分が「正しい」と信じたいものを信じているのである。こうしてネット上の意見は、ともすると極論へと走りがちになる。しかも、ネット上の情報は膨大な数に上るので、その正否を一つ一つ確認しようとしても、人間の能力をはるかに超えている。

かくして私たちは、公共的な事柄からますます遠ざけられてしまったのではないだろうか。換言すれば私たちは、［D］。

（大賀祐樹『希望の思想 プラグマティズム入門』による）

（1） 二重傍線部①～⑥のカタカナの部分を漢字に直したとき、その漢字と同じ漢字を用いるものをそれぞれ一つずつ選べ。

① フきゅう ［11］

ア お金を出し合ってお寺をフしんする。

イ 駅前でチラシをはいフする。

ウ 家族をフようするお金が必要だ。

エ ほうフな知識を身につける。

② ハンえい ［12］

ア 商品を店舗にハンにゅうする。

イ ナイル川のハンらんが大地を肥沃にした。

ウ 保護者どうハンで参加する。

エ 空き地に草木がハンもする。

地域共同体ごとに「タウン・ミーティング」と呼ばれる集会が開かれ、住民たちによる自治が行なわれていた。この集会にやって来る人たちは、お互い顔見知りであることが多かっただろう。そこで議論されたのは、どこに道路を造るのか、学校でどのような教育をするのか、そのための予算はどうするのかといった、自分たちの暮らしと関わりが深く、関心の高いものであった。そのため、より精確な判断を行なうことも、ある程度はできただろう。

ところが一九二〇年代になると、産業構造が大きく変化すると同時に、大量の移民が流入してきた。都市化が急速に進み、地域共同体の人びとの結びつきが解体していった。互いに親密な関係を結ぶことなく、バラバラの個人がただただ寄り集まっただけの「大社会(グレイト・ソサエティ)」が出現したのである。

アリストテレスは『政治学』において、理想的な大きさの国（古代のポリス）は、「ひと目で見渡せる地理的な範囲」の中の、「お互いにどんな性質であるか知り合える人数」によって構成されると述べている。アメリカのタウン・ミーティングの場合、アリストテレスの言うような「範囲」が実現されていたと言える。

それに対して「大社会」は、その「範囲」を大幅に超えている。そこで出会う殆どの人は何の面識もなく、隣人ですら、どのような人か分からない。ニュース等で報じられる公共的な事柄は、自分に関係があるとはあまり思えず、興味が持てない。そもそも、膨大な情報が毎日流れてくるので、何が「正しい」情報なのかも判断できない。選挙で誰かに投票するときには、「ステレオタイプ」に基づく情報から判断せざるを得ない。「大社会」において、このような人びとは、公共的な事柄に関心をもち、熟慮に基づく議論を行なうような「公衆」にはなり得ない。つまり、「大社会」において公衆は、幻の存在にすぎないのである。そうであるなら、公衆の存在を前提とする近代民主主義のモデルそれ自体が成り立たなくなるのである。

このような問題に対して[e]リップマンが提示した解決策は、次のようなものであった。

すなわち、「大社会」における統治は、もはや、近代の民主主義が理想とした、公衆による参加というかたちでは行なわれておらず、政治家や公務員、有力者といった、統治に関わりの深い「関係者」によって行なわれるようになっている。

行政の日常業務に関する情報は可能な限り公開されるべきだとしても、大衆がそのすべてをチェックすることはまずないし、専門家でない大衆にとって、細かなデータの意味を完全に理解することも不可能である。

[C]、近代の民主主義が前提とするモデルはもはや幻想であり、放棄せざるを得ない。大衆が「公衆」としてできるのは、統治に関する「部外者」として、そこで行なわれていることや、新たな提案に対する意見を表明し、賛否を明らかにすることである。

大衆社会への変化に関するリップマンの分析は、情報化がいっそう進む二一世紀の現代社会にあっても、当てはまる点が多々あるのではないだろ

（一八〇九―一八六五）が選出された一八六〇年の大統領選挙時の投票率は八一・二％であったのが、クーリッジ（一八七二―一九三三）が選出された一九二四年の大統領選挙では四八・九％にまで落ち込んだ。マスメディアの発達によって、様々な情報がより多くの人へと伝えられるようになり、生活水準が向上することで、公共的な事柄を考える余裕が生まれたはずなのに、人びとの政治への意欲はむしろ低下したように見えた。一九二〇年に合衆国憲法修正第一九条がヒじゅん③され、女性の参政権が認められるようになったが、にもかかわらず、大統領選挙の投票率は低下してしまったのである。

そもそも近代における民主主義は、次のような前提から成り立つと考えられてきた。（b）すなわち、個人は公共的な事柄に積極的に関わろうとする「公衆」を形成する。その公衆はメディアが報じる情報を理性と知識に基づき深く考察したうえで判断し、議論を重ねることで「世論」を形成する。公衆の代表たる統治機構は、そのような世論に基づいて社会の進むべき方向性を決定する、と。そうしたかたちの民主主義は、少数のエリートだけが政治参加した近代初期であれば成り立ち得た。

しかし、一九二〇年代アメリカの一般大衆には、政治に参加できるだけの余裕などなかった。彼らはたしかに物質的には豊かになったかもしれない。しかし、ごくわずかな余暇の時間を、贔屓（ひいき）のスポーツチームの勝敗を気にしたり、お気に入りのラジオ番組をチェックしたりすることに費やすようなショ④みんにとって、次々と創刊される新聞や雑誌のすべてに目を通し、膨大な量の政府発表を正確に理解するための余裕などない。［A］、数々の情報を理解した上で、熟慮と議論を重ね、自らの意見をまとめることなど、ほとんど不可能であった。

当初は、マスメディアが発達すれば、かつてよりも大量の情報をはるかに迅速かつ正確に知ることができると思われていた。しかし実際には、マスメディアが発信する情報は、道徳的・宗教的な観点から自主規制が行なわれることもあったし、第一次世界大戦時には当局によるけんエツ⑤がなされることもあった。ある出来事を集中的に報じるとしても、新聞の紙幅は限られているし、ニュース番組にしても放送時間が決まっている。このため、すべての情報を取り上げることはできず、何らかのバイアスが生じる（c）のは避けられない。

そもそも私たちの認識は完全ではないため、知り得た情報をすべて理解できるとは限らない。にもかかわらず、多くの人は、自分の目で直接確かめたわけでもないのに、正しい知識を得ていると思い込んでいる。［B］それは、ヘンけん⑥や思い込みに基づく「ステレオタイプ」によって形成された知識にすぎない。どれほどマスメディアが発達し、多くの情報を瞬時に得られるようになったとしても、私たちの認識能力を完全に補うことはできない。マスメディアは私たちに千里眼を与えてくれたわけではないのである。

であるなら、アメリカが大衆社会化する以前、すなわち植民地時代や建国期の民主主義（d）は、どうであっただろうか。その頃のアメリカ東部では、

ア　力を発揮できる場所があれば活躍できること
イ　君子の交際はさっぱりしていること
ウ　恋しい気持ちがあるのに思いが通じないこと
エ　相手が好意を示せばこちらも好意で応えること

(7)　傍線部の中で種類が異なるものを一つ選べ。 8

ア　彼女がおだやかにほほ笑んだ。
イ　宿題をただちに始める。
ウ　素直に先生の意見を聞く。
エ　私はきっと幸せになる。

(8)　次の書き出しで始まる作品の作者を選べ。 9

ゴーシュは町の活動写真館でセロを弾く係りでした。けれどもあんまり上手でないという評判でした。

ア　堀辰雄　　イ　森鷗外
ウ　吉田一穂　　エ　宮沢賢治

(9)　有島武郎の作品ではないものを一つ選べ。 10

ア　三四郎　　イ　生れ出づる悩み
ウ　小さき者へ　　エ　或る女

2

次の文章を読んで後の設問に答えよ。解答は、解答用紙にマークすること。

リップマンの『世論』(一九二二)と『幻の公衆』(一九二五)は、ともに一九二〇年代のアメリカ社会における民主主義の問題を分析し、その処方箋を提起した書物である。

第一次世界大戦終結後、アメリカは大衆社会となっていく。自動車やラジオがフきゅうし、人びとの物理的な距離感は縮まり、情報の伝達速度は大幅に速まった。鉄道網と道路網が各地に張り巡らされ、郵便物は安価で迅速に全国各地へ配達され、多くの家庭に電気が通るようになった。ニューヨークのような大都市には摩天楼が競うように建設され、大量生産と大量消費によって、経済規模は拡大を続けた。

大衆の娯楽としてスポーツ観戦が人気を集め、映画は無声からトーキーへと移行した。ラジオからはジャズが流れ、禁酒法の下でギャングが経営するもぐりの酒場では、毎晩のように生演奏が繰り広げられた。F・スコット・フィッツジェラルド(一八九六―一九四〇)やアーネスト・ヘミングウェイ(一八九九―一九六一)といった作家たちは、「狂騒の二〇年代」とも「ジャズ・エイジ」とも呼ばれるこの時代の若者たちの姿を描き出した。しかし、そのようなアメリカ社会のハンえいは、一九二九年のウォール街の株価大暴落によってどん底へと突き落とされてしまう。

こうした時代に、民主主義のあり方も大きく変化した。リンカーン

国語

（六〇分）

1 次の設問に答えよ。解答は、解答用紙にマークすること。

（1） 空欄□を補うのに適切なものをそれぞれ一つずつ選べ。

① □竜点睛 [1]

ア 我　イ 画　ウ 牙　エ 雅

② □話休題 [2]

ア 閑　イ 関　ウ 間　エ 感

（2） 傍線部のカタカナを漢字に直したときの部首名を一つ選べ。 [3]

水族館で魚を<u>サツ</u>影する。

ア うかんむり　イ きへん

ウ かたな　エ てへん

（3） 「徐行」と同じ組み立ての熟語を一つ選べ。 [4]

ア 吉凶　イ 合掌　ウ 傍聴　エ 別離

（4） 訓読み＋音読みの読み方をする熟語を一つ選べ。 [5]

ア 花火（はなび）　イ 無傷（むきず）

ウ 家賃（やちん）　エ 朝刊（ちょうかん）

（5） 「人間万事塞翁が馬」の意味としてもっとも適切なものを選べ。 [6]

ア 人生における幸不幸は予測しがたいこと

イ 子どもの頃からの親友や幼馴染のこと

ウ いちばん肝心なものが抜け落ちていること

エ 一つの事を見るだけですべてを推察できること

（6） 「魚心あれば水心」の意味としてもっとも適切なものを選べ。 [7]

解答編

英語

1 **解答**　1－イ　2－イ　3－ウ　4－ウ　5－イ　6－ア
7－ウ　8－ウ　9－イ　10－ア　11－ウ

解説　≪旗が象徴するもの≫

1．下線部の represent(s) は下線部を含む文では「黒は強さや決意を表す」，続く文では「白は平和や無垢を表すことができる」と訳せることから，「～を表す，意味する」という意味である。よって，イの「その記念碑は戦争で命をささげた人々の犠牲を表している」が正解。アの represent は「～を代表する」という意味で，「そのアスリートたちはその大会で国を代表する」，ウは「その新しい価格は昨年の10％増にあたる」という意味。

2．entirely は「まったく，すっかり」という意味。イの totally が「まったく，すっかり」と同じ意味なのでこれが正解。ア．partly「部分的に」　ウ．uniquely「特別に，独特に」

3．perceive は「理解する」という意味。下線部を含む部分（how 以下）は「私たちがどのように特定の色を理解するか」という意味になる。ウ．regard「みなす，考える」が意味的に最も近い。ア．ignore「無視する」イ．overlook「見過ごす」

4．unity は「統一（性），調和」という意味。ウ．harmony「調和」が同じ意味でこれが正解。ア．appeal「魅力，訴え」　イ．denial「拒絶」

5．空所を含む文は「色の集まりにも（　　）がある」という意味で，文中の also は前述内容に対する追加を示す。前述内容は「旗の色に意味がある」なので，空所は「意味」を表すイ．meaning が適切。ア．awareness「意識」　ウ．morality「道徳（性）」

6．空所を含む文の文頭の Another は「もう一つの」という意味で，直前で述べているフランスとロシアの旗の色の「組み合わせ」とは別の「組み合わせ」のことを指している。したがって，空所にはア．combination

「組み合わせ」が適切。イ．distribution「配分」　ウ．rank「階級」

7．空所を含む文は，自動車レースにおいてそれぞれの旗の色が表す意味について述べており，空所には「黄色」が意味する「注意」という言葉が入ると考えられる。よって，ウ．caution が適切。ア．deliberation「熟慮」　イ．elimination「除去」

8．選択肢を比較すると symbolic の意味で正解が絞れることがわかる。下線部以降の内容が旗の色が表す（象徴する）ものの説明であることからウが正解。

9．選択肢を比較すると赤い縞が右側か左側か，および，縦か横かで正解が絞れる。下線部では a red vertical stripe on the left side「左側に赤い垂直な縞」とある。また，horizon「水平線，地平線」から，horizontal stripes が「水平な縞＝横縞」だと推測できれば，vertical stripes は「縦縞」だと推測できるだろう。したがって，赤い縞は左側にある縦縞で，イが正解。

10．下線部の at least から every country までの部分の意味を考えると「それら（文頭の These colors を指すので「色」）の少なくとも一つがあらゆる国の旗に現れた」となる。これは文意的にアの「すべての国の国旗に，少なくともそのうちの一色が用いられていた」に合致する。

11．第2～4段（Groups of colors … at that time.）の内容と一致するウ．「旗の色は情報を伝えるために意図的に配置されている」が正解。ア．「旗の色は人が国の質を判断することができる道具だ」，イ．「旗はそれらをデザインした人々にとって最も価値があるという感覚がある」は本文で触れられていない。

2　解答

12―イ　13―ア　14―ウ　15―ウ　16―イ　17―ア
18―イ　19―ア　20―ア　21―イ

解説　≪道路の安全性≫

21のように内容真偽の設問がある場合は，効率的に問題を解き進めるために先に選択肢にさっと目を通し，読み取るべき情報を頭に置いた上で英文を読み始めよう。選択肢が英文で情報を頭に残しにくい場合は，選択肢の内容を簡単にメモしておくとよい。

12．イが正解。イの “have to” “consider … thoughtfully” “related to

driving” がそれぞれ下線部の “need” “take … seriously” “involved in driving”の言い換えになっている。take A seriously で「A を深刻に受け止める，真剣に考える」という意味。下線部全体は「私たちは運転に伴う危険性をとても真剣に考える必要がある」という意味になる。ア.「運転するときに生じる様々な危険に対処するのは私たちの義務だ」 ウ.「どこが運転するのに一番危険か私たちはとても真剣に考えなければならない」

13. fatal は「致命的な」という意味で，fatal accident は「死亡事故」。よって，下線部の意味は「多くの死亡事故は誰かが法律を破ってしまうので起きる」となる。アの regulations は follow「従う」の目的語となっていることから，「法律」という意味ではないかと推測し，アの意味は「誰かが法に従わないと，たくさんの有害な事故が起こる」となる。よって，アが正解。イの「車のメンテナンスをほとんどしないとき」，ウの「ラッシュアワー中にいかに注意深く運転するか」は下線部と合わない。

14. as far as A is concerned は「A に関する限り」という意味の頻出表現で，下線部は「死亡事故に関する限り」という意味。ウの With regard to は難しいかもしれないが，ア.「死亡事故のせいで」，イ.「死亡事故によれば」はどちらも意味的に合わないと判断し，消去法で正解を導くことができる。with regard to ～ は「～に関しては」という意味。

15. ウが正解。空所の後の Sandra の発言の第3文に it’s riskier to be … 「…である方がより危険性がある」とあり，危険性についてやりとりしている。ウ.「ほかの移動方法と比べて運転がどれくらい危険か教えてくれませんか」 ア.「重要な運転マナーに関してアドバイスをくれませんか」 イ.「どのくらいの間あなたはアメリカの交通事故のデータを分析してきたのですか」

16. 空所の後の Sandra の発言は It’s probably because … で始まっており，理由を述べているので，理由を問うイ.「なぜそうだと思うのですか」が正解。ア.「どのようにしてそれがわかるのですか」 ウ.「死亡事故の原因について調査してはどうですか」 investigate は「調査する」という意味。

17. 空所の後，Sandra は「死亡事故に関する限り，運転するのに最も危険な道路は郊外の道路で，よりひどい車の衝突は都会の通りより郊外の道路で起こる」と答えていることから，空所Cには場所を尋ねているア.

「これらはどこで起こる傾向がありますか」が適切。イ.「死亡事故を目にしたら何をすべきですか」 ウ.「過去においてどの死亡事故が最悪のものでしたか」

18. statistics は「統計」という意味。イ. data「データ」が意味的に近く，正解。ア. circumstances「状況，境遇」 ウ. outcomes「結果」

19. -minded は，形容詞や副詞の後につけて「～な心を持った」という意味になる。ア. absent-minded は「不在の心を持った」=「心がここにない」=「うわの空の」，イ. like-minded は「同じ心を持った」=「同じ考え方などを持っている」，ウ. weak-minded は「弱い心を持った」=「気の弱い，低能な」という意味になり，下線部の careless「不注意な」と意味が最も近いアが正解。

20. consequently は「結果として」という意味で，ア. as a result と同意。イ. in other words「言い換えれば」 ウ. on the contrary「それどころか」

21. イ.「Sandra は，スピードを出すことがアメリカでの死亡事故の2番目の主要な原因だと指摘する」が正解。Sandra の3番目の発言の第2文（The most frequent …）の後半カンマ以下に「そして，アメリカの死亡事故の原因の2番目によくあるものがスピードを出しすぎて運転することだ」とある。ア.「アメリカでは，より多くの自動車死亡事故は田舎の道路より都会の通りで起こる」は17で解説した Sandra の6番目の発言（As far as …）の内容と逆で不適，ウ.「アメリカでは車を運転する人が道路を歩く人やジョギングをする人にしっかり注意を払えば死亡事故の危険性を避けることができる」は会話では触れられていない。

3 解答 22－エ 23－エ 24－ア 25－ア 26－エ 27－ウ

解説 22.「その俳優はファンからとても多くのメッセージを受け取ったので，自分でそれら全部に返事をすることはできなかった」

respond to ～で「～に返答する」という意味になり，エが正解。ア. confess「告白する」 イ. embrace「抱きしめる」 ウ. encounter「出くわす」

23.「その女の子はそのポップコンサートに行かせてくれと両親にせがん

だが，むだだった。彼らは行かせることをきっぱりと断った」
in vain で「むだな，むなしい」という意味になり，エが正解。ア．in charge「責任のある，担任で」，イ．in place「きちんとした，適した」，ウ．purpose は on purpose で「わざと」という意味になる。

24.「最初大学生活を始めたとき Victor は予定がとても詰まっていたが，この一年で慣れてきた」
become accustomed to～で「～に慣れる」という意味になり，アが正解。
イ．guilty of～「～で有罪で」 ウ．second to～「～に次いで２番目で」
エ．worthy of～「～に値する」

25. A：どこのクラブに所属していますか？
B：サッカー部に所属しています。
belong to～で「～に所属している」という意味になり，アが正解。
belong は「今ちょうど～しているところだ」という言い方のできない状態動詞で，進行形にすることができない。

26. A：割り勘にしよう。
B：そうね，今日はあなたの誕生日だよね。だから，今回は私に払わせて。
split は「割る，分ける」という意味で，split the bill で「勘定を分ける」＝「割り勘にする」という意味になるので，エが正解。

27. A：昨日，決勝で負けました。
B：あー，残念！　すごく一生懸命練習したよね。
What a pity! で「それは残念だ，かわいそうだ」という意味になり，ウが正解。ア．What a mess!「（散らかっている部屋やだらしない服装などを見て）ひどい様子だね！」 イ．What a nerve!「厚かましいな！」 エ．What a relief!「やれやれ，ほっとした！」

4 **解答** 28―ア　29―ウ　30―エ　31―イ　32―ウ　33―エ

28・29.（We won't）stand for this behavior（anymore.）
stand for～は否定文で用いて「～を我慢する」という意味になる。stand は stand the noise のように他動詞でも「～を我慢する」という意味になる。

30・31.（He saved the life of his wife）at the cost of his（own.）

at the cost of〜で「〜を犠牲にして」という意味。文末の his own は「彼自身のもの」という意味になり his own life「彼自身の命」を指す。

32・33.（Junko kept using the old machine,）there being nothing wrong（with it.）

there is nothing wrong with〜で「〜には調子の悪いところがない」という意味になる。文意から，because 等の理由を表す接続詞でつなぐことになるはずだが語群の中に接続詞がないことと，being という分詞があることから理由を表す分詞構文を作ることに気づきたい。There being〜，［SV］. または［SV］, there being〜. で「〜があるので」という分詞構文になる。

日本史

1 解答 ≪中世の仏教≫

1－イ　2－オ　3－ア　4－オ　5－ア　6－イ　7－ウ　8－イ
9－エ　10－エ

2 解答 ≪中世～近世の外交≫

11－オ　12－ウ　13－イ　14－エ　15－ウ　16－イ　17－エ　18－ア

3 解答 ≪卑弥呼と邪馬台国，蝦夷地の開発≫

19－ウ　20－ア　21－エ　22－イ　23－イ　24－ウ

4 解答 ≪近現代の学問≫

25－イ　26－ウ　27－オ　28－キ　29－ケ　30－ア　31－ウ　32－オ
33－キ　34－コ　35－イ　36－エ　37－オ　38－ク　39－コ

世界史

1　解答　≪インドの古代王朝≫

1－イ　2－ア　3－ア　4－エ　5－ウ　6－ア　7－イ　8－イ

2　解答　≪ルネサンスの歴史≫

9－エ　10－ア　11－エ　12－イ　13－ウ　14－エ　15－エ　16－エ
17－エ

3　解答　≪清の動揺≫

18－エ　19－ウ　20－エ　21－ウ　22－ウ　23－イ　24－ア　25－イ

4　解答　≪産業革命≫

26－イ　27－エ　28－カ　29－ウ　30－ア　31－エ　32－ウ　33－オ

現代社会

1 解答 ≪司法権の諸側面≫

1－エ　2－ア　3－ウ　4－イ　5－イ　6－イ　7－ウ　8－エ
9－ア　10－イ

2 解答 ≪中小企業と会社の諸類型≫

11－エ　12－ア　13－ウ　14－ウ　15－ア　16－イ　17－ア　18－イ
19－ウ　20－ウ

3 解答 ≪条約と国際関係≫

21－ア　22－ウ　23－ウ　24－ウ　25－ウ　26－イ　27－エ　28－ウ
29－イ　30－エ

4 解答 ≪青年期の特質と女性の社会参加≫

31－ア　32－イ　33－ウ　34－ア　35－ア　36－エ　37－イ　38－ウ
39－エ　40－ウ

数学

1 解答 ≪小問 5 問≫

(1)アイウエ．1422

(2)オ．5　カ．3　キ．2

(3)ク．2　ケコ．13　サ．0　シ．3　ス．2　セソ．13　タ．5

(4)チツ．46　テト．20

(5)ナ．2

2 解答 ≪2 次関数の最大・最小，最小値の最大値≫

(1)アイ．-1　ウ．8

(2)エ．3　オ．2　カ．$-$　キ．1　クケコ．-15　サシ．65

(3)ス．1　セ．2　ソ．5　タ．4

3 解答 ≪独立試行の確率，反復試行の確率，条件付き確率≫

(1)ア．1　イウ．81　エオ．16　カキ．81

(2)ク．8　ケコ．27

(3)サ．4　シス．81　セソ．16　タチツ．135　テ．4　ト．9

4 解答 ≪接線の長さ，三角形の面積，直線と 2 円に外接する円の半径≫

(1)ア．2　イウ．15　エオ．15　カキ．15　ク．4

(2)ケ．2　コ．5　サ．2　シ．3　スセ．60　ソタ．15　チツ．15

テ．2

(3)ト．6

は不適。

(8) 次段落以降でその理由が述べられている。「自分が知りたいことしか見ようとしなくなるかもしれない」「こうしたメディア環境……『偏った』情報ばかりを受け取るようになり」「ネット上の意見は、ともすると極論へと走りがちになる」とある。アの内容が合致している。イ、「自分は『真理』を知っている」と思っているから、「何を信じるべきかが分からなくなる」は不適。ウ、「スピード」には触れていない。エ、「世間の人たち……無知だと感じる」とある。

(9) 設問の(7)で見たように、リップマンは「『大社会』における統治は……統治に関わりの深い『関係者』によって行なわれる」ようになっており、大衆は「部外者」として「賛否を明らかにする」だけになっていると説いている。ここでさらに「公共的な事柄からますます遠ざけられてしまった」らどうなるのかを考える。ア、「以前ほどは『部外者』ではない」が不適。イ、「現状を打破し」が不適。エ、「少数のエリートたる『関係者』の質を高める」のは「私たち」がなすべきことではない。

(10) ア、「公衆が統治に参加することによって近代民主主義の理想形に一歩近づいた」とは言っていない。イ、「個人が知りたい情報を積極的に検索し、正しい統治のあり方を模索していくべき」という提言はしていない。エ、後ろから二段落目で「その正否を一つ一つ確認しようとしても、人間の能力をはるかに超えている」と述べている。

(4)　エ
(5)　イ
(6)　ア
(7)　エ
(8)　ア
(9)　ウ
(10)　ウ

解説

(2)　ウ、第三段落に「作家たちは……この時代の若者たちの姿を描き出した」とあるだけで、「警鐘を鳴らした」とは書かれていない。ア、第二段落と第三段落の内容に、イ、第四段落の内容に、エ、第二段落の内容にそれぞれ合致している。

(3)　「すなわち」以降の内容を正確に押さえること。次段落は「しかし」から始まっているのでそれ以降の内容は含まれない。簡潔に流れをまとめると、〈公衆の形成〉→〈情報の考察〉→〈議論を重ね世論を形成〉→〈統治機構は世論に基づき政策を決定〉となる。これに合致している選択肢はイである。

(5)　「バイアス」は〝思い込み、偏見、かたより〟などの意。

(6)　傍線部の段落で特徴が、次段落の「ところが」以降でその後の変化が説明されている。〈住民による集会と自治、暮らしと関わりが深く関心のあることを判断し決定〉が当初、〈産業構造の変化とともに都市化が進み、地域共同体の人びとの結びつきが解体〉がその後の変化である。この内容に合致しているのはアである。

(7)　傍線部後の二段落で解決策が説明されている。「近代の民主主義が前提とするモデルはもはや幻想」とあるので、「民主主義を一層成熟させることができる」としたアとウは不適。「公衆による参加というかたちでは行なわれておらず……統治に関わりの深い『関係者』によって行なわれる」とあるので、イの「自分たちの中から……代表者を選出」

国語

1

解答

(1) ①―イ　②―ア

(2) エ

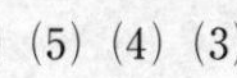

(3) ウ

(4) ウ

(5) ア

(6) エ

(7) イ

(8) エ

(9) ア

解説

(7) イ以外はすべて形容動詞で、イの「ただちに」は副詞である。

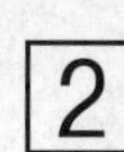

2

出典　大賀祐樹『希望の思想 プラグマティズム入門』〈第三章　生き方としての民主主義　世論に基づく民主主義という幻想〉（筑摩選書）

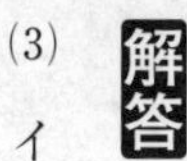

解答

(1) ①―ア　②―エ　③―ア　④―イ　⑤―ウ　⑥―エ

(2) ウ

(3) イ

////////////////// · memo · //////////////////

2022年度

問題と解答

■学校推薦型選抜　公募制推薦入試Ａ方式（小論文型）

▶試験科目・配点

教　科	科　　　　目	配　点
小論文	日本語の課題文（2000 字程度）を精読し，その内容理解に基づいた小論文（800 字以内）を作成する	200 点

▶備　考

- 上記のほかに出身学校における成績（出身学校調査書の全体の学習成績の状況を 10 倍して 50 点満点に換算）との総合評価による（合計 250 点満点）。

小論文

（100分）

次の文章を読み、下記の問いに答えなさい。

進化論は、まずなによりも生物の世界を説明する科学理論である。だが、私たちはそうした枠をはるかに飛び越えて、あらゆる物事を進化論の言葉で語る。実際、身のまわりは進化論の言葉であふれている。「進化」という言葉を見たり聞いたりしない日はないし、「適応」「遺伝子」「DNA」といった言葉もおなじみのものだ。

言葉があふれているだけではない。とくに熱心に勉強したわけではなくとも、私たちは進化論の考え方をなんとなく理解しているように感じている。たとえば、「ダメなものは淘汰されるのさ」とか、あるいは「刻々と変化するビジネス環境に適応できるか」とか、「激動に揺れる東アジアにおける日本の生存戦略とは」とか、「企業のDNA」や「進化する天才」といった言い方を、私たちはたちどころに理解できる。本の業界では「ネット時代における出版社の適応戦略はなにか」といった話題が出たりする。

というわけで、いまやあらゆるものが進化する。携帯電話はスマートフォンに進化し、寄り合いはSNSに進化し、アルコール飲料の進化はついに「第三のビール」を生み出すにいたった。ビジネスも、製品やサーヴィスも、国家や社会制度も、男子も女子も、猫も杓子も進化する。同時にあらゆるものが、適応に失敗し、子孫を残すことができず、「退化」したり絶滅したりする危険にさらされてもいる。

お金をめぐる経済的なトピックだろうと、地位をめぐる政治的なトピックだろうと、恋愛のような個人的なトピックだろうと、進化論ならば「存続か死滅か」という明快かつ厳格、そして究極的な評価軸によって、まとめて引き受けてくれる。その意味で進化論は、生物の世界を説明するための科学理論というだけでなく、この世界そのものを理解するための基本的な物の見方、思考の枠組み、世界像、世界観と呼べるようなものになっているといえるだろう。

実際、進化論の言葉でもってなにかを語ると、なんとなく説得力が増すように感じるのではないだろうか。「勝ち組／負け組」「ガラパゴス化」「強者／弱者」「リア充」「婚活」「非モテ」といった流行語も、環境への適応に成功して生き延びる者／失敗して死に絶える者、という進化論的な文脈のもとに置けば、ずいぶんとわかりやすくなるはずだ。

このような進化論にかんする私たちの日常的なイメージが正しいものであるかどうかは、

いまは問わない。そもそも進化論とは何ぞやという話についても、とりあえずは深く考えないでおこう。実際には、メディアや日常会話で交わされる進化論風の語りが正しいものなのかどうか、進化論を社会や個人のありかたに適用する際のやり方が妥当なものなのかどうかは、はなはだ怪しい。

それでもたしかにいえることは、世間に流布している進化論のイメージにいかなる不備があろうとも、進化論的な物の見方やその言葉が喚起するイメージが、物事を「死滅か存続か」という究極的な尺度で測るリアルなものとして私たちに受容されているということだ。日本人は進化論風の話が好きなようで、明治期に輸入されて以来ずっと、この世界の「実相」や「真相」、つまり「きれいごと」ではない本当のありかたを言い当てるものとして重宝されてきた。

究極的なだけではない。それは包括的でもある。つまり進化論はなんにでも適用でき、すべてを含みこむことができる。もっともスケールが大きいように思える物理学的宇宙論さえ、進化論の包括性にはかなわない。進化論にかかれば、宇宙も宇宙論も「進化」する事物の一員という、数あるレパートリーのひとつにすぎなくなる。これ以上に包括的な視点があるだろうか。私たちにとって進化論は、万物が生々流転する世界において、その栄枯盛衰のメカニズムを包括的に説明してくれる物の見方の筆頭候補、というかほとんど唯一の候補者である。

この究極性と包括性という点において、進化論は史上最強の科学思想だ。だからこそ私たちは進化論のアイデアに魅力を感じ、その言葉で語りつづけるのである。

アメリカの哲学者ダニエル・C・デネットは、進化論を「万能酸（ばんのうさん）」と呼んだ。万能酸とは、どんなものでも浸食してしまうという空想上の液体のことだ〔中略〕。この思想をいったん受け取ったら、もう後戻りはできない。進化論という万能酸は、私たちの物の見方をそのすみずみにわたって浸食し尽くすまで、その作用を止めることがない。それは従来の理論や概念を浸食し尽くした後に、ひとつの革新的な世界像――進化論的世界像――を残していくのである。

（吉川浩満『理不尽な進化　増補新版――遺伝子と運のあいだ』より）

問1　進化論に関する著者の考えを300字以内で要約しなさい。

問2　著者の考えに対するあなたの意見を500字以内で述べなさい。

解答編

■小論文■

解答の指針　≪「進化論」の社会的受容について≫

問1．進化論に関する著者の考えを300字以内で要約する。

進化論についての著者の主張は，第1段落冒頭に「進化論は，まずなによりも生物の世界を説明する科学理論である。だが，私たちはそうした枠をはるかに飛び越えて，あらゆる物事を進化論の言葉で語る」と要約されている。第4段落末尾にもより詳細に「進化論は，…この世界そのものを理解するための基本的な物の見方，思考の枠組み，世界像，世界観と呼べるようなものになっている」とある。つまり著者は「生物に特化した理論」であるはずの「進化論」を社会一般に拡げて論じることの妥当性を問題にしているのである。

進化論のどのような点が上記のようなことを可能とするか，については「とくに熱心に勉強したわけではなくとも，私たちは進化論の考え方をなんとなく理解しているように感じて（第2段落）」おり，「進化論の言葉でもってなにかを語ると，なんとなく説得力が増すように感じるのではないだろうか（第5段落）」とある。その理由として進化論は「物事を『死滅か存続か』という究極的な尺度で測るリアルなものとして私たちに受容され（第7段落）」「包括的でもある。…なんにでも適用でき，すべてを含みこむことができる（第8段落）」と述べている。第9段落に「この究極性と包括性という点において，進化論は史上最強の科学思想だ」とあるように，「究極性」と「包括性」は本文において進化論を説明するために欠かせないキーワードである（なお本文の特に重要な語句については著者が傍点を振っている）。

以上の内容を300字以内でまとめればよい。なお，要約する際には具体例を省き，著者の考え・主張のみを抽出する必要がある。

問２．著者の考えに対する自身の意見を500字以内で述べる。

問１でみたように，著者は「進化論」を社会一般に拡げて論じることの妥当性を問題視しており,「進化論を社会や個人のありかたに適用する際のやり方が妥当なものなのかどうかは，はなはだ怪しい（第６段落)」と考えている。しかしながら同時に進化論は史上最強の科学思想でもあり,「それは従来の理論や概念を浸食し尽くした後に，ひとつの革新的な世界像――進化論的世界像――を残していく（最終段落)」としている。

進化論が非常にイメージしやすい説明を提供してくれるために，進化論以外の考え方が駆逐され，あるいは進化論に取り込まれて「数あるレパートリーのひとつ（第８段落)」として矮小化されてしまうことについて，著者は「進化論にかんする私たちの日常的なイメージが正しいものであるかどうかは，いまは問わない（第６段落)」として明言してはいないものの，やや否定的な立場であるといえるだろう。

一般にこのような問題では，著者の主張に対して「賛成」「反対」など，どのような立場から考察するかを決定する必要がある。本問の場合，仮に完全に「反対」の立場をとるとすると「進化論によってあらゆる物事を説明することには問題がなく，妥当である」という主張になるが，その理由は「わかりやすいから」「なんでも説明できるから」などになりやすく，この方向で説得力のある論拠を提示するのは難しい。とすれば基本的には著者と同様の方向性をとり，例えば「進化論が様々な物事をうまく説明してくれるからといって，それ以外の視点を排除してしまうことは危険なのではないか」「すべてを『死滅か存続か』という視点でのみとらえることに問題はないか」というような観点から論を進めることが考えられる。

もちろん，ただ自分の意見を述べるだけでは十分ではない。説得力のある文章にするために，自身の主張をささえる根拠となる事実を具体例として挙げ，論拠を示したい。

解答編

■学校推薦型選抜　公募制推薦入試Ｂ方式（２教科型）

問題編

▶試験科目・配点

教　科	科　　　　目	配　点
英　語	コミュニケーション英語Ⅰ・Ⅱ	100 点
国　語	国語総合（古文・漢文を除く）	100 点

▶備　考

- 上記のほかに出身学校における成績（出身学校調査書の全体の学習成績の状況を 10 倍して 50 点満点に換算）との総合評価による（合計 250 点満点）。

英語

(50分)

1

次の英文を読んで、設問に答えよ。

When you purchase fresh-cut flowers, do you think about where they came from? You might (1) assume they were grown somewhere nearby. The reality, though, is that the cut flower trade is increasingly international. Today, thanks to airplanes and high-tech cooling systems, even the most delicate flower can be exported and sold in a flower shop thousands of kilometers from where it was grown.

The Netherlands has dominated the world cut flower trade since the 1970s. It handles about 50 percent of the world's cut flowers. And its auction houses are very large indeed—Aalsmeer, near Amsterdam, is an (A) auction house. About 120 soccer fields would fill its main building. Twenty million flowers are sold here on an average day, including roses, lilies, and—of course—tulips.

The Netherlands is also a world leader in developing new flower varieties. Dutch companies and the government invest a considerable amount of money in flower research. Their scientists look for ways to lengthen the life of cut flowers, to strengthen flowers to prevent them from being damaged while traveling, and also to strengthen the flowers' natural (2) scent.

Despite the Netherlands' dominance of the flower market, there are many places with a better climate for growing flowers. The climate of Ecuador, for example, is almost perfect. Mauricio Dávalos is the man responsible for starting Ecuador's flower industry, which has grown quickly over recent years. He claims that their biggest advantage is nature, and that their roses are the best in the world. With predictable rainy periods and 12 hours of sunlight each day, Ecuador's roses are known for their large heads and long, straight stems. Every year, Ecuador sells about 500 million flowers to the United States alone. The industry has brought employment opportunities and a stronger economy to (B) of the country. "My family has TV now. There are radios," says Yolanda Quishpe, 20, who picked roses for four years.

To others, the increasingly international nature of the flower trade is very bad news. In recent years, local growers in the United States faced huge competition from international flower companies; many have even lost their businesses. Lina Hale, an independent rose grower in California, said her father predicted the situation in the 1980s. He believed that California businesses would struggle in the future. Her father's prediction—sadly—has largely (C).

In a globalized world, what happens in one place often has far-reaching effects.

設問

1．下線部(1)(2)の意味に最も近いものを、次のア～ウからそれぞれ一つ選び、解答用紙にマークせよ。

		ア	イ	ウ
(1)	1	ア．argue	イ．complain	ウ．guess
(2)	2	ア．root	イ．smell	ウ．value

2．切り花について、本文の内容に合うものを、次のア～ウから一つ選び、解答用紙にマークせよ。 3

ア．傷みやすい品種は、長距離の輸送ができない。

イ．技術の発達により、国際的な取引が増えつつある。

ウ．鮮度を保つため、大半は消費地の近郊で生産される。

3．空所A～Cに入れるのに最も適当なものを、次のア～ウからそれぞれ一つ選び、解答用紙にマークせよ。

		ア	イ	ウ
A	4	ア．empty	イ．enormous	ウ．enough
B	5	ア．regions	イ．resources	ウ．rewards
C	6	ア．come true	イ．gone wrong	ウ．paid off

4．オランダの切り花の取引について、本文の内容に合うものを、次のア～ウから一つ選び、解答用紙にマークせよ。 7

ア．オランダ産の切り花は、主に国外の競売会社で取引される。

イ．世界の切り花の約半分は、オランダで取引されている。

ウ．オランダから毎日2,000万本の切り花が輸出されている。

5．オランダでの花の研究について、本文の内容に合わないものを、次のア～ウから一つ選び、解答用紙にマークせよ。 8

ア．オランダでは、政府が花の研究に対して多額の投資を行っている。

イ．オランダは、切り花の寿命を長くする方法を研究している。

ウ．オランダは、花の品種開発のために多くの研究者を国外から招いている。

6．エクアドルでの生花栽培について、本文の内容に合うものを、次のア～ウから一つ選び、解答用紙にマークせよ。 9

ア．エクアドルでは、バラを短期間に大量に生産することができる。

イ．エクアドルの安定した日照時間は、高品質のバラの生産に貢献している。

ウ．エクアドル産のバラは、小ぶりだが丈夫で長持ちし、一度に大量に収穫できる。

出典追記：Vivienne Walt, Flower Trade: From Field to Vase, Fresh Blooms Travel a Winding Road, National Geographic

7．本文の内容に合うものを、次のア～ウから一つ選び、解答用紙にマークせよ。 10

ア．It is becoming easier to transport flowers over long distances, which does not create a great outcome for all flower growers.

イ．The Netherlands has been making remarkable progress in flower production these days, becoming a new global center for the cut-flower trade.

ウ．With the flower trade becoming increasingly globalized, local growers need to develop cooperative relationships with each other.

2

次の会話文を読んで、設問に答えよ。

A＝Aya,　L＝Linda

A: Linda, have you decided what to wear for the graduation ceremony?

L: I'm thinking about wearing a *hakama*. But I'm worried about something.

A: Oh, I know a good *kimono* rental shop. You can rent a *hakama* for twenty to thirty thousand yen. Quite (1) reasonable, isn't it?

L: I'm not worried about money, Aya. I'm worried (　　A　　).

A: What did you say?

L: Cultural appropriation. It means using parts of another culture without respect for their cultural meanings.

A: (　　B　　) I know you have much respect for our culture.

L: Won't Japanese people feel (2) offended if a person from another country wears one?

A: I think most Japanese feel happy that people from abroad enjoy our culture.

L: I'm a little relieved to hear that. OK, I'm going to wear a *hakama*. Can you teach me how to wear it?

A: Sure. I've worn a *hakama* several times.

L: That's great.

A: Linda, is cultural appropriation really a big problem? To be honest, many of us don't think it's a problem.

L: More people are taking it as a sensitive (3) issue. My favorite singer was criticized harshly after posting a picture of herself in a traditional dress from another country.

A: Who is the singer?

L: Do you know Marion Linwood?

A: Yes, she's my favorite, too. (　　C　　) Why was she criticized?

L: She didn't wear it in a proper manner.

A: Is that the only reason? That sounds a little severe, but it seems we need to be more respectful of other cultures.

L: Yes. We don't want to (4) upset people from other cultures, after all.

設問

1．下線部(1)(2)(4)の意味に最も近いものを、次のア〜ウからそれぞれ一つ選び、解答用紙にマークせよ。

(1) [11] ア．artificial　イ．acceptable　ウ．partial

(2) [12] ア．annoyed　イ．content　ウ．deliberate

(4) [13] ア．disappoint　イ．protest　ウ．refuse

2．空所A〜Cに入れるのに最も適当なものを、次のア〜ウからそれぞれ一つ選び、解答用紙にマークせよ。

A [14] ア．nobody knows about cultural appropriation

イ．you may not want to know about cultural appropriation

ウ．it could be regarded as cultural appropriation

B [15] ア．So, you mean I should have been more aware of it?

イ．There's no problem about your wearing a *hakama*, then.

ウ．Well, that sounds more natural than I would have imagined.

C [16] ア．I believe she always wears formal dress.

イ．I'd be very excited if I saw her in a *kimono*.

ウ．She should have worn a *kimono* in that picture.

3．下線部(3)のissueと同じ意味で使われているものを、次のア〜ウから一つ選び、解答用紙にマークせよ。[17]

ア．Climate change is an issue of great importance to us all.

イ．The singer was featured in the last issue of the magazine.

ウ．The ticket is valid for a year from the date of issue.

4．Ayaについて、本文の内容に合うものを、次のア〜ウから一つ選び、解答用紙にマークせよ。[18]

ア．Ayaは、卒業式には着物ではなく、袴(はかま)を着ていく予定だ。

イ．Ayaは、常に異文化に対して敬意を払うようにしている。

ウ．Ayaは、Lindaに袴(はかま)の着方を教えるつもりだ。

5．本文の内容に合うものを、次のア〜ウから一つ選び、解答用紙にマークせよ。[19]

ア．Linda knew that people around her would be glad if she wore a *kimono* at her graduation ceremony.

イ．Aya suggested that people should pay more respect to their own culture as well as to others.

ウ．Linda was at first afraid that her wearing a *hakama* could be considered as cultural appropriation.

3　次の各文の空所に入れるのに最も適当なものを、下のア～エからそれぞれ一つ選び、解答用紙にマークせよ。

1．The dog (20) under the sofa is Spotty.

ア．lies　　イ．lays　　ウ．laid　　エ．lying

2．She (21) over the Pacific Ocean about this time tomorrow.

ア．is being flown　　イ．has been flying

ウ．will be flying　　エ．has been flown

3．If you are (22) to too many UV rays, you could increase your risk of developing skin cancer.

ア．convinced　　イ．exposed　　ウ．obliged　　エ．vanished

4．The union members went on a long strike, asking for higher (23).

ア．habits　　イ．ingredients　　ウ．soils　　エ．wages

5．The product's release date was (24) at the beginning of June, but it was postponed a month.

ア．originally　　イ．gradually　　ウ．recently　　エ．slightly

6．A: I asked Lisa to join our trip to Mexico yesterday.

B: You ought (25) me! She's the last person I'd want to travel with.

ア．have asked　　イ．be asking　　ウ．to be asking　　エ．to have asked

7．A: We've been working since this morning. Isn't it time we (26) a break?

B: Oh, yes. I'll go get some food and drinks.

ア．have taken　　イ．took　　ウ．will take　　エ．had taken

8．A: I'm going on a date this weekend. Do you know any good restaurants?

B: What about *The Island?* It has a good (27) for its cozy atmosphere.

ア．circumstance　　イ．farewell　　ウ．landscape　　エ．reputation

4　日本文の意味になるように、それぞれ下の語を並べ替えて英文を完成させるとき、２番目と４番目に来るものを、下のア～エから一つずつ選び、解答用紙にマークせよ。

1．あなたはただ彼の指示に従えばよいのです。

All you have ＿＿ [28] ＿＿ [29] his instructions.

ア．is　　イ．to　　ウ．follow　　エ．do

2．私は映画を見て夜を明かしたが、題名は覚えていない。

I stayed up all night watching a movie, whose ＿＿ [30] ＿＿ [31].

ア．I　　イ．title　　ウ．remember　　エ．don't

3．私の家族は、ときどき中華料理の出前を頼む。

My family orders in some Chinese food ＿＿ [32] ＿＿ [33].

ア．a　　イ．in　　ウ．once　　エ．while

美というものに普遍的な規準はあり得ないとする和辻は、日本の芸術の「気合いによる統一」が「規則にかなうこと」に匹敵するものであることを示すことによって西洋の美の普遍性を否定した。

エ　『風土』の中で西洋の芸術と日本の芸術の違いについて論じた和辻は、「まとまり」というものが芸術の根本原理の一つであるとし、西洋の「規則にかなうこと」と同じように、日本庭園などといった日本の芸術に見られる「気合いによる統一」もまた、そうした「まとまり」を実現する方法の一つであると考えた。

うに規則にとらわれることなく、いくつかの要素を巧みに組み合わせ、「まとまり」をつけることによって成り立っているということ。

ウ　日本庭園や絵画、絵巻などといった日本の多くの芸術では、西洋の芸術のように作品の「形」そのものに価値を見出すのではなく、その作品を生み出した人間の精神的な側面を重視しているということ。

エ　日本の芸術における美やその価値は、西洋の美術のように一つ一つの作品から自然と独立して生み出されるのではなく、いくつかの異質なものを人間が一つにまとめることによって生み出されるということ。

(9)　傍線部eの本文中における意味として、もっとも適切なものを選べ。23

ア　展開の新しさ
イ　展開の巧みさ
ウ　展開の複雑さ
エ　展開のわかりやすさ

(10)　本文中の［B］に入れるのにもっとも適切なものを選べ。24

ア　それは「本質的に空間芸術である造形美術において、時間的継起性の契機をごく自然に取り入れた」ものだ

イ　それは「日本の伝統的な空間芸術のなかに、失われていた時間的継起性の契機を取り戻そうとした」ものだ

ウ　それは「もともと空間芸術であったものに時間的継起性の契機を取り入れ、芸術形式を変質させる」ものだ

エ　それは「空間性と時間性が一体化した造形美術のなかから、時間的継起性の契機を抜き出した」ものだ

(11)　本文の内容に合致するものを一つ選べ。25

ア　古代ギリシアの芸術を高く評価する和辻は、普遍的な美の規準は古代ギリシア芸術作品の中にあるとし、「規則にかなうこと」を中心とした西洋近代の合理的な美学や日本の芸術の「気合いによる統一」などといったものについて、それらに一定の価値を認めながらも、普遍的な美の規準にはなり得ないと主張した。

イ　十七世紀のフランスにおける合理主義的な美学に端を発する「規則にかなうこと」という美の規準は普遍的なものではなく西洋近代に特殊なものに過ぎないとする和辻は、庭園や連歌・俳諧のように「統一」や「秩序」とは無縁な日本の芸術の中にこそ普遍的な美の法則が存在するのではないかと考えた。

ウ　デカルトらの思想を背景として確立された西洋近代の美学は「規則にかなうこと」を美の普遍的な規準であるとしたが、

ア　一言でいえば、それは「自然を人工的にした」ものである
イ　つまり、それは「人工的なものに自然を付加した」ものである
ウ　すなわち、それは「できるだけ自然を生かした」ものである
エ　言い換えれば、それは「自然のなかに新たな美を見出した」ものである

(5)　傍線部cについて、和辻がこのように考えたのはなぜか、その理由としてもっとも適切なものを選べ。19

ア　日本の自然はヨーロッパとは違って「雑然と不規則に荒れ果てた感じ」になっているため、それをヨーロッパの庭園のように人工的なものに作り変えることは不可能だから。
イ　ヨーロッパとは風土が大きく異なる日本では、ヨーロッパのように「規則にかなった」秩序正しい庭園を作ったとしても、その秩序正しさを維持していくことは困難だから。
ウ　「モンスーン型」の日本の自然はヨーロッパの自然のように人間があえてさまざまな手を加えて支配しなくても、おのずと秩序正しい形に変化していくものであるから。
エ　人間が自然を支配するということについて「よろこび」を感じるヨーロッパ人とは違って、日本人は自然を支配するということに対して否定的な気持ちが強いから。

(6)　本文中の[i]・[ii]に入る語句の組み合わせとして、もっとも適切なものを選べ。20

	i	ii
ア	親近性	合理的
イ	同一性	合理的
ウ	親近性	感覚的
エ	同一性	感覚的

(7)　本文中の[x]〜[z]に入る語句の組み合わせとして、もっとも適切なものを選べ。21

	x	y	z
ア	ただし	しかし	一方
イ	ただし	つまり	たとえば
ウ	また	しかし	たとえば
エ	また	つまり	一方

(8)　傍線部dの説明としてもっとも適切なものを選べ。22

ア　日本の芸術の価値というものは、彫刻や絵画などそれぞれのジャンルごとに独立した規則を持つ西洋の芸術とは違って、全てのジャンルに共通する一つの様式によって捉えることができるということ。
イ　日本庭園に限らず、日本の芸術というものは西洋の芸術のよ

ウ　活動のハンいを広げる。

エ　ハンざつな仕事を引き受ける。

⑤　ツラヌかれ　15

ア　生活しゅうカンを見直す。

イ　旅行のやっカンを確認する。

ウ　いっカンせいのない話をする。

エ　都市にカンじょう道路を作る。

(2)　傍線部aについて、「規則にかなうこと」とはどのようなものか、その説明としてもっとも適切なものを選べ。16

ア　「規則にかなうこと」とは、十七世紀フランスの合理主義的な美学に基づき、十八世紀イギリスの経験主義的な美学を経て十九世紀に確立された「統一」「秩序」を中心とする美の規準である。

イ　「規則にかなうこと」とは、古代ギリシアで確立された美の絶対的な規準であるが、それが実際の芸術作品に反映されるようになったのは近代以降のことであった。

ウ　「規則にかなうこと」とは、美の規準は「秩序正しさ」にあり、それが美的喜びをもたらすとするもので、和辻はその起源が古代ギリシアにまで遡ることができると考えた。

エ　「規則にかなうこと」とは、西洋美術において美的喜びをもたらす規準とされるものであるが、「規則」がどのようなものかについては具体的には示されてはいない。

(3)　傍線部bについて、「同様のこと」とはどのようなことか、その説明としてもっとも適切なものを選べ。17

ア　古代ギリシアの建築や文芸のなかで特に価値が高いとされている作品は、古代ギリシアの彫刻と同じように厳密に統一された規則に従って作られているということ。

イ　古代ギリシアの建築や文芸の本当の価値というものは、彫刻のレプリカに見られるような「規則にかなうこと」にあるのではなく、「いのちのリズム」のようにそれとは別のところにあるということ。

ウ　古代ギリシアの建築や文芸は同時代の彫刻と同じように、西洋の近代美学において絶対的な法則と考えられてきた「統一」や「秩序」に反するようなものになっているということ。

エ　古代ギリシアの芸術の真の魅力は、彫刻の原作に見られるような幾何学的な形にあり、作品の内部から自然と流れ出てきて人間の心にしみ透るような生き生きとした「リズム」にはないということ。

(4)　本文中の［A］に入れるのにもっとも適切なものを選べ。18

いるのである。西洋芸術の規準である「規則にかなうこと」は、決して普遍的なものではなく、「近代ヨーロッパの文化の特殊性」でしかない。日本芸術の「気合いによる統一」というものも、それに匹敵する美の規準に十分になりうるものだと和辻はいいたいのである。

日本芸術の特色を「気合いによる統一」とする見方は、和辻に限ったものではない。［ z ］、丸山眞男は周知のように論文「歴史意識の「古層」」において、日本人の歴史意識の特色を「つぎつぎになりゆくいきほひ」と規定した。丸山によれば、そうした「つぎつぎ」という時間的継起性は、芸術的形式となっても現れるという。その典型的な例として、丸山も連歌・俳諧や絵巻をあげている。連歌・俳諧においては、複数の作者が、まさに「つぎつぎ」に句を付けていく展開の妙に芸術形式の本質がある。また絵巻は、「つぎつぎ」に画面が展開していくものであるが、［ B ］という。和辻の「気合いによる統一」という規定が、空間性に沿った表現であるとすれば、丸山の「つぎつぎになりゆくいきほひ」とは、それを時間性に沿って表現したものといえよう。

西田幾多郎は、空間と時間との「矛盾的自己同一」という哲学を説いたが、特に日本文化においては、空間性と時間性とは一体化しており、絵画のような空間芸術においても、そこに時間性がツラヌかれているのである。それは、建築や庭園においても同様である。

（田中久文『日本美を哲学する』による）

(1)　二重傍線部①～⑤のカタカナの部分を漢字に直したとき、その漢字と同じ漢字を用いるものをそれぞれ一つずつ選べ。

①　ガイかつ［11］
ア　事件のガイきょうを伝える。
イ　路線バスでしガイちに入る。
ウ　切り立っただんガイが続く。
エ　古いビルのざんガイを片づける。

②　コウがい［12］
ア　パンの生地をはっコウさせる。
イ　過去のコウせきをたたえる。
ウ　コウしゅうかいに参加する。
エ　都市のきんコウに住宅を建てる。

③　シャめん［13］
ア　伝統産業がシャようとなる。
イ　罪をシャめんされる。
ウ　きしゅくシャで生活する。
エ　シャふつして消毒する。

④　もハン［14］
ア　商品のハンろを開拓する。
イ　倉庫から資材をハンしゅつする。

自然を人工的に秩序立たらしめるためには、自然に人工的なるものをかぶせるのではなく、人工を自然に従わしめねばならぬ。人工は自然を看護することによってかえって自然を内から従わしめる。

そうした意味において、日本の庭園は「自然の美の醇化・理想化」をめざしたものといえる。それは、場面こそ違え、「人体の美を醇化・理想化」した古代ギリシア人の芸術観にむしろ近いと和辻はいう。事の当否はともかく、古代ギリシアを高く評価する和辻は、日本の芸術観とのある意味での［ i ］を見出そうとしているのである。

以上のような風土の違いもあって、和辻によれば、日本では西洋の「規則にかなうこと」とはまったく異なった庭園の「まとめかた」をしているという。たとえば、杉苔の生い育った平面に、敷き石の置かれた日本庭園を考えてみよう。まず、杉苔は自然のままでは一面に生いそろうということはない。そこには、人間の「看護」が必要なのである。［ x ］、そのなかの敷き石は、幾何学的な比例によって置かれているわけではない。苔と石、石と石とのいわば「気合い」のようなものによって配置されているのである。そのために、むしろ「規則正しさ」は努めて避けられている。同様に、日本庭園の樹木も幾何学的に刈り込んだりはせず、種々の性質形状をもったものを取り合わせ、「季節の移り変わりに従って移り変わりつつ調和を保つまとまり」を求める。

このように、日本庭園における「まとまり」のつけ方は、「規則にかなうこと」ではなく、「気合いによる統一」ともいえるものであると和辻はいう。そうした「まとまり」のつけ方は、人間が［ ii ］につかみ得ないものであるから、規則ではなく、すでに作られた一定の庭の様式を「もハン」とすることによって得られる。すでに平安時代の『作庭記』にも、庭石は「むかしの上手の立てをきたるさまをあととして」立てるべきだという記述がみえる。

こうした「気合いによる統一」は、他の芸術のジャンルにおいてもいえると和辻はいう。

ある日本画では、長方形の画面の左に竹の幹が描かれ、左上部に四・五枚の竹葉がのぞき、そのやや下に一羽の雀が飛んでいる。それだけで、その他はまったく空白である。［ y ］、そこには「寸分の隙間もない釣り合い」が感じられる。

また絵巻では、そこに時間的な契機が入ってくる。「構図そのものが時間的に展開し行くように作られている」のである。その展開の仕方は、規則によるのではなく、「常に他の姿に移りゆく展開」でありながら、しかも全体として一つのまとまりをもっている。

連歌・俳諧という形式も同様である。そこでは、それぞれの句が独立した世界をもちながら、しかもその間に微妙なつながりがある。「人々はその個性の特殊性をそのままにしつつ製作において気を合わせ、互いの心の交響・呼応のうちにおのおのの体験を表現する」のである。

以上のように、日本の芸術においては、どのようなジャンルにおいても、「気合いによる統一」というものが「まとまり」のつけ方になっていると和辻はいう。ここで和辻は、芸術に関して文化相対主義的な観点をとって

た、古代ギリシアの文芸の偉大さは、人間の心のさまざまな働き方を「直観的な姿」において表現したところにある。しかし、それを彼らは厳密な律格や統一の規則に従って作ったために、やがて「規則にかなうこと」が詩の本性だと考えるようになってしまったのである。

このように、古代ギリシアの芸術の本質を「規則にかなうこと」だけにみようとする誤解は、和辻によれば、すでにローマ時代から起こっているが、特にルネサンスにおいて顕著になったという。そこでは、古代ギリシア芸術の数学的な側面のみが強調されるようになる。西洋近代は古代ギリシアの文化をローマを経由して取り入れ、さらにそれを「抽象性の愛好」という彼らの素質によって理解した。和辻によれば、それは「近代ヨーロッパの文化の特殊性」なのだという。

つまり、和辻は「規則にかなうこと」という西洋近代の美の規準が、決して普遍的なものではなく、西洋近代に特殊なものだとしているのである。そして、古代ギリシア文化一般を高く評価する和辻は、「規則にかなうこと」という美の規準が古代ギリシアに起源をもつものであることを認めながらも、それが古代ギリシアにおいては、必ずしも美の本質をなすものではなかったと主張している。

そうした和辻も、芸術というものが一般的にいって、何らかの意味で「多様の統一を根本原理とする」ということは認める。しかし、その「多様の統一」即ち「まとまり」を実現する方法は、西洋のように「規則にかなうこと」ばかりではないとする。そのことを、和辻は庭園を例に考える。

古代ギリシア人は、狭いポリスで生活していたため、庭園芸術というものと無縁であった。しかし、自然の風景に対して無関心であったわけではなく、ポリスの多くは、美しい見晴らしをもったところに作られている。しかし、ギリシア人は、そうした風景を人工的に高めようという要求はもたなかった。それに対してローマ人は、「自然を支配する人工の力のよろこび」を知り、「幾何学的な形を持った庭園」を作るようになり、それはルネサンス人に受け継がれた。ローマ②コウがいティヴォリのエステ家別荘の庭園は、ルネサンス時代の最も美しい庭園とされている。そこでは、幾何学的な直線や円の道路が地面や植物を区切っており、③シャめんを利用した石段も幾何学的な印象を強く与え、庭の隅々まで人工の噴水が設けられている。［　A　］。そこで支配的なのは、やはり「規則にかなうこと」である。

それに対して、日本の庭園の場合はどうであろうか。日本の庭園も決して自然のままではない。日本の自然はそのままにしておくと、「実に雑然と不規則に荒れ果てた感じ」になってしまう。その点では、かえって西洋の方が、近代のイギリス式庭園のように自然にほとんど手を加えないものが存在する。それは、ヨーロッパの風土そのものが、人の手を加えなくても整然とした感じを維持しているからである。しかし、いわゆる「モンスーン型」の日本の自然では、放置すれば、すぐに雑草で埋もれてしまう。日本の自然を整然と維持していくためには、ヨーロッパに比べて数十倍の労力が必要になる。そこから、日本では次のような造園術の原理が生まれたと和辻はいう。

2 次の文章を読んで後の設問に答えよ。解答は、解答用紙にマークすること。

和辻の『風土』（一九三五年）に、「芸術の風土的性格」という章がある。そこで和辻は、西洋の芸術と日本の芸術との違いについて論じている。

和辻によれば、西洋近代の美学では、[a]「規則にかなうこと」が規準とされたという。その出発点は、十七世紀のフランスにおける合理主義的な美学である。デカルトは、「合理的なこと」「論理的なこと」が感覚的印象における美的な喜びをもたらすとしたし、それを受けたライプニッツは、知覚のうちに隠されている「悟性にかなうこと」が感覚的な喜びをもたらすとした。具体的にいえば、音楽における音の秩序正しい響き、舞踊における規則正しい運動、詩における長短の綴音の規則正しい連続などといった「秩序正しさ」が美的な喜びの根拠であるとされたのである。美に対するこうした考え方は、合理主義的美学とは一見相反するような十八世紀のイギリスの経験主義的美学の根底にも流れており、そこでは感覚における「多様の統一」、「シンメトリー」、「比例」、「同じき構造を持つ部分の結合」などが美的効果をもたらす要素とされた。

さらに、十九世紀に入ると、芸術学における歴史的方法が進み、「様式」の歴史性が関心事となる。しかし、そこでも「統一」や「秩序」が芸術の法則と考えられた点は変わりなかった。また、美意識についての心理学的分析も行われるようになったが、しかし、そこで考究されているのは、従来の美的形式的原理をいかに心理学的に基礎づけるかということであって、形式原理そのものの普遍妥当性が疑われたわけではない。

和辻は、以上のように西洋の近代美学を[①]ガイかつした上で、そこでは一言でいえば、「規則にかなうこと」が美の規準とされてきたと説く。そして、そのことは西洋の実際の芸術作品にも反映しているとして、古代ギリシアにまで遡って考察している。

ただし、和辻は古代ギリシアに関しては、微妙な言い方をしている。「規則にかなうこと」という美の規準は、一見古代ギリシアの芸術作品にこそ最もよく当てはまりそうである。たとえば、ポリュクレイトスの彫刻「ドリュフォロス」は、古来人体比例の規準として有名である。これは原作が残っておらず、ローマ時代のレプリカをみるしかないが、それはたしかに比例の整然としたものである。しかし、レプリカは「ギリシアの原作にのみ見られるあの生き生きとした、鮮やかな、心にしみ透るような力を持っていない」と和辻はいう。つまり、レプリカの表現している幾何学的な比例の完全さからだけでは、古代ギリシア彫刻のもつ美しさは出てこないというのである。和辻によれば、古代ギリシア彫刻の真の魅力は、幾何学的に正確な比例やシンメトリーにあるのではなく、「内から外に流露するいのちのリズム」が表現されていることにあるという。

[b]同様のことは、古代ギリシアの建築や文芸についてもいえる。ギリシア神殿の偉大さは、その「機械的な構造」にあるのではなく、石に生命を与えて「有機的な全体」を作り出したところにある。しかし、彼らはそれを幾何学的な形において実現したために、後代の人たちは「規則にかなうこと」そのものに価値を見出すようになってしまったのだと和辻はいう。ま

ウ　急増

エ　提訴

(5) 次の言葉の意味としてもっとも適切なものをそれぞれ選べ。

① 木に竹をつぐ **6**

ア　釣り合いや調和がとれない。

イ　無意味なことをする。

ウ　自分自身の考えがない。

エ　物事の変化にうまく対応する。

② 取りつく島がない **7**

ア　ぼんやりとしていて、つかみどころがない。

イ　多忙で、一つのことに集中することができない。

ウ　何事も完璧で、批判されるような隙がない。

エ　無愛想で、頼りにするきっかけがつかめない。

(6) 次の文中における四字熟語の（　）にあてはまる漢字としてもっとも適切なものを選べ。**8**

彼は亡き父の言葉を金（　）玉条としている。

ア　科

イ　価

ウ　貨

エ　華

(7) 次の四字熟語とその意味の組み合わせのうち、適切でないものを一つ選べ。**9**

ア　明鏡止水　――　気持ちが静かで澄みきっている。

イ　因果応報　――　善悪の行為に応じた報いがある。

ウ　一騎当千　――　人並み外れた技術や経験がある。

エ　換骨奪胎　――　先人の言葉を引き合いに出す。

(8) 次の文中における傍線部の「ばかり」と同じ意味・用法の「ばかり」を一つ選べ。**10**

文句ばかり言っていても仕方がない。

ア　約束の時間に十分ばかり遅れてしまった。

イ　寝坊したばかりに忘れ物をしてしまった。

ウ　彼女は今にも泣きださんばかりであった。

エ　最近の子どもたちは漫画ばかり読んでいる。

国語

（五〇分）

1 次の設問に答えよ。解答は、解答用紙にマークすること。

(1) 次の傍線部の言葉の意味としてもっとも適切なものをそれぞれ選べ。

① 初めて書いた小説は出色のできであった。 1

ア とても優れた
イ まずまずの
ウ 予想以上の
エ 個性的な

② 全ての仕事を終えた彼はすっかり悦に入っていた。 2

ア 喜んでいた
イ 疲れ果てていた
ウ 反省していた
エ 落ち込んでいた

(2) 「光陰」の類義語としてもっとも適切なものを選べ。 3

ア 世間
イ 宿命
ウ 栄誉
エ 歳月

(3) 「召還」の対義語としてもっとも適切なものを選べ。 4

ア 派遣
イ 遅延
ウ 追随
エ 厚遇

(4) 「遮光」と熟語の組み立てが同じものを一つ選べ。 5

ア 湿原
イ 漂流

解答編

英語

1 **解答** 1ーウ 2ーイ 3ーイ 4ーイ 5ーア 6ーア
7ーイ 8ーウ 9ーイ 10ーア

解 説 ≪切り花はどこからやってくるのか≫

1．下線部の assume は「推定する」の意味である。したがって，ウ．guess が最も意味が近い。文脈から考えると，下線部の前の文で，筆者は切り花について問いを投げかけ，下線部の文で，You might … と，その問いに対する読者の答えを推測している。また，assume の後には接続詞 that が省略された名詞節が続いており，assume の目的語と考えられる。したがって，assume は think に近い意味を持つと考えるのが妥当である。そこから正解が導かれる。

2．下線部の scent は「香り」の意味である。したがって，イ．smell が正解。下線部の段は，オランダにおける花の品種改良について書かれている。イを選んで the flowers' natural smell と入れ替えて読んでみると，「花の自然な匂い」となり文脈に合う。

3．イが正解。設問文の「切り花」から，第 1 段第 1 文の When you purchase fresh-cut flowers, … に注目し，第 1 段を通読する。第 3 文（The reality, though, …）の that 以下に the cut flower trade is increasingly international とある。これは，次の文に thanks to airplanes and high-tech cooling systems, … とあるので，イの「技術の発達により，国際的な取引が増えつつある」が正解とわかる。

4．「巨大な」を意味する形容詞のイ．enormous が正解。空所の段は，オランダの切り花の取引について，その規模の大きさを書いている。空所の文は，ダッシュの前に，And its（＝the Netherlands'）auction houses are very large indeed とあり，空所の節は，その auction house の一例として，Aalsmeer を挙げている。したがって，very large と似た意味のイが適当である。

5．ア．regionsが正解。空所の段は，オランダ以外の切り花の生産地であるエクアドルについて述べられている。空所の文の主語のThe industryとは切り花の生産のことであり，文末のthe countryとはエクアドルを指している。述語動詞はbrought，目的語はemployment opportunities and a stronger economyである。したがって，to（　B　）of the countryは，「～へもたらした」という意味になり，Bには場所がくると考えられる。以上から，アを選んで「その国のいろいろな地域に」とする。reward「報酬」

6．「現実となる」の意味のア．come trueが正解。空所は，Her father's predictionを主語とする述語動詞である。prediction「予想」の内容は苦しい状況になる，ということなので，sadlyとあることからも正解はわかる。イ．go wrong「失敗する」　ウ．pay off「(危険，困難などが）利益をもたらす，報われる」

7．イが正解。設問にある「オランダの切り花の取引」については第2段（The Netherlands has …）に記述がある。同段第1文から，アは除外してよいだろう。イは「約半分」に注目して第2段を読むと，第2文にIt handles about 50 percent of the world's cut flowers.とあり，一致する。handle「扱う」

8．ウが正解。設問にある「オランダでの花の研究」については，第3段第1文にThe Netherlands is also a world leader in developing new flower varieties.とあることから，同段に記述があることが推測できる。アは同段第2文（Dutch companies and …）に，イは同段第3文（Their scientists look …）に一致している。invest「投資する」 considerable「かなりの」 lengthen「長くする」

9．イが正解。設問にある「エクアドルでの生花栽培」については，第4段（Despite the Netherlands' …）に記述がある。3つの選択肢すべてに共通する「バラ」に注目して同段を読むと，同段第4・5文（He claims that … straight stems.）および最終文（There are radios," …）に記述がある。その第5文（With predictable rainy …）に12 hours of sunlight each dayとあるのが「安定した日照時間」に一致している。また第4文のtheir roses are the best in the worldおよび第5文のtheir large heads and long, straight stems から「高品質」であると言える。stem「茎」

10. アが正解。選択肢の which 以下を正確に読み取らなければならない。which does not create a great outcome for all flower growers は，部分否定になっており「そのこと（＝花の長距離輸送がたやすくなってきていること）は必ずしもすべての栽培家にとって大きな成果を生み出すわけではない」という意味である。最終段第1文（To others, the …）とのつながりに気づきたい。続く第2文（In recent years, …）のセミコロン以下にも many（local growers）have even lost their businesses とあり，本文に一致している。イがやや紛らわしく思われるかもしれないが，第2段第1文（The Netherlands has …）より，オランダは生花の世界取引では 1970 年代からすでに主要な立場にあったことがわかるため，選択肢にあるように becoming a new global center（for the cut-flower trade）とは言えない。よって不可である。

2 解答

11―イ　12―ア　13―ア　14―ウ　15―イ　16―イ　17―ア　18―ウ　19―ウ

解説　≪袴と「文化の盗用」≫

やりとりを1つか2つ読んで話題がつかめたら，設問ごとに本文を見ていく。空所に対する設問の場合は，その前の発話，さらにその前へと解答に確信が持てるまで会話をさかのぼっていく。11〜13 のように下線部の同意語を答える問題の場合は，その文全体を読まなくても解答できる場合もあるだろう。英文は，留学生と思われる Linda が卒業式で袴を着たいがそのことに対する不安も持っている，という内容が中心になっている。cultural appropriation「文化の盗用」という概念が話題となる。

11. 下線部の reasonable は「（値段が）妥当な，手ごろな」の意味である。したがって，動詞 accept の形容詞形で「受け入れられる，まずまずの」の意味のイ．acceptable が正解。ア．artificial「人工の」 ウ．partial「部分的な，不公平な」

12. 下線部の offended は，動詞 offend「（人の）感情を害する，（人を）怒らせる」の過去分詞形で，「怒っている」の意味の形容詞としても用いられる。したがって，「（人を）いらだたせる」の意味の動詞 annoy の過去分詞で形容詞としても用いられるア．annoyedがほぼ同義である。文脈から考えると，空所Bの前のやりとりからcultural appropriationという考え方が問題となっている。これは「文化の盗用」と訳され，他者の文化をそれに対する敬意を欠いて借用することを指して用いる用語である。Lindaは，自分が袴を着ることがcultural appropriationと受け取られないかと不安に思っている。以上から，offendedは何らかの「負の」感情を表す形容詞と推測できる。イ．content「満足した」とウ．deliberate「故意の」はこれに該当しない。

13. 下線部のupsetはもとの「(物) をひっくり返す」の意味から「(人を) 動転させる，動揺させる」など何らかの意味で人の気持ちを乱すことを表す。これに該当するのはア．disappointである。

14. ウ．it could be regarded as cultural appropriationが正解。Lindaは，最初の発話で，袴を着ることに対してI'm worried about somethingと言っている。その「不安」の中身を明らかにするのがこの空所である。ウを選ぶと，itは「袴を着ること」(最初のLindaの発話) を指すことになる。そして，cultural appropriationの意味が後の発話で明らかになると，この選択肢が「不安の中身」として適当であることがわかる。

15. イ．There's no problem about your wearing a *hakama*, then.が正解。空所は，その前のLindaのcultural appropriationの説明に対する応答である。cultural appropriationが「異文化への敬意を欠く」行為だと知ったAyaは空所の後でI know you have much respect for our culture.と続けている。したがって，袴の着用を勧めているイが適当である。

16.「彼女が着物を着ているのを見たらドキドキするでしょうね」と仮定法で言うイ．I'd be very excited if I saw her in a *kimono*.が正解。Marion Linwoodという歌手が話題になっている。彼女は外国の民族衣装 (traditional dress) を着た写真を投稿して批判されたことがある，と聞いたAyaの応答である。AyaもMarion Linwoodのファンで，空所の後でWhy was she criticized?と言っているところから，批判される理由がよくわかっていない。以上の文脈から，Marion Linwoodが着物を着ているところを想像して好意的に受け止めている様子を表すイが適当である。

17. 下線部のissueは多くの意味を持つが，ここでは「問題」の意味で解釈し，a sensitive issue で「デリケートな（繊細な）問題」とするのが妥当である。したがって，an issue of great importance で「大きな重要性を持つ問題」となるアが正解。イは「(雑誌などの）号」，ウは「発行」の意味である。

18. ウが正解。Linda の５つ目の発話（I'm a little relieved …）に Can you teach me how to wear it? とあり，Aya は Sure. と答えている。すべての選択肢を検討する必要があるが，袴を着ていく予定なのは Linda であるので，アは不適。イは「異文化」と「敬意」に注目して Aya の発話を読む。最後の発話に it seems we need to be more respectful of other cultures とあり一致しているとは言えない。ウは「袴の着方」に注目して読む。

19. ウが正解。アは 14 の〔解説〕から不一致とわかる。イは，pay more respect to their own culture の their own culture が本会話では触れられていないことが，Aya の最後の発話から推測できる。したがって，ウから検討するのがよいだろう。cultural appropriation に注目して，空所Ａと次の２つの Linda の発話から一致していることがわかる。

3 解答

20―エ　21―ウ　22―イ　23―エ　24―ア　25―エ
26―イ　27―エ

解説　20.「ソファの下で寝ている犬はスポッティです」

エ．lying が正解。次の２点から判断する。文の述語動詞が is であることから，空所以下 sofa までは前の The dog を修飾する形容詞句である。したがって準動詞として用いられていることがわかる。次に，語群から判断して「寝転んでいる，横になっている」の意味の自動詞であることがわかる。自動詞の lie は lie-lay-lain-lying と活用する。他動詞の lay「(物を）横にする」は lay-laid-laid-laying と活用する。混同しないこと。

21.「彼女は明日の今ごろは，太平洋上を飛んでいるだろう」

ウ．will be flying が正解。文末の about this time tomorrow から，ここに当てはまるのはウの未来進行形である。

22.「紫外線を浴び過ぎると，皮膚ガンが発生する危険性が増大する」

「(光，危険，影響力などに）さらす」の意味の expose の過去分詞形のイ．exposed を選んで，be exposed to ～ で「～を浴びる」とする。

ア．convince「確信させる」　ウ．obliged は be obliged to *do* で「～することを余儀なくさせられる」の意味。エ．vanish「消える，消滅する」

23.「組合のメンバーは，賃金アップを要求して長いストライキを続けた」「賃金」の意味のエ．wages を選んで，asking for higher wages で「賃金アップを要求して」とする。イ．ingredients「(混合物，料理などの) 成分，材料」

24.「その製品の発売日は，もとは6月初めだったが，一カ月延期された」but 以下に「延期された」とあるところからア．originally を選んで，was originally at the beginning of June で「もとは6月初めだった」とする。product「製品，生産物，(芸術活動などによる) 作品」 release「(音楽CD，本などの) 発売，(未発表のものの) 公開」 イ．gradually「次第に」

25. A：昨日，Lisa にメキシコ旅行にいっしょに行こうと誘ったの。

B：私に尋ねてくれてもよかったのに！　Lisa は，私が一番いっしょに旅行したくない人だわ。

エ．to have asked が正解。ought は to を伴って助動詞 should の代用表現となる。Aの発話の述語動詞 asked から明らかなように，話題は「誘った」と過去のできごとに言及している。したがって，後に続く形は完了形の have *done* をとり ought to have asked me として「私に尋ねてくれるべきだったのに (尋ねなかった)」の意味を表すのが正しい。the last *A* (that) … (that は関係代名詞)「最も～しそうもない *A* (人，物)」

26. A：今朝からずっと働いている。そろそろ休憩をしていい頃だ。

B：あー，そうだね。何か食べ物と飲み物を持ってこよう。

イ．took が正解。「取る」の意味の take の時制が問われている。空所のある It's time that … の構文は，that 節に仮定法過去時制をとって「そろそろ～していい頃だ」の意味を表す。

27. A：この週末にデートするんだ。どこかいいレストランを知らないか？

B：*The Island* はどう？　こぢんまりしてくつろげる雰囲気だという評判だよ。

「評判」の意味のエ．reputation を選んで，a good reputation for its cozy atmosphere で「こぢんまりしてくつろげる雰囲気だという評判」とする。

4　解答　28ーエ　29ーウ　30ーア　31ーウ　32ーイ　33ーエ

解説　28・29. (All you have) to do is follow (his instructions.)
「ただ～しさえすればよい」の意味を表す構文は，have only to *do* と，All *A* have to do is (to) *do* ～ の2通りがあるので，語群から判断すること。all の後の関係代名詞はしばしば省略される。また，文の補語となる不定詞もしばしば to が省略される。

30・31. (I stayed up all night watching a movie, whose) title I don't remember(.)
関係代名詞 which の所有格である whose の使い方がポイントとなっている。通常の代名詞の所有格と同じく直後に名詞を伴う。whose の先行詞は a movie であるから，後に title を伴って「そのタイトル」の意味となる。

32・33. (My family orders in some Chinese food) once in a while(.)
「ときどき」の意味を表す表現が求められている。once in a while がその意味のセットフレーズである。

せる」「抜き出した」が不適。

⑾ ア、「古代ギリシア芸術作品」の中に「普遍的な美の規準」があるわけではない。イ、「日本の芸術の中」に「普遍的な美の法則が存在する」とは言っていない。ウ、「西洋の美の普遍性を否定」はしていない。

(4)　ア
(5)　イ
(6)　ア
(7)　ウ
(8)　イ
(9)　イ
(10)　ア
(11)　エ

解説

(2)　ア、「十九世紀に確立された『統一』『秩序』」が不適。第三段落に「十九世紀……そこでも『統一』や『秩序』……変わりなかった」とある。イ、「規則にかなうこと」は「古代ギリシアで確立された」のではない。エ、具体的には第二段落で説明されている。

(3)　第五段落で説明されているのであるが、「同様のこと」が第六段落でも説明されているという文脈に着目する。「古代ギリシア彫刻の真の魅力は……にあるのではなく、……にある」（第五段落）、「ギリシア神殿の偉大さは……にあるのではなく、……ところにある」（第六段落）というように説明している。

(5)　第十一段落にあるように「『モンスーン型』の日本の自然では……ヨーロッパに比べて数十倍の労力が必要になる」からである。この説明に沿って書かれている選択肢はイである。

(8)　ア、「全てのジャンルに共通する一つの様式」があるわけではない。ウ、「人間の精神的な側面を重視している」が不適。エ、「いくつかの異質なもの」をまとめるのではない。

(10)　丸山の考え方も基本的には和辻と同じであったことに着目する。空欄Bの三段落前に「絵巻では、そこに時間的な契機が入ってくる」「その展開の仕方は、規則によるのではなく」とある。イ・ウ・エは「取り戻そうとした」「変質さ

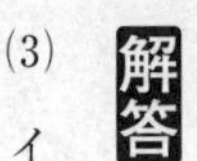

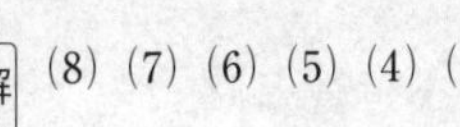
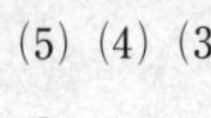

国語

1

解答

(1) ①―ア　②―ア

(2) エ

(3) ア

(4) エ

(5) ①―ア　②―エ

(6) ア

(7) エ

(8) エ

解説

(7) 「換骨奪胎」は〝先人の詩文などの表現を借りて、独自のものを作り上げていく〟意。

(8) 例文中の「ばかり」の意味・用法は「限定」である。

2

出典　田中久文『日本美を哲学する―あはれ・幽玄・さび・いき』〈第六章　建築と庭園―「気合いによる統一」　一　東西の「まとめかた」の違い〉（青土社）

解答

(1) ①―ア　②―エ　③―ア　④―ウ　⑤―ウ

(2) ウ

(3) イ

■一般選抜　一般入試［第１期］（３教科型・２教科型）

問題編

▶試験科目・配点

学部	教科	科目	配点
3教科型	英語	コミュニケーション英語Ⅰ・Ⅱ	100 点
	地歴・公民・数学	日本史Ｂ，世界史Ｂ，現代社会，「数学Ⅰ・Ａ」から１科目選択	100 点
	国語	国語総合（古文・漢文を除く）	100 点
2教科型	英語	コミュニケーション英語Ⅰ・Ⅱ	100 点
	国語	国語総合（古文・漢文を除く）	100 点

▶備　考

ハイスコア方式：複数日程受験の場合，各教科それぞれの最高点の合計点で判定される。

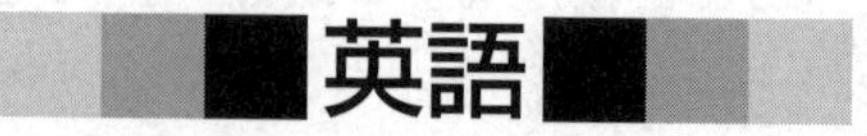

（60分）

1　次の英文を読んで、設問に答えよ。

Women called geniuses have endured stereotypes and discrimination. However, they have played an important (1) part in leading the way toward inventions and discoveries that have changed our lives. Some women have made life easier for people all over the world. Other women have impacted science and math in ways that are only just now being understood.

Some inventions that have made life easier are the dishwasher and the ice cream maker. In 1843, (あ) Nancy Johnson created a machine that was an immediate hit with kids everywhere. She invented a hand-operated ice cream maker. The inner bowl included a turning spoon to mix the ingredients. The outer bowl held salt and ice, which helped (　A　) the ice cream while allowing the person turning the handle to mix it. Both children and adults appreciated this easy way of making such a delicious dessert. Josephine Cochrane invented the first dishwashing machine in 1886. She was tired of her servants damaging her expensive dishes. She measured all of the dishes and made wire compartments to place them in. Her invention was the first to use water pressure to shoot hot, soapy water onto the dishes inside the machine.

Other inventions have the practical application of making life safer. Mary Anderson invented the first hand-operated wiper for car windows in 1903. It required users to use their hand to pull a lever to remove ice and snow from the window. Some did not feel it was safe because drivers had to do two things (　B　). It did not have commercial success because car companies did not feel that it would be necessary for commercial use. However, when her patent (　C　) in 1920, a large car company used her design and made it standard equipment in all of their cars. She never received any (2) compensation for her contribution.

When you ask most people who discovered DNA's complex shape in the 1960s, they will probably (3) name two men if they know biology well. However, the discovery was first made by Rosalind Franklin in 1953. She was the first to (4) capture evidence of the shape of DNA in a photograph. Her research was stolen, and she was not given credit until years later.

There are many inventions and discoveries that have been made throughout the years. (い) It is important to give women credit for what they have achieved where it is due. Too often, the things they contributed to science have not been properly appreciated. Either their inventions or discoveries were not taken seriously in their time or their contributions were only recognized years later. Thankfully, (う) they held to their belief in science and ignored or fought discrimination in their paths.

設問

1．下線部(1)(2)(4)の意味に最も近いものを、次のア～ウからそれぞれ一つ選び、解答用紙にマークせよ。

(1)	1	ア．district	イ．portion	ウ．role
(2)	2	ア．criticism	イ．money	ウ．reputation
(4)	3	ア．compare	イ．examine	ウ．find

2．空所A～Cに入れるのに最も適当なものを、次のア～ウからそれぞれ一つ選び、解答用紙にマークせよ。

A	4	ア．eat	イ．freeze	ウ．sell
B	5	ア．at once	イ．by heart	ウ．for free
C	6	ア．became effective	イ．ran out	ウ．was protected

3．下線部(3)のnameと同じ用法で使われているものを、次のア～ウから一つ選び、解答用紙にマークせよ。 7

ア．The island takes its name from the discoverer.

イ．I wanted to name the cat *Mugi*, but my wife didn't agree.

ウ．Can you name the prime minister of the United Kingdom?

4．下線部(あ)(い)(う)の意味として最も適当なものを、次のア～ウからそれぞれ一つ選び、解答用紙にマークせよ。

(あ) 8

ア．Nancy Johnsonは、あらゆる点で直接子どもたちの心に訴えかける機械を生み出した

イ．Nancy Johnsonが開発した機械は、世界中の子どもたちにとって、まさに衝撃的な商品であった

ウ．Nancy Johnsonが開発した機械は、すぐにあらゆるところで子どもたちに大人気の商品となった

(い) 9

ア．女性が成し遂げたことに対して、その功績を正当に評価することが重要である。

イ．どんな場合でも女性を信用して、女性がしかるべき地位を獲得できるようにすることが重要である。

ウ．機が熟したら、女性がこれまでに獲得していたはずの名誉を女性に与えることが重要である。

(う) 10

ア．彼女たちは科学の信頼性を高めていった

イ．彼女たちは科学への信頼を失うことはなかった

ウ．彼女たちは信念に基づいて科学を批判し続けた

出典追記：Reading for the Academic World 2 by Averil Coxhead and Paul Nation, Seed Learning, Inc.

５．本文の内容に合うものを、次のア〜ウから一つ選び、解答用紙にマークせよ。 11

ア．Women's contributions to science were often very slow to be appreciated properly.

イ．It was not until 1920 that drivers were liberated from the trouble of operating a wiper with their hand.

ウ．Josephine Cochrane was unhappy with her servants' ways of working, which led her to invent the ice cream maker.

次の会話文を読んで、設問に答えよ。

S = Secretary　　C = Caller

S: English Language Center. How may I help you?

C: I'm calling to (1) find out information about your program. What courses do you offer?

S: Well, the purpose of our program is to provide language learning opportunities to this area's community, whether a student's goal is to master basic functional language skills, let's say, for his or her job, or to study intensively to enter a US college or university.

C: Okay. (　　　A　　　)

S: That's the kind of instruction that we provide, from basic communication courses to content-based classes such as computer literacy, intercultural communication, and business English.

C: Great. What are your application deadlines for the next semester?

S: Well, we ask applicants to apply no later than two months before the semester begins. (2) This gives us time to process the application and issue the student's I-20.

C: An I-20?

S: It is a form that indicates that we are giving (3) permission for the student to study in our program.

C: All right. (　　　B　　　)

S: They are two thousand thirty dollars.

C: And how does one apply?

S: Well, we can send you an application and you can mail it back to us, or (4) you can fill out our application online on our website.

C: (　　　C　　　)

S: Uh, yes. You would need to send in a $35 application fee, a sponsorship form, and a bank statement showing that you or your sponsor has (5) sufficient funds to cover tuition expenses and living costs for the entire year of study.

C: How can I send these materials to you?

S: You can either send the application packet by regular mail or fax it.

C: And the application fee?

S: We only accept valid credit cards.

C: I understand. I think that's about it. Thank you for your help.

S: No problem. (6) <u>Please don't hesitate to call again</u> if you have any other questions.

C: Okay. Goodbye.

設問

1．下線部(1)(3)(5)の意味に最も近いものを、次のア～ウからそれぞれ一つ選び、解答用紙にマークせよ。

(1) [12] ア．sustain　イ．retain　ウ．obtain

(3) [13] ア．approval　イ．deficit　ウ．praise

(5) [14] ア．enough　イ．inadequate　ウ．spectacular

2．空所Ａ～Ｃに入れるのに最も適当なものを、次のア～ウからそれぞれ一つ選び、解答用紙にマークせよ。

A [15] ア．I haven't decided on my major yet.
イ．Acquiring a driver's license is my goal.
ウ．I'm interested in attending a US university.

B [16] ア．What scholarships are available for applicants?
イ．What are the school fees for a full-time student?
ウ．What are the requirements for enrolling in your program?

C [17] ア．Do I need to send any English language test scores to apply for your program?
イ．Do you decline an application according to individual financial circumstances?
ウ．Is there anything else that I would need to send in addition to the application form?

3．下線部(2)(4)(6)とほぼ同じ意味になるものを、次のア～ウからそれぞれ一つ選び、解答用紙にマークせよ。

(2) [18] ア．We need to revise the application and the student's I-20 form in advance.
イ．This enables us to deal with the application and release the student's I-20.
ウ．This saves time to check the application and materials related to the student's I-20.

(4) [19] ア．you can complete our online application on our website
イ．you can download our online application if you go to our website
ウ．you can use a computer to find our online application

(6) [20] ア．Please feel free to call us again
イ．Please don't postpone a decision to seek guidance
ウ．Please take a moment to consider your applications

4．本文の内容に合うものを、次のア～ウから一つ選び、解答用紙にマークせよ。 [21]

ア．An application must be submitted with two other necessary documents to apply for the program.

イ．Applicants will be asked to select a level of the language program after the semester begins.

ウ．Computer literacy is not included in the communication courses that the English Language Center offers.

3

次の各文の空所に入れるのに最も適当なものを、それぞれア～エより一つ選び、解答用紙にマークせよ。

1．It doesn't (22) much to me whether he succeeds or not.

ア．deal　イ．fail　ウ．make　エ．matter

2．I thought he was famous, but (23) of my friends had ever heard of him.

ア．everyone　イ．most　ウ．none　エ．no one

3．Let's drink this vintage wine on a special (24) like our 30th wedding anniversary.

ア．connection　イ．destiny　ウ．occasion　エ．tribute

4．Regular exercise will make him (25) better.

ア．feel　イ．having felt　ウ．to feel　エ．to have felt

5．The initial contract was extended on January 21st (26) the contract was renewed.

ア．when　イ．where　ウ．wherever　エ．while

6．Quite (27), he managed to do the laundry and wash the dishes after coming home.

ア．exhaust　イ．exhausted　ウ．exhausting　エ．to exhaust

4 日本文の意味になるように、それぞれ下の語（句）を並べ替えて英文を完成させるとき、２番目と４番目に来るものを、下のア～エから一つずつ選び、解答用紙にマークせよ。なお、文頭に来る語も小文字で示している。

1．カレンズ・カフェの料理はすべて素晴らしかった。その上、価格はそんなに高くなかった。

All the food at Karen's Cafe was great. ＿＿ [28] ＿＿, [29] were not so high.

ア．is　　イ．more　　ウ．the prices　　エ．what

2．私の娘は、私が作るどんな料理でも喜んで食べる。

My daughter is ＿＿ [30] ＿＿ [31] I cook.

ア．dishes　　イ．to eat　　ウ．whatever　　エ．willing

3．気候変動は農業に重大な影響を与え続けるだろう。

Climate change will continue to have a ＿＿ [32] ＿＿ [33].

ア．farming　　イ．impact　　ウ．on　　エ．significant

日本史

(60分)

1 次の文A～Cの下線部 (a)～(j) について、正しい場合はアを、誤っている場合はイ～オのうちから正しいものを一つ選べ。　1 ～ 10

A. 8世紀の後半以降、墾田開発を進めて富を蓄積する有力農民が現れるようになった。一方、税の徴収や兵役を逃れるため性別・年齢などを偽る逃散(a)や、口分田の耕作の放棄も頻繁にみられるようになった。こうして、課税に際しての基本台帳である計帳(b)などを通じて土地と人を把握する律令制本来の支配方法の継続は、徐々に困難になっていった。このような状況のもと、国家は、各地に新たに官田や免田(c)を設置し、有力農民に耕作を請け負わせるなどして、課税の対象を個別の人から土地へと転換する動きをみせるようになった。

(a) ア. 正　イ. 浮浪　ウ. 偽籍　エ. 私徳政　オ. 逃亡　1

(b) ア. 正　イ. 申文　ウ. 大田文　エ. 国絵図　オ. 検地帳　2

(c) ア. 正　イ. 門田　ウ. 佃　エ. 一色田　オ. 勅旨田　3

B. 10世紀に入る前後になると、国家は、地方に赴任する国司に対し、中央への税の納入に一定の責任を負うことを条件として、それぞれの任国における土地の支配を委ねるようになった。現地に赴き支配をおこなう国司の最上席者は遙任(d)と呼ばれた。彼らは管轄下にある国内の田地を名という単位に編成し、その耕作を有力農民である田堵(e)に請け負わせて、土地の面積や状況に応じ税を徴収した。こうした国司の最上席者の中には、国家などのおこなう造営工事を請け負い、これと引き替えに官職を得る蔭位(f)という制度を利用して活発に活動する者も多かった。

(d) ア. 正　イ. 受領　ウ. 守護　エ. 地頭　オ. 押領使　4

(e) ア. 正　イ. 作人　ウ. 国人　エ. 沙汰人　オ. 郷司　5

(f) ア. 正　イ. 給名　ウ. 新制　エ. 成功　オ. 昇殿　6

C. 土地の権利を守ろうとする有力農民らと、律令制の衰退による収入の減少を補おうとする貴族や大寺社は徐々に結びつきを強め、有力農民の土地が貴族や大寺社に寄進されることが増加した。10世紀初めの安和(g)年間には、こうした動きを抑制しようとする初めての荘園整理令が出されたが、そこでの規制はかえって荘園設立の動きを促進する結果を生じさせた。荘園領主は、各地の荘園にその管理をおこなう衛士(h)を派遣し、また税の免除の権利や、国司が派遣する検田使(i)の立ち入りを拒否する権利などを獲得した。このような動きに対し、1069年、後白河(j)天皇は記録荘園券契所を設置して、莫大な荘園を集積していた摂関家や大寺社などの力をおさえようとした。

(g) ア．正　イ．延喜　ウ．寛平　エ．天暦　オ．承平　[7]

(h) ア．正　イ．目代　ウ．預所　エ．郡司　オ．郷長　[8]

(i) ア．正　イ．追捕使　ウ．雑掌　エ．勘解由使　オ．西面の武士　[9]

(j) ア．正　イ．宇多　ウ．白河　エ．後一条　オ．後三条　[10]

2

次の文A～Cを読み、問1～8に答えよ。　[11]～[18]

A．奈良時代に中国より伝来したとされる雑芸の散楽は、平安時代には広く流布して宴会や祭礼などの場で盛んにおこなわれていたが、のちに民間に流布して猿楽となった。また平安中期以降には、農耕祭礼の神事芸能として田楽も流行した。もともとは、さまざまな芸能を含んでいた猿楽や田楽であったが、その中から次第に歌舞・演劇の形をとる能が発達し、室町時代初めには大寺社に奉仕する大和猿楽四座が成立した。そして、将軍[a]の保護を受けた観阿弥・世阿弥父子が、洗練された芸術性の高い猿楽能を完成させた。猿楽能が上流階級に愛好される一方で、民衆のあいだでも人びとが参加し楽しむ歌謡や踊りなどの芸能が広まった(b)。

問1　空欄[a]に入る語句として正しいものを、次のア～オのうちから一つ選べ。　[11]

ア．足利尊氏　イ．足利義満　ウ．足利義持　エ．足利義教　オ．足利義政

問2　下線部（b）に関する説明として誤っているものを、次のア～エのうちから一つ選べ。　[12]

ア．当時の民衆のあいだで歌われ流行した小歌などを集録した『犬筑波集』が山崎宗鑑によって編まれた。

イ．能のあいだに演じられるようになった狂言は、風刺性が強く民衆生活に題材を求めたものが多かった。

ウ．民衆に愛好された芸能として幸若舞などもあった。

エ．民衆のあいだでは、はなやかな衣装で仮装して踊る風流踊りや念仏踊りがさかんになり、戦国時代にはそれらが融合して盆踊りとなっていった。

B．17世紀の初めに、出雲の阿国が京都で始めた踊りは歌舞伎の始まりとなり、小歌や人形浄瑠璃も流行した(c)。つづく17世紀後半から18世紀にかけて元禄文化が成熟すると、芸能の分野も大きく発展した。能や狂言が武士の世界にとどまったのに対し、歌舞伎は民衆の演劇として発達し、荒事で評判を得た江戸の［ d ］や、和事を得意とする上方の［ e ］らの名優が登場した。また人形浄瑠璃では、竹本義太夫が竹本座を創設し、浄瑠璃の諸流を総合して義太夫節を完成させた。こうした歌舞伎や人形浄瑠璃の作者として活躍した近松門左衛門の作品には［ f ］などがある。

問3　下線部（c）に関する説明①～④について、正しいものの組み合わせを、次のア～エのうちから一つ選べ。［13］

①阿国のかぶき踊りは念仏踊りなどをひろく取り入れたものとされる。

②阿国のかぶき踊りは若衆歌舞伎と呼ばれ、のちに江戸幕府により禁止された。

③小歌では堺の商人高三隆達が節づけた隆達節が流行した。

④三味線の伴奏を取り入れた人形浄瑠璃を古浄瑠璃という。

ア．①と④　　イ．②と③　　ウ．③と④　　エ．①と③

問4　空欄［ d ］・［ e ］に入る語句として正しいものの組み合わせを、次のア～エのうちから一つ選べ。［14］

ア．d：坂田藤十郎　　e：尾上松之助

イ．d：阪東妻三郎　　e：市川団十郎

ウ．d：尾上松之助　　e：阪東妻三郎

エ．d：市川団十郎　　e：坂田藤十郎

問5　空欄［ f ］に入る語句として正しいものを、次のア～オのうちから一つ選べ。［15］

ア．偐紫田舎源氏　イ．義経千本桜　ウ．国性（姓）爺合戦　エ．浮世風呂

オ．猿蓑

C．江戸中・後期には、多くの都市に常設された芝居小屋が活況を呈するようになり、見世物や曲芸・講談などの小屋や寄席が開かれた。人形浄瑠璃では、上方の［ g ］やその弟子の［ h ］らが知られていたが、やがて歌舞伎におされて衰退していった。一方、歌舞伎は18世紀後半以降、舞台装置にも工夫がほどこされるなど、とくに江戸を中心に発展し、興行などで地方にも伝わった(i)。明治初期、歌舞伎は文明開化の風潮のもと批判にさらされたが、明治中期には新しい時代に対応して9代目市川団十郎らによる黄金時代を迎える。また新たな演劇として［ j ］の壮士芝居を経て発展した新派劇や、西洋の近代劇を翻訳・上演する新劇が展開していった。

問6　空欄[g]・[h]に入る語句として正しいものの組み合わせを、次のア～エのうちから一つ選べ。　[16]

ア．g：竹田出雲　h：近松半二　イ．g：柳亭種彦　h：河竹黙阿弥

ウ．g：柳亭種彦　h：近松半二　エ．g：竹田出雲　h：河竹黙阿弥

問7　下線部(i)に関する説明として誤っているものを、次のア～エのうちから一つ選べ。　[17]

ア．化政文化期には、7代目市川団十郎や尾上・沢村・中村らの人気役者が活躍した。

イ．幕末から明治にかけては、盗賊を主人公とする白浪物が評判を呼んだ。

ウ．化政文化期には、各地の村々で歌舞伎をまねた村芝居が取り組まれた。

エ．鶴屋南北が『仮名手本忠臣蔵』の脚本を書いた。

問8　空欄[j]に入る語句として正しいものを、次のア～オのうちから一つ選べ。　[18]

ア．尾上菊五郎　イ．島村抱月　ウ．小山内薫　エ．市川左団次　オ．川上音二郎

3

次の史料A・Bを読み、問1～6に答えよ。　[19]～[24]

A．(天平十五年(743)五月) 乙丑(きのとうし)、詔(みことのり)して曰(のたま)はく、「如聞(きくな)らく、「墾田は養老七年の格(きゃく)に依(よ)り、限(かぎり)満(み)つる後(のち)は例(ためし)に依りて収授す。是(これ)に由(よ)りて農夫怠り倦(う)みて地を開きし後荒(すさ)みぬ」ときく。今より以後(のち)、任(ほしきまにま)に私の財(たから)として、三世一身を論(あげつら)ふこと無く、咸悉(ことごと)くに永年に取ること莫(なか)れ。其(そ)れ、親王の一品と一位とには五百町、二品と二位とには四百町、三品・四品と三位とには三百町、四位には二百町、五位には百町、六位已下八位已上には五十町、初位(そい)已下庶人に至るまでには十町。但し郡司は大領・少領に三十町、主政・主帳に十町。若(も)し先より給ひし地茲(こ)の限(かぎり)に過多すること有(あ)らば、便即(すなは)ち公(おほやけ)に還(かへ)し、奸作(けんさ)隠欺(おむこ)は罪を科(おほ)すこと法(のり)の如(ごと)し。国司任に在る日は、墾田一(もは)ら前(さき)の格に依れ」とのたまふ。

(『続日本紀』、原漢文)

問1　史料Aにみえる「養老七年の格」とは何という法令か、次のア～オのうちから一つ選べ。　[19]

ア．班田収授法　イ．蓄銭叙位令　ウ．田令

エ．三世一身法　オ．墾田永年私財法

問2　史料Aの内容として誤っているものを、次のア～エのうちから一つ選べ。　[20]

ア．「養老七年の格」による収公が原因で墾田地の放棄があった。

イ．墾田地の永年の私有が認められたのは官人のみであった。

ウ．墾田地の面積は位階等によって制限された。

エ．既存の墾田地でこの法令の制限を越えるものは収公された。

問3　史料Aの法令が出された頃の出来事として誤っているものを、次のア～オのうちから一つ選べ。　21

ア．九州で大きな反乱が起こった。

イ．都を転々としていた。

ウ．国分寺の建立が命じられた。

エ．盧舎那仏の造立が命じられた。

オ．良田百万町歩の開墾が計画された。

B．西洋諸国の文明は以て満足するに足らず。然ば則ちこれを捨てて採らざるか。これを採らざるときは何れの地位に居て安んずるか。半開も安んずべき地位にあらず、いわんや野蛮の地位に於てをや。この二つの地位を棄れば、別にまた帰する所を求めざるべからず。……文明は死物にあらず、動て進むものなり。動て進むものは必ず順序階級を経ざるべからず。即ち野蛮は半開に進み、半開は文明に進み、その文明も今正に進歩の時なり。欧羅巴（ヨーロッパ）といえども、その文明の由来を尋れば、必ずこの順序階級を経て、以て今日の有様に至りしものなれば、今の欧羅巴の文明は、即ち今の世界の人智を以て僅（わずか）に達し得たる頂上の地位というべきのみ。されば今世界中の諸国に於て、たといその有様は野蛮なるもあるいは半開なるも、いやしくも一国文明の進歩を謀るものは、欧羅巴の文明を目的として議論の本位を定め、この本位に拠て事物の利害得失を談ぜざるべからず。

（『文明論之概略』）

問4　史料Bの著者として正しいものを、次のア～オのうちから一つ選べ。　22

ア．森有礼　　イ．福沢諭吉　　ウ．西周　　エ．西村茂樹　　オ．津田真道

問5　史料Bの著者の主張内容として誤っているものを、次のア～エのうちから一つ選べ。　23

ア．「半開」も「野蛮」も安定できる文明の状態ではないので、西洋の文明によるべきである。

イ．文明は死物ではなく、「野蛮」から「半開」、「半開」から文明へと動いて進むものである。

ウ．現在の西洋の文明は、人智に基づいた文明として、これ以上進む必要のない頂上の地位にある。

エ．世界の現在の国々は、自国の文明を進めようとするならば、西洋の文明を目標として、利害得失を議論すべきである。

問6　史料Bが出版された明治時代の思想界の説明として正しいものを、次のア～エのうちから一つ選べ。　[24]

ア. 儒教や神道による考え方や古い習慣が時代遅れとされ、功利主義や社会主義などの西洋近代思想が流行した。

イ. 加藤弘之は、自由民権運動に指導理論ともなった『人権新説』を著わし、天賦人権の思想を主張した。

ウ. フランスに留学した土佐出身の中江兆民は、スマイルズの『自助論』を『西国立志編』として、翻訳・紹介した。

エ. 英・米の自由主義や功利主義が新思想として受け入れられ、またダーウィンの生物進化論が紹介された。

4

次の文A～Cの空欄[25]～[39]に入る適切な語を、それぞれの語群ア～コのうちから選べ。　[25]～[39]

A. 1605年、将軍職を子の徳川秀忠に譲った家康は、翌年に上洛して、自分の推挙なしに武家に官位を与えぬよう[25]を通じて朝廷に申し入れた。駿府を拠点とする大御所政治では、内裏・仙洞御所の造営・整備とともに、[26]天皇の譲位への干渉などによって、朝廷に対する統制を強めていった。1613年には[27]が出され、公家の職分として家職の励行や禁裏警衛の精勤などが定められた。ついで、1615年には朝廷と公家を統制する法度が出されると、同じ年に大名が遵守すべき規範を示した[28]も制定された。さらに、1620年には秀忠の娘[29]を入内させたのを機に、いっそう朝廷の権能を全国支配に利用した。

〈語群〉
ア. 公家衆法度　イ. 諸社禰宜神主法度　ウ. 和宮
エ. 後陽成　オ. 後水尾　カ. 武家伝奏
キ. 禁中並公家諸法度　ク. 武家諸法度　ケ. 京都町奉行
コ. 和子

B. 5代将軍綱吉の時には、忠孝と礼儀を重んじる政治へと転換し、泰平の秩序を維持するために朝廷と協調する政策がおこなわれた。1687年には天皇即位の儀礼である[30]や、1694年には賀茂葵祭が再興された。また、生類憐みの令と同時期に出された[31]は、死や血を忌みきらう風潮をつくり出した。その後、朱子学者の[32]も朝廷との融和につとめ、幕府から費用を献じて新たに[33]を創設したり、7代将軍[34]と皇女の縁組をまとめて将軍と幕府の権威の高揚に尽力した。なお、こうした朝幕協調における儀礼重視を背景に発生した赤穂事件は、武家社会の矛盾を象徴するものであった。

〈語群〉 ア．有栖川宮家 イ．大嘗祭 ウ．家継 エ．殉死の禁
オ．新井白石 カ．家重 キ．服忌令 ク．林鳳岡
ケ．閑院宮家 コ．日光社参

C．徳川政権の長期安定化がはかられる一方で、天皇を尊ぶ尊王論を主張する者もあった。『大日本史』の編纂にたずさわった水戸学の人びとや、[35]とその一門がそれである。その後、18世紀後半には尊王論の主張がついに政治的な事件を引き起こすにいたる。京都で垂加神道を学んだ[36]は、朝廷の復古派の公家に尊王論を説いた宝暦事件で追放刑となった。また、兵学者の山県大弐は『[37]』を著し、江戸で幕政批判を説いた[38]で死罪に処せられた。寛政期には、光格天皇が実父に「太上天皇」の称号を贈ろうとした[39]と呼ばれる事件を引き起こし、朝幕協調の関係に亀裂を生じさせた。こうした動向は、幕末における天皇権威の上昇の伏線となっていった。

〈語群〉 ア．浅見絅斎 イ．尊号一件 ウ．伊藤仁斎 エ．柳子新論
オ．政談 カ．竹内式部 キ．紫衣事件 ク．蛮社の獄
ケ．明和事件 コ．山崎闇斎

世界史

（60分）

1 次の文章を読み、下記の問1～9に答えよ。　[1]～[9]

907年の唐の滅亡は、東アジア諸国に大きな影響を及ぼすことになった。朝鮮半島では、676年に統一を成し遂げて以来支配を続けていた[あ]が、豪族間の抗争や農民反乱で衰えると、918年に地方豪族の王建が〔 a 〕を都として高麗を建国し、936年には半島を統一した。高麗では中国にならって科挙(A)を採用して官僚制度を整え、両班と称される階層による国家運営が行われた。文化の面では[い]を国教とし、また、宋(B)の影響を受けながらも、独自の技法により、高麗青磁が生産された。13世紀になると、高麗はモンゴル帝国(C)の侵入を受け、長期の抗戦の末に1259年に降伏し服属した。

14世紀後半に明が建国されると、高麗では親元派と親明派が対立するようになるが、倭寇を撃退して名声を高めていた親明派の李成桂が、高麗を倒して〔 b 〕を都に朝鮮を建国した。朝鮮では[う]が採用され、また科挙も整備され、両班による支配体制が確立された。15世紀になると、活版印刷が盛んになり、様々な書物の印刷(D)が進められた。1446年には第4代王の世宗によって、独自の表音文字である[え]が公布された。

問1　空欄[あ]に入る語として適切なものを、次のア～エのうちから一つ選べ。　[1]

ア．加耶（加羅）　イ．新羅　ウ．百済　エ．渤海

問2　空欄〔 a 〕・〔 b 〕に入る語の組み合わせとして適切なものを、次のア～カのうちから一つ選べ。　[2]

ア．〔a〕漢城　〔b〕平壌　　イ．〔a〕漢城　〔b〕開城
ウ．〔a〕開城　〔b〕平壌　　エ．〔a〕開城　〔b〕漢城
オ．〔a〕平壌　〔b〕漢城　　カ．〔a〕平壌　〔b〕開城

問3　下線部Aに関連して、中国の科挙について述べた文として誤っているものを、次のア～エのうちから一つ選べ。　[3]

ア．科挙制度は隋代にはじめられた。
イ．皇帝が試験官となる殿試がはじめられたのは、宋代である。

ウ．清の滅亡後、廃止された。

エ．合格者は経済力のある地主層が多かった。

問4　空欄［い］に入る語として適切なものを、次のア～エのうちから一つ選べ。［4］

ア．儒教　イ．道教　ウ．仏教　エ．景教

問5　下線部Bの時代の出来事について述べた文として適切なものを、次のア～エのうちから一つ選べ。［5］

ア．司馬光が『資治通鑑』を編纂した。

イ．文学では、韓愈・欧陽脩らが活躍した。

ウ．雲崗石窟が造営された。

エ．『水滸伝』などの小説が、広く読まれるようになった。

問6　下線部Cによって滅ぼされた政権として適切なものを、次のア～エのうちから一つ選べ。［6］

ア．アッバース朝　イ．ファーティマ朝　ウ．ゴール朝　エ．マムルーク朝

問7　空欄［う］に入る語として適切なものを、次のア～エのうちから一つ選べ。［7］

ア．訓詁学　イ．考証学　ウ．朱子学　エ．陽明学

問8　下線部Dの歴史について述べた文として誤っているものを、次のア～エのうちから一つ選べ。［8］

ア．唐代頃に始まった木版印刷が、宋代に発展し普及した。

イ．印刷技術は、イスラーム世界から中国へと伝えられた。

ウ．金属活字が、高麗で使用された。

エ．ヨーロッパに伝わった活字印刷は、グーテンベルクにより改良された。

問9　空欄［え］に入る語として適切なものを、次のア～エのうちから一つ選べ。［9］

ア．楔形文字　イ．訓民正音　ウ．甲骨文字　エ．字喃

2

次の文章を読み、下記の問1～9に答えよ。 10 ～ 18

中世のヨーロッパでは、農業と商業の活性化により経済が上昇局面に向かうとともに、キリスト教が庶民の世界にまで広まり、それにともなって聖地巡礼が盛んになった。

キリスト教の聖地の一つであるイェルサレム(A)は、イスラーム教の聖地でもあり、7世紀以来イスラーム勢力の支配下にあった。11世紀にイェルサレムを支配していた[あ]がアナトリアまで進出すると、ビザンツ皇帝は脅威を感じ、ローマ教皇に援助を求めた。教皇[い]は、1095年、[う]宗教会議をひらき、聖地回復を目的とする十字軍の派遣を提唱した。

1096年、諸侯や騎士を中心とする第1回十字軍が出発し、1099年に聖地回復に成功してイェルサレム王国をたてた。しかし、1世紀後にイェルサレムはアイユーブ朝の[え]に奪回され、これに対抗して各国の王が参加した第3回十字軍も、聖地奪回を達成できなかった。そのうえ、第4回十字軍は聖地回復という当初の目的を逸脱した事態をまねいた(B)。第5回十字軍はイェルサレムを一時的に回復したが、第6回、第7回十字軍は失敗に終わった。その一方で、十字軍がおこなわれている間に、聖地巡礼の保護を目的として結成された団体(C)が各地で活躍した。いくども遠征がおこなわれて、大規模な人の移動をともなった十字軍は、社会にさまざまな影響を与えた(D)。

問1　下線部Aの都市の位置を示すものとして適切なものを、次の地図中のア～エのうちから一つ選べ。 10

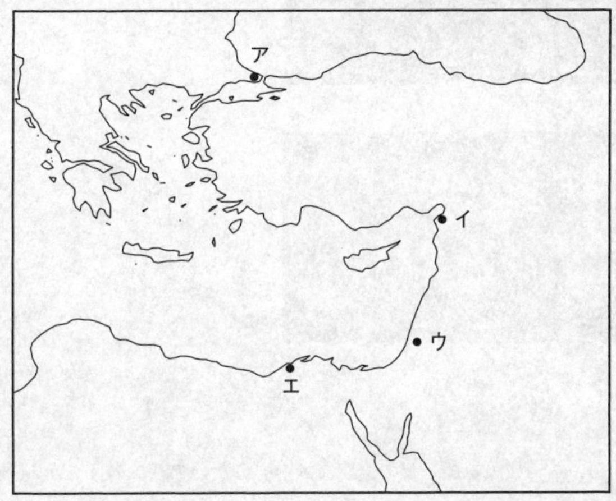

問2　下線部Aにある、イスラーム教徒が建てた「岩のドーム」の写真として適切なものを、次のア～エのうちから一つ選べ。　11

ア

イ

ウ

エ

問3　空欄［あ］に入る語として適切なものを、次のア～エのうちから一つ選べ。

12

ア．アケメネス（アカイメネス）朝　イ．ナスル朝　ウ．ササン朝
エ．セルジューク朝

問4　空欄［　い　］に入る人物として適切なものを、次のア～エのうちから一つ選べ。［13］

ア. インノケンティウス3世　　イ. ウルバヌス2世　　ウ. グレゴリウス7世
エ. ボニファティウス8世

問5　空欄［　う　］に入る語として適切なものを、次のア～エのうちから一つ選べ。［14］

ア. アヴィニョン　　イ. クレルモン　　ウ. トゥールーズ　　エ. マルセイユ

問6　空欄［　え　］に入る語として適切なものを、次のア～エのうちから一つ選べ。［15］

ア. イブン＝バットゥータ　　イ. イブン＝ハルドゥーン
ウ. ウマル＝ハイヤーム　　エ. サラディン（サラーフ＝アッディーン）

問7　下線部Bについて述べた文として適切なものを、次のア～エのうちから一つ選べ。［16］

ア. ヴェネツィア商人の要求に従い、コンスタンティノープルを占領した。
イ. 交易を目的に、バルト海沿岸部に進出した。
ウ. アジアへの布教を目的に、インドへの新航路を開拓した。
エ. ヨーロッパに対する脅威であったモンゴルを知るために、使節を派遣した。

問8　下線部Cについて、この目的のために結成されたものとして適切なものを、次のア～エのうちから一つ選べ。［17］

ア. ギルド　　イ. 公行　　ウ. 宗教騎士団　　エ. 托鉢修道会

問9　下線部Dについて述べた次の文aとbの正誤の組み合わせとして適切なものを、下のア～エのうちから一つ選べ。［18］

a. 十字軍への参加は国王の権威を強めた。
b. 十字軍の疲弊から、西ヨーロッパの都市は交易に閉鎖的となった。

ア. a－正　b－正
イ. a－正　b－誤
ウ. a－誤　b－正
エ. a－誤　b－誤

3　次の文章を読み、下記の問1～10に答えよ。　[19]～[28]

北アメリカ東海岸には、18世紀前半にイギリス人が建設した<u>13の植民地</u>(A)が成立した。イギリスは、本国の産業を保護するため、植民地の商工業の発展を抑制する重商主義政策をとり、課税強化を図ったが、これに対し植民地は反発を強めていった。あらゆる書類や刊行物に本国発行の印紙を貼らせることを定めた1765年の印紙法に対しては、「[　あ　]」という主張がなされるなど、激しい反対運動が起こった。また1773年には、東インド会社にアメリカでの茶の販売独占権を与えた茶法に反発した急進派の市民によるボストン茶会事件が起こり、本国側がこれに厳しく対抗すると、植民地側は翌年大陸会議を開いて抗議し、ついに1775年、独立戦争が始まった。

当初、植民地側は苦戦したが、1776年に出版された[　い　]の『コモン＝センス』が独立の必要性を訴えて大きな反響をよび、13植民地の代表は<u>独立宣言</u>(B)を発表した。また他のヨーロッパ諸国も、フランス・スペイン・オランダなどがアメリカ側に立って参戦したり、ロシア・プロイセン・スウェーデンなどが<u>武装中立同盟</u>(C)を結んだりして、イギリスを国際的孤立に追い込んだ。

1781年のヨークタウンの戦いでアメリカ側の勝利が確定し、1783年にイギリスはアメリカ合衆国の独立を承認した。さらに1787年には憲法制定会議が開かれ、翌年各州の批准によって<u>合衆国憲法</u>(D)が発効した。

合衆国は1803年フランスからミシシッピ川以西のルイジアナを買収したのに続き、1845年にはテキサス、翌年オレゴンを併合、さらに[　う　]戦争に勝ってカリフォルニアを獲得した。アメリカの西部開拓を支えたのは、西方への領土拡大は[　え　]であるという考え方である。

アメリカでは建国当初から南北対立が存在していて、南部は奴隷制の存続を主張し、北部はその拡大に反対していた。1860年、共和党のリンカンが大統領に当選すると、翌年、南部諸州はアメリカ連合国を結成して合衆国を離脱し、まもなく南北戦争が始まった。リンカンは「160エーカー（約65ヘクタール）の国有地を貸与し、5年間耕作すればその土地を無償で与える」という内容の[　お　]を制定して西部の支持を取りつけ、1863年には奴隷解放宣言を出して世論の支持を得た。そして同年のゲティスバーグの戦い以降、北軍が優勢となり、1865年南北戦争は終結した。

問1　下線部Aの植民地を説明した文として誤っているものを、次のア～エのうちから一つ選べ。　[19]

ア．各植民地には植民地議会があり、自治組織が発達していた。

イ．北部の植民地は自営農民・商工業者が中心であった。

ウ．南部の植民地では、タバコ・米などを生産するプランテーションが発達していた。

エ．黒人奴隷を使役していたのは、主として北部の商工業者であった。

問2　下線部Aの13の植民地は、独立時の13州の起源となった。この13州に含まれないものを、次のア～エのうちから一つ選べ。　20

ア．ヴァージニア州

イ．フロリダ州

ウ．ペンシルヴェニア州

エ．マサチューセッツ州

問3　空欄 あ に入る適切な語句を、次のア～エのうちから一つ選べ。　21

ア．最大多数の最大幸福

イ．自由か死か

ウ．代表なくして課税なし

エ．万人の万人に対する闘争

問4　空欄 い に入る適切な人名を、次のア～エのうちから一つ選べ。　22

ア．トマス＝ペイン

イ．ハミルトン

ウ．ラ＝ファイエット

エ．ワシントン

問5　下線部Bの独立宣言について述べた文として誤っているものを、次のア～エのうちから一つ選べ。　23

ア．イギリスの思想家ジョン＝ロックの考え方を参考にしている。

イ．圧政への抵抗権を根拠にイギリスからの独立を正当なものと主張した。

ウ．フランスの人権宣言の影響を受けている。

エ．トマス＝ジェファソンらが起草した。

問6　下線部Cの武装中立同盟を提唱した君主は誰か、次のア～エのうちから一つ選べ。

24

ア．スウェーデンのカール12世

イ．フランスのルイ15世

ウ．プロイセンのフリードリヒ2世

エ．ロシアのエカチェリーナ2世

問7　下線部Dの合衆国憲法の説明として誤っているものを、次のア～エのうちから一つ選べ。　25

ア．フィラデルフィアの憲法制定会議で採択された。

イ．階級差のない平等な社会をめざし、議会は一院制を採用した。

ウ．人民主権を基礎とし、連邦主義を採用した。

エ．三権分立の原則が定められた。

問8　空欄［ う ］に入る適切な語を、次のア～エのうちから一つ選べ。［26］

ア．アメリカ＝イギリス

イ．アメリカ＝スペイン

ウ．アメリカ＝メキシコ

エ．フレンチ＝インディアン

問9　空欄［ え ］に入る適切な語句を、次のア～エのうちから一つ選べ。［27］

ア．開拓者の当然の責務

イ．神から与えられた使命

ウ．自由で公平な競争の結果

エ．独立宣言以来の公約

問10　空欄［ お ］に入る適切な語を、次のア～エのうちから一つ選べ。［28］

ア．カンザス・ネブラスカ法

イ．強制移住法

ウ．ホームステッド法

エ．ミズーリ協定

4 次の文章を読み、下記の問1～9に答えよ。　29 ～ 37

オスマン帝国(A)による第2次ウィーン包囲とその失敗は、同帝国の領土拡大から縮小への契機となり、これ以降、国内における反乱や独立運動(B)、ヨーロッパ諸国の干渉により衰退への道をたどる。こうした情勢に対応するため、1839年より司法・行政・財政・軍事・文化など、制度全般にわたる改革（タンジマート）(C)が開始され、伝統的なイスラーム国家から法治主義に基づく近代国家への体制変換が目指された。

1848年革命(D)でハンガリーの民族運動を制圧し、さらなる勢力の拡大を目指して南下政策を推進したロシア(E)は、オスマン帝国領内の［ あ ］の保護を理由に1853年にクリミア戦争を起こした。その後も南下政策を維持するロシアは、ボスニア・ヘルツェゴヴィナの農民反乱やブルガリアでの独立を求める蜂起をきっかけとして再びオスマン帝国との対立を深め、1877年にロシア＝トルコ（露土）戦争(F)を引き起こした。アブデュルハミト2世は、戦争の勃発を口実に議会を閉鎖し、前年に発布されていた憲法(G)を停止して、専制政治を復活させた。第1次世界大戦で同盟国側に立ったオスマン帝国が敗れると、列強による国土分割の危機に直面したが、抵抗運動の結果、連合国との間に新たな条約が結ばれ、トルコ共和国(H)が樹立された。

問1　下線部Aの君主に関する説明として適切なものを、次のア～エのうちから一つ選べ。　29

ア．スレイマン1世は、レパントの海戦で西欧艦隊に敗れた。

イ．セリム1世は、プレヴェザの海戦でスペイン・ヴェネツィアの連合艦隊を破った。

ウ．バヤジット1世は、ティムール朝を滅ぼした。

エ．メフメト2世は、ビザンツ帝国を滅ぼした。

問2　下線部Bに関連して、オスマン帝国から分離・独立した国として誤っているものを、次のア～エのうちから一つ選べ。　30

ア．ギリシア

イ．ポーランド

ウ．ルーマニア

エ．セルビア

問3　下線部Cに関して述べた次の文aとbの正誤の組み合わせとして適切なものを、下のア～エのうちから一つ選べ。　31

a．勅令により開始された上からの近代化であった。

b．宗教の別を問わない法的な平等が認められた。

ア．a－正　b－正

イ．a－正　b－誤

ウ．a－誤　b－正

エ．a－誤　b－誤

問4　下線部Dに関する説明として誤っているものを、次のア～エのうちから一つ選べ。 32

ア．パリで革命が起こり、ルイ＝フィリップが亡命した。

イ．フランスの大統領選挙で、ルイ＝ブランが当選した。

ウ．ウィーンで蜂起が起こり、メッテルニヒが失脚した。

エ．ドイツ諸邦の自由主義者らが、フランクフルト国民議会に結集した。

問5　下線部Eに関する説明として誤っているものを、次のア～エのうちから一つ選べ。 33

ア．アロー戦争の仲介の見返りとして、清と北京条約を結んで沿海州を獲得した。

イ．ブハラ・ヒヴァの両ハン国を保護国とし、コーカンド＝ハン国を併合した。

ウ．清とネルチンスク条約を結んで、黒竜江以北を領有した。

エ．イスラーム教徒の反乱をきっかけにイリ地方に出兵し、清とイリ条約を結んだ。

問6　あ に入る語として適切なものを、次のア～エのうちから一つ選べ。 34

ア．カトリック教徒

イ．ギリシア正教徒

ウ．イスラーム教徒

エ．ユダヤ教徒

問7　下線部Fの後に起こった出来事について述べた文として誤っているものを、次のア～エのうちから一つ選べ。 35

ア．ベルリン条約により、イギリスはキプロスの占領と行政権を認められた。

イ．パリ条約により、黒海の中立化が再確認された。

ウ．サン＝ステファノ講和条約により、ロシアはブルガリアを保護下におくことを認めさせた。

エ．ベルリン会議で、ビスマルクが列国の利害を調整した。

問8　下線部Gに関する説明として誤っているものを、次のア～エのうちから一つ選べ。 36

ア．ミドハト＝パシャにより起草された。

イ．青年トルコ革命により憲法が復活された。

ウ．議会の開設には触れられなかった。

エ．アジアで最初の憲法であった。

問9　下線部Hに関する説明として誤っているものを、次のア～エのうちから一つ選べ。

37

ア．イスタンブルを首都とした。

イ．ムスタファ＝ケマル（ケマル＝アタテュルク）が初代大統領となった。

ウ．トルコ語の表記にアラビア文字にかわりローマ字が採用された。

エ．女性の参政権が認められた。

■現代社会■

（60分）

1　次の文章を読み、下の問い（問1～10）に答えよ。　［1］～［10］

世界の多くの民主主義国家では、複数の政党が存在する政党政治 a が行われている。日本では、これは明治期から始まったが、第二次世界大戦中における諸政党の解散を経て、戦後に複数政党制へ復帰し、今日にいたっている。1955年10月、それまで左派と右派に分かれていた日本社会党（社会党）が統一したのに対して、保守政党が合同して自由民主党（自民党）を結成し、昭和をとおして保守対革新という構図が日本の政治史につづくことになる。これを55年体制 b という。

この体制は政治の安定をもたらした反面、派閥や金権政治が問題化し、政治改革の必要性がたかまった。平成に入り、結成まもない日本新党から首相が誕生し、自民党が野党 c になることもあった。小選挙区制導入などの選挙制度改革 d が行なわれ、それまでの自民党、社会党だけでなく、新たな政党が議席を獲得し、政界の勢力図が目まぐるしく変転した。国際情勢ではソ連が崩壊して社会主義への失望感が広がっており、日本でも社会党への人々の支持が低下していった。従来の保守対革新という構図が意味を失い e 、55年体制は崩壊した。

自民党は政権を構成するなかで中心的だったが、2000年代に入って、直截（ちょくせつ）的な発言によりリーダーシップをとる小泉純一郎が首相となり f 、行政改革を進めた。テレビでの発言やインターネットなどの新たな情報発信で民意を引きつける劇場型の政治により、自民党は総選挙で圧勝することもあった。だが、2009年にはマニフェスト g を掲げ、政権交代を唱える民主党 h が圧勝し、自民党は再び野党となった。その後、東日本大震災への対応とその復興の遅れから民主党の支持率は低下し、2012年には自民党が総選挙で圧勝した。また、地方分権をとなえる新党の躍進もあった。1994年の選挙制度改革以降 i 、多くの政党が政権をめぐって離合集散し、批判を繰り返しているようにも見える。

2000年代以降、国政選挙のたびに、どこか一つの政党が大勝し、他の政党が大敗する極端な傾向が繰り返されており、有権者の投票がメディアの報道によって左右されている j という議論がある。メディアは政治や社会問題の争点を視聴者にわかりやすく伝える機能がある一方で、その報道がとりあげた争点や候補者に関心が偏向してしまう。近年はインターネットによる選挙活動が始まったが、情報収集が容易になったとともに、誤情報や有害情報なども流布してしまうことに、有権者は留意する必要がある。

問1　下線部aに関連し、各国の現在の代表的な政党の組み合わせとして最も適当なものを、次のア～エのうちから一つ選べ。　1

ア. ドイツ―キリスト教民主同盟、労働者党

イ. フランス―社会党、愛国党

ウ. アメリカ―民主党、共和党

エ. イギリス―労働党、自由党

問2　下線部bに関連する記述として適当でないものを、次のア～エのうちから一つ選べ。　2

ア. 政治家、官僚、財界が相互に利益を誘導する構造が問題となった。

イ. 見かけ上は二大政党となったが、社会党が単独与党になることはなかった。

ウ. この体制は、当時の米ソ冷戦構造の図式を反映したものでもあった。

エ. 衆議院と参議院とで多数派が異なる、ねじれ国会がたびたび生じた。

問3　下線部cに関連する記述として最も適当なものを、次のア～エのうちから一つ選べ。　3

ア. 政権を担う政党を与党と呼ぶのに対して、それに対抗する最も多くの議席を有する一政党をさして野党と呼ぶ。

イ. 野党の役割には、与党の政策を批判し、行政を監視することなどがある。

ウ. 野党は同じ政策や政治信条を共有するので、内部で派閥対立はない。

エ. 内閣は野党に所属する国会議員を一定数含めなくてはならない。

問4　下線部dに関連し、比例代表制は、各政党の得票数を順次、1、2、3…の整数で割り、その商の多い順に当選とするドント式で議席数を決める。下表を参照して、衆議院議員総選挙での比例代表制による下記のA党、B党、C党の獲得議席数（X、Y、Z）の配分として最も適当なものを、次のア～エのうちから一つ選べ。なお、有権者の有効投票数は4,140,000票で、当該ブロックの定数は5議席とする。　4

ア. X. 1　Y. 4　Z. 0

イ. X. 1　Y. 3　Z. 1

ウ. X. 2　Y. 3　Z. 0

エ. X. 2　Y. 2　Z. 1

表　比例代表制によるA党、B党、C党の議席配分の計算

		A党	B党	C党
候補者数		3人	4人	2人
得票数		1,080,000	2,100,000	960,000
除数	÷1	1,080,000	2,100,000	960,000
	÷2			
	÷3			
	÷4			
議席数		X	Y	Z

問5　下線部eに関連する記述として最も適当なものを、次のア～エのうちから一つ選べ。 5

ア．革新性をアピールするために、自民党で初の女性総裁が誕生した。

イ．政治に関心がない無党派層の有権者は減少した。

ウ．自民党に野党の多くが吸収された。

エ．自民党と社会党が共同で政権を担うこともあったため、党や政策におけるそれぞれの違いが不明瞭となった。

問6　下線部fに関連し、この政権についての記述として最も適当なものを、次のア～エのうちから一つ選べ。 6

ア．郵便、郵便貯金、簡易生命保険の郵政三事業の民営化を進めた。

イ．たばこの専売公社の民営化を行ない、たばこの値段の上昇を招いた。

ウ．外交政策としてアジア重視を打ち出し、安全保障に関して米国からの反発を招いた。

エ．三本の矢の政策と称して、中央集権化を進めた。

問7　下線部gに関連する記述として最も適当なものを、次のア～エのうちから一つ選べ。 7

ア．選挙公約とも呼ばれ、政権についたら何を実現するかを明らかにするものである。

イ．政党党首同士の討論のことをさす。

ウ．各議員が選挙への立候補にあたってこれを登録することが義務づけられている。

エ．国政選挙においてのみ唱えられるものである。

問8　下線部hに関連し、民主党が与党として取り組み、実施した事柄の記述として最

も適当なものを、次のア～エのうちから一つ選べ。 [8]

ア. 2000年度比で個人所得の倍増が実現した。

イ. 米軍基地を沖縄県外に移転した。

ウ. 行政刷新会議による事業仕分けを行った。

エ. 国会議員の議員定数を半減させた。

問9 下線部iに関連し、政党と政治資金について述べた次の文章を読み、空欄[D]と[E]に入る語句の組み合わせとして最も適当なものを、次のア～エのうちから一つ選べ。 [9]

政党は政治的に同じ主義や主張をもつ人々が集まり、議会での政策の実現をめざして活動している。政党は党員からの党費や政治献金などを資金とするが、[D]が改正されたり、新たに[E]が制定されることで、政治資金の流れの透明化が図られている。

ア. D. 政党助成法　E. 政党交付金

イ. D. 政治資金規正法　E. 在外選挙制度

ウ. D. 在外選挙制度　E. 政党交付金

エ. D. 政治資金規正法　E. 政党助成法

問10 下線部jに関連し、メディアと政治との関係についての記述として最も適当なものを、次のア～エのうちから一つ選べ。 [10]

ア. イラク戦争では、大量破壊兵器の存在が戦争遂行の口実となったが、メディアをまきこんだ情報操作が問題となった。

イ. マスメディアが世論形成や政治に深く関係するのは近年の現象であり、第二次世界大戦前には認められない。

ウ. マスメディアの報道は興味本位の内容や刺激的な表現に偏る傾向があるため、大衆の政治的無関心との関係はない。

エ. 北アフリカや中東諸国における「アラブの春」と呼ばれた民主化運動の時には、まだインターネットは広まっていなかった。

2　次の文章を読み，下の問い（問1～問10）に答えよ。　11 ～ 20

経済活動においては三つの主体(a)が存在し、相互に関係を持ちながらそれぞれに役割を担っている。資本主義経済(b)が根付いている日本では、社会的分業によってさまざまな業種において多様な生産物やサービスが市場にもたらされ、貨幣(c)を媒介にしてそれらを広く交換・売買することによって、得られる財やサービスの内容も多岐にわたるようになった。

私たちの購買行動は、商品の価格の変化にも少なからず影響を与えている。何らかの事情で商品Ｘの買い控えが起こった場合には、需要量が A し、商品価格は B する。また、商品Ｙの生産が追いつかず、品薄状態で手に入りにくくなっている時には、商品Ｙの供給量が C しており、その価格は D する。このように、商品の需要と供給のバランスが崩れた時には、価格が上下してそれを解消する方向に動くが、これを「価格の自動 E 機能」という。

しかし、資本主義経済下にあってすべての価格がこのように需要と供給の関係で決まるのではない。基本的なサービスなどに対して政府によって付けられる F やさまざまな独占形態(d)において特定の企業などによって決められる価格もある。たとえば規模の大きな企業が G となり高めの価格設定をすることで、市場原理に基づいた価格引き下げの傾向が抑制されてしまう、といったことも起こり得る。政府は、このような「市場の失敗」と呼ばれる状況を解消すべく、規制のための法律(e)を制定したり、さまざまな政策(f)を打ち出したりすることで公平で健全な取引が行われるように努めている。

問1　下線部ａに関連する記述として最も適当なものを、次のア～エのうちから一つ選べ。
11

ア．自由競争による取引の場としての市場における商品の売り手のことを株主という。

イ．公共財や公共サービスを提供する経済主体を企業という。

ウ．労働力や資本などを提供し、その販売による所得で生活に必要な商品を買ったり、お金を貯蓄したりする経済主体を家計という。

エ．労働力や原材料を調達し、利潤の追求を目指して生産活動を行う経済主体を政府という。

問2　下線部ｂに関連する記述として適当でないものを、次のア～エのうちから一つ選べ。
12

ア．アダム・スミスは、国家が経済活動に干渉せず、個々の利益に委ねれば、社会全体としては神の「見えざる手」に導かれるがごとく、おのずと調和的な発展へ向かっていくとした。

イ．ルソーは、その主著『資本論』において資本主義の抱える構造的な矛盾の存在を指摘し、資本主義から社会主義への必然的移行を主張した。

ウ. ケインズは、古典派経済学で主張されてきた自由放任主義を批判し、完全雇用を実現するためには政府による有効需要の創出が必要であるとして、政府による経済介入の意義を唱えた。

エ. コンドラチェフは、景気循環のサイクル周期を約50年とし、その主な要因を新たな技術革新によるものと主張した。

問3　下線部cに関連する記述として適当でないものを、次のア～エのうちから一つ選べ。 13

ア. 貨幣の役割としては、さまざまなものの価格を表示しそれらの交換比率を明らかにすることや、貨幣自らが交換物となって他の商品を得るための手段となることなどが挙げられる。

イ. 貨幣がそれとして流通するためにはその信頼を担保する価値が必要であった。そのため、過去には美しい貝殻や巨大な石の貨幣、のちには金や銀などの貴金属を用いた貨幣が用いられた。

ウ. 近代社会では、多くの国で印刷された紙幣が使われるようになった。紙幣の発行量を増やすとそれだけ貨幣の流通量が増加しその価値は高まるため、各国は競って紙幣を多く発行するようになった。

エ. 近年では、ＩＣＴ（情報通信技術）を活用した電子マネーにより、現金での支払いをすることなく物を買ったり取引をしたりすることができるようになった。

問4　空欄 A から D に入る語句の組み合わせとして最も適当なものを、次のア～エのうちから一つ選べ。 14

ア. A　増加　B　上昇　C　減少　D　下落

イ. A　減少　B　上昇　C　増加　D　上昇

ウ. A　増加　B　下落　C　増加　D　下落

エ. A　減少　B　下落　C　減少　D　上昇

問5　空欄 E に入る語句として最も適当なものを、次のア～エのうちから一つ選べ。 15

ア. 調節

イ. 変動

ウ. 安定

エ. 適応

問6　空欄 F に入る語句として最も適当なものを、次のア～エのうちから一つ選べ。 16

ア．市場価格

イ．公定価格

ウ．管理価格

エ．均衡価格

問7　下線部ｄに関連し、同じ産業分野の企業が、独立性を保ちながら販売価格や生産量、市場とする地域、技術・品質などに関して協定を結び、市場の独占的支配をはかろうとする独占の形態のことを何と呼ぶか。最も適当なものを、次のア～エのうちから一つ選べ。　17

ア．カルテル

イ．トラスト

ウ．コンツェルン

エ．コンビナート

問8　空欄　G　に入る語句として最も適当なものを、次のア～エのうちから一つ選べ。　18

ア．プライスリーダー

イ．フリーライダー

ウ．インサイダー

エ．オピニオンリーダー

問9　下線部ｅの法律の名称として最も適当なものを、次のア～エのうちから一つ選べ。　19

ア．公正取引法

イ．独占禁止法

ウ．物価統制法

エ．財閥禁止法

問10　下線部ｆの政策として適当でないものを、次のア～エのうちから一つ選べ。　20

ア．国営企業の民営化を積極的に推進するなど「小さな政府」に向けた対策を行うこと

イ．食品の生産地、原材料などの情報を開示させることにより、情報の非対称性の解消に向けた対策を行うこと

ウ．公害などの外部不経済への対策を行うこと

エ．道路・港湾・公園といった社会資本の整備や、上下水道などの公共サービスの供給といった対策を行うこと

3　次の文章を読み、下の問い（問1～問10）に答えよ。　21 ～ 30

ヴィクトリア湖は、ケニア、ウガンダ、タンザニアの国境(a)に位置するアフリカ(b)最大の湖である。九州の約2倍の面積を誇るこの巨大な湖には、かつて多種多様な生物(c)が生息しており「ダーウィン(d)の箱庭」と呼ばれていた。ところがこの湖に人間の手によってある外来魚が放たれて以来、事情は一変する。ナイルパーチという肉食の巨大魚が、湖の生態系バランスを崩壊させてしまったのである。

確かにナイルパーチは、湖のほとりの町に雇用機会をもたらした。その肉は食用で、主にヨーロッパ(e)向けに高値で輸出されたからだ。地元の人々は漁師として、魚肉の加工工場の従業員として、あるいはその工場の警備員として、それぞれ仕事を手にしていった。湖付近の空港には毎日、一度に55トンの魚を空輸可能なロシア(f)製の巨大な飛行機がせわしなく発着した。ナイルパーチの肉は地元の工場で切り身に加工され、やがてどこか遠い国のスーパーマーケットの棚に「白身魚」として陳列されることになるのだった。

それではこの外来魚は、この地に富や幸福をもたらしたのだろうか。ドキュメンタリー映画「ダーウィンの悪夢」（フーベルト・ザウパー監督、2004年）は、ヴィクトリア湖畔のある町を取材して、必ずしも発展途上国の貧困(g)が解消されていかなかった様子を伝えている。子どもたち(h)は路上生活を続け、工場で捨てられる部分――魚の頭部や背骨の周りなど――の肉に群がる。輸出向けに加工された肉は、価格が高すぎて手が出ないからだ。工場で働いていてもその賃金は非常に安く、ある警備員は一晩につき1ドルの報酬で雇われていた。

このドキュメンタリー映画には、描かれ方が一面的で誇張が含まれているという批判の声もある。しかしながら逆に、このヴィクトリア湖に放たれた外来魚が地元の町に新たな富や幸福をもたらしたと単純に言い切るような見方もまた一面的であろう。もちろん金銭的な利益だけが幸福や豊かさの指標ではない(i)が、依然として残り続ける国際的な経済格差に関しては、政府や国際機関レベルでの援助活動(j)に任せておけばいつか是正が成し遂げられるというわけでもないようだ。グローバル化の時代に世界各国の市場は、目に見える部分でもそうでない部分でも相互に大きな影響を及ぼし合っており、私たちの日々の生活もこれと無縁ではいられないのである。

問1　下線部aに関連する記述として最も適当なものを、次のア～エのうちから一つ選べ。　21

ア．現在のあらゆる国境は、山脈や河川といった自然の地形を利用した自然的国境である。

イ．国連海洋法条約により、領海は基線より12海里以内と定められており、またそこからさらに12海里以内が排他的経済水域と呼ばれている。

ウ．南極は、公海、公空、宇宙空間（大気圏外）と同様に、どの主権国家にも属さないものとみなされる。

エ．ある国家の排他的経済水域の上空（大気圏内）は、国際慣習法によりその国家の領空とみなされる。

問2　下線部bに関連する下の図を見て、空欄［A］と［B］に当てはまる国名の組み合わせとして最も適当なものを、次のア～エのうちから一つ選べ。［22］

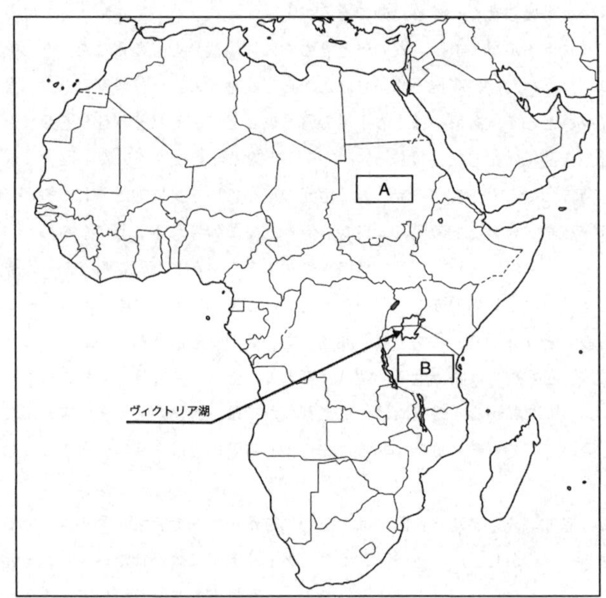

ア．A　エジプト　　　　B　アルジェリア

イ．A　南アフリカ共和国　B　ケニア

ウ．A　スーダン　　　　B　タンザニア

エ．A　ウガンダ　　　　B　ガーナ

問3　下線部cに関連し、1973年に採択された「絶滅のおそれのある野生動植物の種の国際取引に関する条約」の呼称（条約名）として最も適当なものを、次のア～エのうちから一つ選べ。［23］

ア．ワシントン条約

イ．生物多様性条約

ウ．ハーグ条約

エ．フォンテーヌブロー条約

問4　下線部dに関連する記述として最も適当なものを、次のア～エのうちから一つ選べ。 24

ア．『第三の波』を著し、農業革命や工業革命について論じた。

イ．慣性の法則を発見したが、地動説を支持したため宗教裁判にかけられた。

ウ．『種の起源』を著し、自然選択説を唱えた。

エ．帰納法を重視し、人間が陥る「４つのイドラ」について説いた。

問5　下線部eを含む先進諸国が加盟する、経済協力開発機構（OECD）の下部組織の名称として最も適当なものを、次のア～エのうちから一つ選べ。 25

ア．開発援助委員会（DAC）

イ．世界自然保護基金（WWF）

ウ．国連社会開発研究所（UNRISD）

エ．国際復興開発銀行（IBRD）

問6　下線部fに関連する以下の命題P、Q、R、Sを読み、その正誤に関する記述として最も適当なものを、次のア～エのうちから一つ選べ。 26

P　OPECに含まれるがBRICSには含まれない。

Q　BRICSに含まれるがG20には含まれない。

R　G20に含まれるがG7には含まれない。

S　G7に含まれるがOPECには含まれない。

ア．PとRのみが正しい。

イ．QとSのみが正しい。

ウ．Rのみが正しい。

エ．Qのみが正しい。

問7　下線部gに関連する記述として適当でないものを、次のア～エのうちから一つ選べ。 27

ア．発展途上国が南半球に多いのに対し、先進国が北半球に多いことから、この両者の経済格差の問題は、南北問題と呼ばれている。

イ．発展途上国の中でも特に発展の遅れた国は、国連の定めた基準によって認定され、後発発展途上国（LDC）と呼ばれている。

ウ．発展途上国から先進国に向けて輸出されるものは、農産物、水産物、鉱物資源といった自然から採取され加工されていないものが多いが、これらは第二次産品と呼ばれている。

エ. 発展途上国の中にも、工業化するなどして経済発展を遂げた国があらわれたが、そうして生み出された発展途上国間での経済格差の問題は、南南問題と呼ばれている。

問8 下線部hに関連し、発展途上国の子どもたちに対する国際的な援助活動に関する記述として最も適当なものを、次のア～エのうちから一つ選べ。 28

ア. ユネスコ（UNESCO）は、戦乱や災害に巻き込まれた発展途上国の子どもたちのために、国境を越えた緊急の医療活動にあたっている。

イ. 赤十字国際委員会は、発展途上国の女性や子どもたちの権利保護活動を行う国際人権NGOである。

ウ. アムネスティ・インターナショナルは、万人のための基礎教育を掲げ、発展途上国の子どもたちのために教育・科学・文化面での援助を行う国際機関である。

エ. ユニセフ（UNICEF）は、発展途上国の子どもたちに食料・医療品などの援助を行っている。

問9 下線部iに関連し、人間開発指数（HDI）の内容説明に関する記述として最も適当なものを、次のア～エのうちから一つ選べ。 29

ア. 衣食住や、保健・教育などの社会サービスといった、人間として生きていく上で必要最低限のニーズ

イ. 平均余命、教育、所得といった複数の指標によって算出される、その国の生活の質や発展の度合いを測る評価尺度

ウ. 心理的幸福、健康、教育、自分の時間の使い方といった構成要素から成る、その国の国民全体の幸福度を測る評価尺度

エ. 一定期間内にその国の国内で新たに生産された、財やサービスの市場価値の総額

問10 下線部jに関連する記述として適当でないものを、次のア～エのうちから一つ選べ。 30

ア. 1964年、国連貿易開発会議（UNCTAD）の初代事務局長プレビッシュは、特恵関税の導入など、先進国が発展途上国に対して積極的な援助を行うよう要求した。

イ. 1974年、資源ナショナリズムの高揚を背景に、国連資源特別総会において新国際経済秩序（NIEO）の樹立を目指す宣言がなされた。

ウ. 1980年代には、発展途上国の累積債務問題が表面化し、国際通貨基金（IMF）や世界銀行が、融資やリスケジューリング（債務の繰り延べ）などの救済策を実施した。

エ. 1990年代には、特に新興工業経済地域（NIES）のような重債務貧困国においてデフォルト（債務不履行）の危機が深刻化し、債務削減が課題となった。

4 次の文章を読み、下の問い（問1～問9）に答えよ。 31 ～ 40

明治時代から今日まで約140年間、日本での成年年齢は20歳と A で定められていた。この法律が改正され、2022年4月1日から、成年年齢が20歳から18歳に変わる。(a)

近年、公職選挙法の選挙権年齢や憲法改正 B の投票権年齢を18歳と定めるなど、18歳、19歳の若者にも国政の重要な判断に参加するための政策が進められてきた。こうした中で、市民生活に関する基本法である A でも、18歳以上を大人として扱うのが適当ではないかという議論がなされ、成年年齢が18歳に引き下げられることになった。

成年に達すると、未成年のときと何が変わるのか。 A が定めている成年年齢は、「一人で契約(b)をすることができる年齢」という意味と、「父母の親権に服さなくなる年齢」という意味がある。成年に達すると、親の同意を得なくても、自分の意思で様々な契約ができるようになるということである。例えば、携帯電話を契約する、一人暮らしの部屋を借りる、クレジットカード(c)をつくる、高額な商品を購入したときにローンを組むといったとき、未成年の場合は親の同意が必要である。しかし、成年に達すると、親の同意がなくても、こうした契約が自分一人でできるようになる。

しかし、契約には責任も生じる。未成年者の場合、契約には親の同意が必要であり、もし、未成年者が親の同意を得ずに契約した場合には、 A で定められた「未成年者取消権」によって、その契約を取り消す(d)ことができる。しかし、成年に達すると、未成年者取消権は行使できなくなる。契約には様々なルールがあり、そうした知識がないまま、安易に契約を交わすとトラブルに巻き込まれる可能性がある。社会経験に乏しく、保護がなくなったばかりの成年を狙い打ちにする悪質な業者もいる(e)。そうした消費者トラブル(f)に遭わないためには、未成年のうちから、契約に関する知識を学び、様々なルールを知った上で、その契約が必要かよく検討する力を身につけておくことが重要である。消費者庁(g)の消費者教育ポータルサイトでは、消費者教育に関する情報を紹介している。

出典：「18歳から“大人”に！成年年齢引下げで変わること、変わらないこと。」政府広報オンライン（2018.8.24）より一部改変

問1 空欄 A に入る語句として最も適当なものを、次のア～エのうちから一つ選べ。 31

ア．児童福祉法

イ．少年法

ウ．民法

エ．労働基準法

問2 下線部aに関連し、この法改正の説明として最も適当なものを、次のア～エのうちから一つ選べ。 32

ア．18歳以上は、喫煙、飲酒が可能となる。

イ．18歳以上は、普通自動車免許の取得が可能となる。

ウ．女性の結婚可能年齢が18歳になる。

エ．男性の結婚可能年齢が18歳になる。

問3　空欄［ B ］に入る語句として最も適当なものを、次のア～エのうちから一つ選べ。［33］

ア．統一選挙

イ．国民投票

ウ．信任投票

エ．世論調査

問4　下線部bに関連し、契約行為に含まれないものを、次のア～エのうちから一つ選べ。［34］

ア．会社へ就職する。

イ．電車やバスに乗車する。

ウ．物品を売買する。

エ．友人と遊びに行く約束をする。

問5　下線部cに関連し、①、②の２つの文章の正誤の組み合わせとして最も適当なものを、次のア～エのうちから一つ選べ。［35］

① 多重債務とは、消費者金融やクレジットカード会社など、複数の金融業者などから借金し、返済できなくなっている状態のことである。

② クレジットカードは、現金を使わずに買い物ができるなどのメリットがあるが、使いすぎにより返済が困難になった結果、自己破産するケースもあり、問題となっている。

ア．①正　②正

イ．①正　②誤

ウ．①誤　②正

エ．①誤　②誤

問6　下線部dに関連し、消費者が結んだ契約について、一定期間内であれば無条件で購入の申込みの撤回や契約の解除ができる制度を指す用語として最も適当なものを、次のア～エのうちから一つ選べ。［36］

ア．ダイバーシティ

イ．カーボン・オフセット

ウ．クーリング・オフ

エ．ユニバーサルサービス

問7　下線部ｅに関連し、悪徳商法（問題商法）の説明として適当でないものを、次のア～エのうちから一つ選べ。　37

ア．かたり商法とは、「消防署の方から来ました」などといい、消火器の検査をするふりをして、消火器を高く買わせるなどの商法である。

イ．マルチ商法とは、オンラインゲームで「基本プレイ無料」を謳いながら、ゲームを有利に進めるためにアイテムなどの購入を促す商法である。

ウ．キャッチセールスとは、路上で「アンケートをお願いします」などと声をかけ、喫茶店などに誘い、高額な化粧品などを買わせる商法である。

エ．デート商法とは、異性に対して電話や手紙などで呼び出し、デートを通じて、相手の恋愛感情を利用し、高額な商品を売りつける商法である。

問8　下線部ｆに関連し、消費者の利益の保護の観点から1962年にアメリカのケネディ大統領が提示したものとして最も適当なものを、次のア～エのうちから一つ選べ。　38

ア．消費者主権の三原則

イ．消費者の四つの権利

ウ．消費者の五つの責任

エ．消費者運動十ヵ年計画

問9　下線部ｇに関連し、下の問い（１）、（２）に答えよ。

（１）消費者庁が所管する消費者支援の機関として最も適当なものを、次のア～エのうちから一つ選べ。　39

ア．国民生活センター

イ．消費生活センター

ウ．地域包括支援センター

エ．日本生活協同組合連合会

（２）下の図は、家計支出とインターネットを利用した支出の推移を示したものである。この図から読み取れる内容として最も適当なものを、次のア～エのうちから一つ選べ。　40

図 家計支出とインターネットを利用した支出の推移

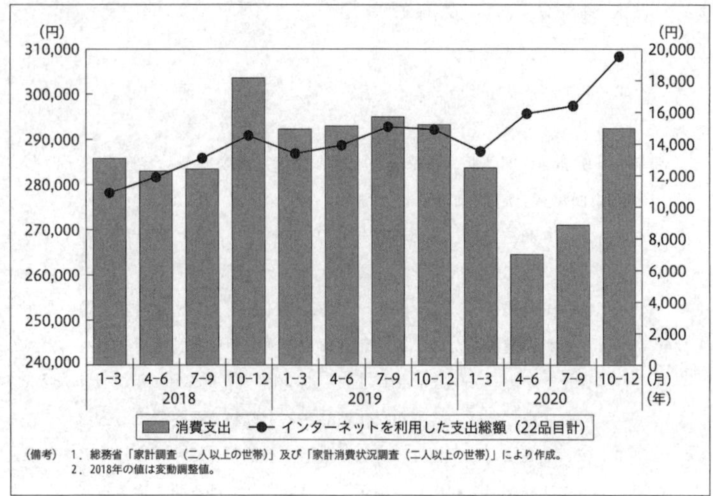

消費者庁「令和 3 年版消費者白書」より

ア．消費支出は、どの年も 1 年のうちで 10-12 月の支出額が最も大きい。

イ．2020 年の消費支出は、年初より増加が続いている。

ウ．インターネットを利用した支出総額は 2019 年が最も多い。

エ．2018 年から 2020 年の各年の 10-12 月における消費支出のうち、インターネットを利用した支出の割合が最も大きかったのは 2020 年である。

数学

（60分）

注意事項

① 同一の問題文中に、ア、イウなどが2度以上現れる場合、原則として、2度目以降は、ア、イウのように細字で表記します。

② 分数の形で解答する場合、分数の符号は分子につけ、分母につけてはいけません。

例えば、$\dfrac{\boxed{\text{エオ}}}{\boxed{\text{カ}}}$に$-\dfrac{4}{5}$と答えたいときは、

$\dfrac{-4}{5}$として答えなさい。

また、それ以上約分できない形で答えなさい。

例えば、$\dfrac{3}{4}$と答えるところを、$\dfrac{6}{8}$のように答えてはいけません。

③ 根号を含む形で解答する場合、根号の中に現れる自然数が最小となる形で答えなさい。

例えば、$\boxed{\text{キ}}\sqrt{\boxed{\text{ク}}}$に$4\sqrt{2}$と答えるところを、$2\sqrt{8}$と答えてはいけません。

④ 比の形で解答する場合、それ以上簡単にできない形で答えなさい。

例えば、$\boxed{\text{ケ}}:\boxed{\text{コ}}$に1:2と答えるところを、2:4のように答えてはいけません。

1

以下の空欄部に当てはまる符号または数字を選択せよ。

(1) $8x^2-2xy-15y^2$ を因数分解すると，(ア x − イ y)(ウ x+ エ y) である。

(2) $\dfrac{2}{1+\sqrt{2}+\sqrt{3}}+\dfrac{2}{1-\sqrt{2}+\sqrt{3}}+\dfrac{3}{1+\sqrt{2}-\sqrt{3}}+\dfrac{3}{1-\sqrt{2}-\sqrt{3}}=$ オ

(3) 連立不等式 $\begin{cases} 7-3x<x-1 \\ 3(x+7)>4(2x-1) \end{cases}$

を解くと， カ $<x<$ キ である。

(4) 空欄 ク ・ ケ の中に，下の1～4のうち適するものを選べ。ただし同じものを何度選んでもよい。

①正の数 x，y について，$xy<1$ であることは，$x+y<2$ であるための ク 。

②実数 a，b について，$|a|<|b|$ は，$a<b$ であるための ケ 。

1　必要十分条件である

2　必要条件であるが，十分条件でない

3　十分条件であるが，必要条件でない

4　必要条件でも十分条件でもない

(5) 60と自然数 n の最大公約数が15，最小公倍数が2100のとき，n は コサシ である。

2

以下の空欄部に当てはまる符号または数字を選択せよ。

a を定数とし，2次関数

$$y = -x^2 + (3a-5)x - 3a^2 + 7a - 2$$

のグラフを C とする。

(1) グラフ C の頂点の座標は，

$$\left(\frac{3a - \boxed{ア}}{\boxed{イ}},\ -\frac{\boxed{ウ}a^2 + \boxed{エ}a - \boxed{オカ}}{4} \right)$$

である。

(2) グラフ C と x 軸が異なる2点で交わるための a の範囲は，

$$\frac{-1 - \boxed{キ}\sqrt{\boxed{クケ}}}{\boxed{コ}} < a < \frac{-1 + \boxed{キ}\sqrt{\boxed{クケ}}}{\boxed{コ}} \quad \cdots\cdots ①$$

である。

(3) a は①の条件を満たす整数とする。このとき，グラフ C と x 軸との2つの交点の x 座標がともに整数となるのは，$a = \boxed{サシ}$，$a = \boxed{スセ}$，$a = \boxed{ソ}$ のいずれかの場合であり，その場合に限る。ただし，$\boxed{サシ} < \boxed{スセ} < \boxed{ソ}$ とする。

$a = \boxed{ソ}$ のとき，グラフ C と x 軸との2つの交点の x 座標は，$\boxed{タ}$ と $\boxed{チ}$ である。ただし，$\boxed{タ} < \boxed{チ}$ とする。

3 以下の空欄部に当てはまる符号または数字を選択せよ。

下の表は，ある会社の部局の入社試験の成績と入社10年後の1か月の営業成績である。

社　員	A	B	C	D	E	F	G	H	I	J
入社試験成績（点）	60	55	45	73	60	65	75	51	アイ	ウエ
営業成績（万円）	50	70	55	40	50	35	50	75	65	50

(1) 偏差値とは，平均値からの偏差（各社員の得点－平均値）を標準偏差で割った上で10を掛け，その値に50を足すことで算出される。すなわち，

$$\frac{\text{平均値からの偏差}}{\text{標準偏差}} \times 10 + 50$$

で求めることができる。

入社試験の成績に関して，平均値が60点，標準偏差が10であり，Iの偏差値は37，Jの偏差値は59であった。Iの入社試験の得点は［アイ］，Jの入社試験の得点は［ウエ］である。

(2) この集団の営業成績の標準偏差は，［オカ］である。

また，この集団の入社試験成績と営業成績の相関係数rを算出すると，

$$r = \frac{\boxed{キク}}{\boxed{ケ}}$$

である。

(3) 空欄［コ］・［サ］の中に，下の1～6のうち適するものを選べ。

相関係数の分析から読み取れることは，［コ］であり，そのことを視覚的に表すグラフは［サ］である。

1　入社試験の成績が高いものは，営業成績も高い

2　入社試験の成績と営業成績に明確な関係はない

3　入社試験の成績が低いものは，営業成績が高い

4　箱ひげ図

5　散布図

6　ヒストグラム

4　以下の空欄部に当てはまる符号または数字を選択せよ。

出発点Pから車が出発し，まっすぐ走行し始めた。この道路の右前方に鉄塔が見えてきた。車の進行方向から鉄塔に向かって測った角度を θ ($0° < \theta < 180°$) とする。

(1)　しばらくして $\theta = 30°$ となる地点Qに到達した。このとき走行した距離は地点Qから鉄塔までの距離と等しかった。出発点Pにおける θ の値は，［アイ］°である。

(2)　地点Qにおいて車は時速 54km に達し，そのままの速度で走行した。やがて鉄塔が右真横に見える地点Rに達した。QからRまでに 10 分かかった。このとき，地点QとRの間の距離は［ウ］km, 地点Rから鉄塔までの距離は［エ］$\sqrt{［オ］}$ km である。
また，出発点Pから鉄塔までの距離は［カ］$\sqrt{［キ］}$＋［ク］$\sqrt{［ケ］}$ km である。
ただし，［キ］＜［ケ］とする。

(3)　さらに車は時速 54km の速度で進み，鉄塔が見える位置 $\theta = 120°$ の地点Sに達した。RからSまでにかかった時間は $\dfrac{［コサ］}{［シ］}$ 分である。また，地点Sから鉄塔までの距離は［ス］km である。

て本来持っているものを、わざわざ権利と認定するところに要点がある。

エ　ホッブズは、希望の平等が生まれることにより、能力の平等が実現することを主張し、その上で成立する社会秩序において自然権のあり方を説くことによって、自然状態を脱却する策を見いだした。

（8）傍線部fをホッブズが用いた理由を著者はどのように説明しているか、もっとも適切なものを選べ。23

ア　ホッブズが、人間の生命維持に用いる自由を「自然権」と呼び、自身の政治理論の重要概念としたのは、理想の政治形態が原初の自然状態にあるということを説明するためである。

イ　ホッブズが、本来人間に付与されているはずの自由を「自然権」としたのは、「自然権」を制限することによって国家が成立するということを、筋道を立てて言うためである。

ウ　ホッブズが、誰もが好きなことをなしうる自由を「自然権」と呼んだのは、自然の一部である人間が制限無く自由に生きる権利を理論化して主張するためである。

エ　ホッブズが、人間本来の自由を「自然権」と呼んだのは、宗教戦争を経験した時代において、神ではなく人間を中心とした自由な社会の実現への道筋を示すためである。

（9）傍線部gはどのような点において逆説なのか、その説明としてもっとも適切なものを選べ。24

ア　権利とは、それを認めるべき上位機関がなければ存在しないはずだが、一切の上位機関が存在しない自然状態を設定した上で、それでもなお発見される事実に対して権利と名づけて提起した点

イ　自然権とは、なにものにも制限されずに自由に振る舞える権利であるはずなのに、そのような性格の権利ですら、上位機関である国家や政府の憲法や法律が認めなければ成立しないという点

ウ　自然権とは、一切の上位機関が存在しない状態を想定しなければ発見しえない権利であるはずだが、一切の上位機関が存在しない社会など、机上の空論であって現実にはありえないという点

エ　権利とは、人に生まれつき付与されるものであり、人は好きなことをなしうる自由を持つとされるが、現実に権利を得るためには義務を果たさなければならないはずであり、そのことにあえて触れていない点

（10）本文の内容に合致しないものを一つ選べ。25

ア　ホッブズの社会契約論の基礎をなす自然状態論は、宗教戦争により社会秩序が崩壊したことを契機とし、素のままの人間のありようを考えようとする文脈において生じた。

イ　ホッブズは、人間それぞれの持つ力には大差がないから、人はみな他者と同じ達成を望むことになり、嫉妬心や猜疑心が生まれて、集団で対抗する争いの状態へ進むと考え、これを克服する理論を提唱した。

ウ　「自然権」とは、近代政治学が発明した概念であり、自分の力を思い通りに使う自由のことだが、人間が自然状態におい

を付与した。

(3) 傍線部bをホッブズが提示した理由を著者はどのように説明しているか、もっとも適切なものを選べ。18

ア 人間存在のあり方を原初から考え直すため
イ 人間関係のしくみを出発点から考察するため
ウ 人類の進歩の要因を起源から問い直すため
エ 社会秩序の発生を根源にまで遡って問うため

(4) 傍線部cの説明としてもっとも適切なものを選べ。19

ア たとえばどんなに腕力が強い人間が相手でも、数人で立ち向かえば何とかなるのであって、人間それぞれの能力に大きな差は無い。
イ 腕力の強い人間や頭がいい人間に対しては、数人で集まって対抗すればいいのであって、人間の本来の姿である平等は実現できる。
ウ 社会秩序が宗教戦争によって崩壊した一七世紀の社会においては、「人間など、どれもたいして変わらない」という事実が明白になった。
エ たとえ寝たきりであろうとも、誰かに依頼してある人物をやり込めることは可能であり、人の能力の差違は相対的なものだから、人は差別なく扱われなければならない。

(5) 傍線部dの類似表現としてもっとも適切なものを選べ。20

ア 千差万別　イ 二束三文
ウ 五十歩百歩　エ 十人十色

(6) 本文中の A に入る四字熟語としてもっとも適切なものを選べ。21

ア 暗中模索　イ 疑心暗鬼
ウ 百鬼夜行　エ 四面楚歌

(7) 傍線部eに至る過程の説明として適切でないものを一つ選べ。22

ア 希望の平等は、第一段階においては他人に対する妬みや権利要求を生むが、第二段階においては他者もまた自分を妬んでいるかもしれないという疑念をもたらす。
イ 自分がいいものを持ち、他人が自分をうらやんでいるかもしれないと思う感覚は、自分の持ち物が狙われているかもしれないと疑う気持ちを発生させる。
ウ 狙われているかもしれないと思った時、人は「やられる前にやる」という気持ちになるが、能力は平等で力に大差はないのだから、その気持ちは手放さざるをえない。
エ 自分を脅かすほどの大きな力を他者に持たせないために、人は先手を打って「できる限りのすべての人の人格を、できるだけ長く支配する」ようになる。

②　カクげん　12
ア　彼の話はいつもカクしんを突いている。
イ　カクべつのご厚意をたまわった。
ウ　総理大臣がそカクにとりかかっている。
エ　健康管理には、カクじ充分注意するように。

③　トとう　13
ア　彼の努力はトろうに終わった。
イ　そして僕はトほうに暮れた。
ウ　心情をトろする。
エ　トしょに埋もれる生活も悪くない。

④　ちんセイ　14
ア　天気予報のセイどが上がった。
イ　お客様にはセイいをもって接しましょう。
ウ　今は事態をセイかんした方がよいだろう。
エ　彼は何かというときょセイを張ろうとする。

⑤　ふダン　15
ア　短いダンわだったが人柄は伝わった。
イ　責任を厳しくきゅうダンした。
ウ　ここ数日ダンぞく的に雨が降っていた。
エ　消費税をダンかい的に引き上げる。

⑥　ごカン　16
ア　諸事情をカンあんして今後の対応策を考える。
イ　憧れの人に会うことができてカンげきした。
ウ　ぎょうカンを読むことは大切だ。
エ　カンねん的な作品は理解されにくい。

（２）　傍線部ａホッブズについて著者はどのように述べているか、適切でないものを一つ選べ。　17

ア　真に近代的な政治理論を打ち立て、全く新しい地平を開いた哲学者ホッブズは、政治哲学の出発点に戦争をおき、戦争から政治を考えた。
イ　自然権は、近代政治哲学が発明した極めて重要な概念だが、ホッブズは、これを自然状態からの根本的な脱却を論じる過程で提示した。
ウ　ホッブズは、「社会契約論」の哲学者としてよく知られているが、不自然な不平等は自然法に反するがゆえに容認できないと論じた。
エ　ホッブズにおいて重要なのは、「自然状態」の理論であり、この自然状態論こそが彼の政治理論に圧倒的なリアリティー

と呼ばれている。

「自然権」すなわち「自然な権利」とは、実はとても奇妙な概念である。権利とは何だろうか？　どこかある国に住んでいると、多くの場合、いくつかの権利が認められる。そう、権利とは何かによって認められるものであり、そうやって認められた資格や許可のことに他ならない。国民に教育を受ける権利があるとすれば、それはたとえばその国の憲法が国民にそうした権利を認めているからである。

ところが、自然状態とは、そうした国や憲法や政府や法律、とにかく一切の上位機関が存在しない状態である。すなわち、権利を認めるような上位機関が存在しないというのが自然状態なのだ。したがって「自然権」とは、権利が認められないような状態を設定した上で、それにもかかわらず発見される逆説的な権利なのである。

この逆説[g]をどう理解したらよいだろうか？　理解のポイントは「権利」という言葉にある。この言葉を上位機関から与えられる資格や許可という意味で捉える限り、自然権を理解することはできない。そもそも自然権とは、好きなことを好きなようになしうる自由のことであった。そしてこの自由は、もちろん、自然状態を根拠としている。自然状態にあって、いかなる規制も存在しないがゆえに、人はホッブズの言うような意味で自由たりうる。

したがって自然権という際の「権利」とは、そのごカン⑥が与える印象とは異なり、一つの事実を指していることが分かる。自然状態において、人は単に自由であって何でもしたいことができる。その自由という事実そのものを自然権と呼ぶのである。

このように複雑な概念はまさしく哲学によってこそ生み出されるものであろう。自然権の発見こそは、一七世紀の政治哲学が為しえた偉大なる概念の創造である。

とはいえ、なぜこのような複雑な概念が必要になるのだろうか？　なぜ事実として人間は自由であることが権利として確認されねばならないのか？　それは、この権利を規制することで国家が創設されるという理路を確立するためである。

我々は様々な規制を受け入れながら生きている。ということは、自然権が否定された状態を生きているということだ。ホッブズはその否定から理論的に遡り、「もともとは何でも好きなようにできる権利があったはずだが、それを否定することによってこそ国家は可能になる」と考えるのである。

（國分功一郎『近代政治哲学──自然・主権・行政』による）

（1）　二重傍線部①〜⑥のカタカナの部分を漢字に直したとき、その漢字と同じ漢字を用いるものをそれぞれ一つずつ選べ。

①　エンえん　11

ア　彼のエンしゅつ作品は観客を魅了する。
イ　空にはエンらいがとどろいている。
ウ　エンがわで猫が寝ている。
エ　地下鉄のエンしんが決定した。

長く支配することである」。先手を打って、自分たちを攻撃しそうな人物、あるいは集団を攻撃し、支配するのである。

かくして、自然状態においては絶対に争いが避けられないという結論が導きだされる。ホッブズはこのことを指して、自然状態は戦争状態であると述べた。自然状態においては人は争っている。ホッブズは政治哲学の出発点に戦争をおき、戦争から政治を考えた哲学者である。

さて、集団は仲間を増やした方が強いわけだから、どの集団も併合を繰り返し、集団の数は減少していくことになる。すると、一定規模の集団が形成された段階で、集団同士の均衡が生まれるに違いない。すなわち、ドンパチという意味での争いのちんセイ化である。

これは一見すると戦争状態の終結のようにも思えるが、ホッブズによればそうではない。ホッブズの言う戦争状態とは、相互不信が蔓延していていつでも戦闘が起こりうる、戦争が潜在的な危機として存在し続けている、そのような状態を指す。「戦争は、単に戦闘あるいは闘争行為にあるのではなく、戦闘によって争おうという意志が十分に知られている一連の時間にある」。したがって、集団同士の緊張感を持ったにらみ合いがもたらす束の間の平穏は、戦争状態からの脱出を意味しない。実際、いつでもドンパチが起こりうるからである。

ホッブズの自然状態論が興味深いのは、平等の事実に争いの根源を見ているところだ。能力が不平等であれば、争いは起こらない。誰が誰に従うべきかが決まっているし、何を希望してよくて、何を希望してはいけないのかもあらかじめ分かっているからである。

能力の平等が希望の平等を生み、希望の平等は争いを生む。争いは集団相互のにらみ合いに至り、ひとまずのところ終息するが、それは戦争状態の終わりではない。ホッブズはここから、自然状態を根本的に脱却する策を論じることになるのだが、その中途で、近代政治哲学が発明した極めて重要な概念が登場する。それが自然権の概念である。

自然権とは何か？　その定義を見てみよう。

「自然の権利〔Right of Nature〕——著作家たちはこれを一般に自然権〔Jus Naturale〕と呼んでいる——とは、各人が、自分自身の自然すなわち生命を維持するために、自分の力を自分が欲するように用いうるよう各人が持っている自由であり、したがって、それは、自分自身の判断と理性とにおいて、そのために最も適当な手段であると考えられるいかなることをも行う自由である」。

ごく簡単に言えば、自分の力を自分のために好き勝手に用いる自由ということである。ふダン、我々は社会の中で様々に規制を受けている。特に法律による規制は強力である（それを犯せば罰せられる。最悪の場合は、死をも覚悟せねばならない）。だが、自然状態においてはそうした規制が全く存在しない。というか、そういう規制が全く存在しない状態として定義されるのが自然状態である。

ならば、人は自然状態において、自分の思うがままに振る舞うことができよう。やろうと思えば何でもできるのだから。そうした自由が「自然権」

間は差別なく等しく扱われねばならない」といった意味で言われているのではない。そうではなくて、「人間など、どれもたいして変わらない」ということだ。

　確かに他の者よりも腕力の強い人間もいる。少し頭のいい奴もいる。しかしホッブズによれば、そうした違いも、数人が集まればなんとかなる程度の違いでしかない。どんなに腕力が強い人間であろうと、数人で立ち向かえば何とかなる。たとえ寝たきりであろうとも、誰かに依頼して、ある人物をやり込めることが可能だ。人間の能力の差異などは相対的なものに過ぎない。いわゆる「ｄどんぐりの背比べ」ということである。

　このような能力の平等はいかなる帰結をもたらすか？　これは実にすぐれた表現であると思われるのだが、ホッブズはここから「希望の平等 equality of hope」が生じると述べる。「能力のこの平等から、我々の目的を達成することについての、希望の平等が生まれる」。希望の平等とは、「あいつはいいものを持っている。あいつがあれを持っているのならば、俺だってあれを持っていていいはずだ」という感覚のことである。

　能力が平等だからこそ、自分も他人と同じように物事を希望してよいはずだと考える。何を希望するのかも平等である、と。能力の平等はこうして希望の平等を生み出す。逆に言えば、能力が不平等であるならば、希望の平等は生じない。「自分があれを手に出来ないのも仕方がない」という諦めが生まれるからである。

　希望の平等は、第一段階においては、他人に対する妬みや権利要求として現れる。つまり、「自分もあれが欲しい」「自分はあれを欲してよいはずだ」という要求として、である。しかし、第二段階において、それは、他者もまた自分と同じように要求するだろうという意識を生み出す。すなわち、自分が他人を妬んでいるのだから、他人もまた自分を妬んでいるかもしれないという感覚の発生である。

　自分はこんなにいいものをもっている。すると誰かもまたこれを欲しがっているかもしれない……。この気持ちは、続いて何を生み出すだろうか？　自分の持ち物が狙われているという感覚、他人を怪しみ、疑う気持ちである。それが高じれば、人は［Ａ］の状態にすら陥るであろう。ホッブズは、homo homini lupus（人は人にとってオオカミである）というラテン語の②カクげんを引用しているが、まさにそれが常態化する。相互不信の常態化である。

　では、人は「自分は狙われているかもしれない」と思った時にどうするだろうか？　もちろん、やられる前にやる、である。何もせずにいれば、自分はいつ他人の攻撃を受けるかも分からない。今、自然状態が前提になっていることを忘れてはならない。自分の力以外に頼れるものなど何もないのだ。そのような気持ちが出てくるのは当然のことである。

　とはいえ、人間は能力において平等であって、その力には大差がないのだった。やられる前にやると言っても、相手を圧倒できる保証などない。ならばどうするか？　③トとうを組むしかない。「この相互不信から自己を安全にしておくには、誰にとっても、先手を打つことほど妥当な方法はない。それは、自分を脅かすほどの大きな力を他に見ることがないように、強力または奸計によって、できる限りのすべての人の人格を、できるだけ

（7）傍線部の中で種類が異なるものを一つ選べ。 8

ア　研究室で本を読む。　イ　全力で課題に取り組む。

ウ　白鳥が飛んでいる。　エ　万年筆で小論文を書く。

（8）次の書き出しで始まる作品の作者を選べ。 9

その頃、と言っても大正四、五年のことで、いまから四十数年前のことだが、夕方になると、決って村の子供たちは口々に〝しろばんば〟と叫びながら、家の前の街道をあっちに走ったり、こっちに走ったりしながら、夕闇のたちこめ始めた空間を綿屑でも舞っているように浮游している白い小さい生きものを追いかけて遊んだ。

ア　芥川龍之介　イ　夏目漱石　ウ　井上靖　エ　中島敦

（9）樋口一葉の作品ではないものを一つ選べ。 10

ア　たけくらべ　イ　にごりえ　ウ　舞姫　エ　十三夜

2　次の文章を読んで後の設問に答えよ。解答は、解答用紙にマークすること。

ホッブズ[a]は、真に近代的な政治理論を打ち立て、全く新しい地平を開いた哲学者である。その理論の重要性は今もなお色あせていない。主著『リヴァイアサン』を読みながら、議論の中心部を概観していくことにしよう。

ホッブズは「社会契約論」の哲学者としてよく知られている。だが、その政治哲学において重要なのは、当初から①エンえんと批判され続けてきた社会契約の理論そのものよりも、契約理論の基礎として提示された[b]「自然状態」の理論である。というのも、自然状態論こそが、彼の政治理論に圧倒的なリアリティーを付与しているからだ。

自然状態とは何か？　これはいかなる決まりも、いかなる権威もない状態、人間が素のままで自然の中に放り込まれている、そういう状態のことである。一七世紀にはそのような自然状態が盛んに論じられた。これは、それまで長きにわたって維持されてきた社会秩序が宗教戦争によって崩壊したことの一つの帰結であろう。生まれた時からずっと目の前にあったものがそのまま変わらず維持されていれば、人はその根拠について問うたりはしない。社会秩序が崩壊したからこそ、それが始まる以前の状態にまで遡って、その発生の根拠を問うという作業が盛んに行われるようになったのだ。

ホッブズが自然状態について最初に指摘するのは、[c]人間の平等である。ただし注意が必要である。これは、「人間には平等な権利がある」とか「人

国語

（六〇分）

1

次の設問に答えよ。解答は、解答用紙にマークすること。

（1）空欄□を補うのに適切なものをそれぞれ一つずつ選べ。

① 天衣□縫 1

ア 夢　イ 霧　ウ 無　エ 務

② 不易流□ 2

ア 向　イ 香　ウ 光　エ 行

（2）傍線部のカタカナを漢字に直したときの部首名を一つ選べ。 3

彼の率直な言葉に感メイを受けた。

ア ひへん　イ かねへん　ウ さら　エ とり

（3）「未来」と同じ組み立ての熟語を一つ選べ。 4

ア 非常　イ 雷鳴　ウ 激動　エ 優良

（4）訓読み＋音読みの読み方をする熟語を一つ選べ。 5

ア 敷地（しきち）　イ 記録（きろく）
ウ 桟橋（さんばし）　エ 優位（ゆうい）

（5）「腹をくくる」の意味としてもっとも適切なものを選べ。 6

ア 包み隠すことなく真意を語ること
イ 事にあたって覚悟を決めること
ウ 相手の心中をうかがい探ること
エ おかしくてたまらないこと

（6）「尻馬に乗る」の意味としてもっとも適切なものを選べ。 7

ア 無批判に他の人の言動に追従すること
イ わけがわからず呆然としてしまうこと
ウ いくら言ってもなんの効果もないこと
エ すばやく抜け目のない態度をとること

解答編

英語

1 **解答** 1ーウ　2ーイ　3ーウ　4ーイ　5ーア　6ーイ
7ーウ　8ーウ　9ーア　10ーイ　11ーア

解説　≪女性によってなされた発明≫

1．ウ．role が正解。下線部の part は play a ～ part in …「…において～な役割を果たす」のセットフレーズで用いられている。この part は role と入れ替え可能である。ア．district「地区」　イ．portion「部分」

2．下線部の compensation は「補償（金），報酬」の意味である。したがって，ここではイ．money が最も意味が近い。文脈から考えると，received の目的語であり，前文に彼女の patent「特許」についての記述と「大きな自動車会社が彼女のデザインを使用した」の一節がある。以上からイを選び，never received any money for her contribution「自分の貢献に対して一度もお金を受け取らなかった」とするのが妥当である。
ア．criticism「批判」　ウ．reputation「評判」

3．下線部の capture は「（人，動物，人の関心などを）捕える，つかまえる」の意味の動詞であり，そこから「（とらえにくい物を写真などによって）記録する」の意味でも用いられる。ここでは，evidence of the shape of DNA in a photograph が目的語になっているところに着目し，ウ．find を選ぶ。

4．イ．freeze が正解。第2段第1文（Some inventions that …）からこの段のテーマが dishwasher と ice cream maker の発明であること，同段第2～4文（In 1843, … mix the ingredients.）から空所の文が ice cream maker に関する記述であることがわかる。空所の節の which は前の節の内容を先行詞とする関係代名詞である。そこに，The outer bowl held salt and ice とあることから，イが適当である。他の選択肢では意味をなさない。

5．ア．at once が正解。空所の前に drivers had to do two things とあり，その do two things に注目する。ア．at once を入れて，「2つのことを同時にする」とするのが適当である。イ．by heart「暗記して」 ウ．for free「無料で」

6．イ．ran out が正解。run out は「(契約などの期限が) 切れる」の意味のイディオム。ア．become effective は「(契約・法律などが) 有効になる，効力を生じる」の意味で，イと相反する意味を持つ。したがって，どちらかが正解と推測できる。空所の節だけを見てアと即断しないこと。主節に，a large car company used her design … とあり，さらに2の〔解説〕にあるように，彼女は報酬を受け取っていない。したがって，「特許が切れた」となるイが妥当である。

7．ウが正解。下線部の name は副詞の probably を挟んで助動詞 will の後にくるため，動詞である。動詞としては「名づける，名前を挙げる，指名する」などの意味があるが，ここでは「名前を挙げる」という意味。イは「名づける」の意味で用いられているため不可。

8．ウが正解。下線部の immediate と hit がポイントとなっている。immediate は「即座の」の意味の形容詞，hit は，ここでは「大当たり，大成功」の意味の名詞で，日本語でも「大ヒット」のように使われている。ウでは，immediate が「すぐに」，hit が「大人気の商品」と表現されている。

9．アが正解。credit と where it is due のセットフレーズがポイント。credit は give *A* credit で「*A*（人）を賞賛する，*A*（人）の功績を認める」の意味となる。where it is due は「しかるべきところで」の意味で，ここでは，credit とともに用いて「認めるべき功績は認める」の意味となっている。アでは，「功績を正当に評価する」と表現されている。他に give praise where it is due「賞賛すべきところは賞賛する」などもよく使われる。

10．イが正解。hold to ～ と belief がポイント。hold to ～ は「～にしがみつく，を固守する」の意味のイディオム。belief は前置詞の in を伴って「～への信頼」の意味で用いられる。held to ～ はイでは「～を失うことはなかった」と表現されている。

11．アが正解。第1段第1文（Women called geniuses …）からアが正解

と推測できる。stereotype「固定観念」 discrimination「差別」 be slow to *do*「〜するのに時間がかかる」 イは1920，ウはJosephine Cochraneに注目して本文を読むと判断できる。1920は空所Cのある第3段第6文（However, when …）にある。これはhand-operated wiper「手動の（自動車用）ワイパー」（同段第2文）のpatent「特許」が失効した年である。したがって，選択肢にあるように「ドライバーが手でワイパーを操作するわずらわしさから解放された」年ではない。Josephine Cochraneに関しては第2段第7文にJosephine Cochrane invented the first dishwashing machine in 1886.とある。したがって，選択肢にあるようにice cream makerを発明したのではない。この選択肢の文のwhichの先行詞は，前の節の内容となっているが，その部分は本文と一致しているので早とちりをしないこと。

2　解答

12―ウ　13―ア　14―ア　15―ウ　16―イ　17―ウ
18―イ　19―ア　20―ア　21―ア

解説　≪留学の相談≫

やりとりを1つか2つ読んで話題がつかめたら，設問ごとに本文を見ていく。空所に対する設問の場合は，その前の発話，さらにその前へと解答に確信が持てるまで会話をさかのぼっていく。12〜14のように下線部の同意語を答える問題の場合は，その文全体を読まなくても解答できる場合もあるだろう。本文はEnglish Language Centerの職員（Secretary）と電話をかけてきた留学希望者（Caller）の電話による会話である。

12.「手に入れる」の意味の動詞ウ．obtainが正解。下線部のfind outは「見つける，発見する」の意味。「そちらのプログラムに関する情報をfind outするために電話をしている」とある。ア．sustain「支える」 イ．retain「保持する」

13. 下線部のpermissionは「許可」の意味である。したがって，「承認」の意味のア．approvalがほぼ同義である。イ．deficit「損失，赤字」

14. 下線部のsufficientは「十分な」の意味の形容詞である。したがって，ア．enoughが正解。下線部の語は「〜するのに十分な」の意味で，後のto cover tuition expenses and living costs for the entire year of studyの不定詞句とともにfunds「資金」を修飾している。enough *A* to *do*

「～するのに十分な *A*」は enough の基本的な使い方である。

15. ウ．I'm interested in attending a US university. が正解。空所後の職員の発話の That's the kind of instruction that we provide「それはまさに我々が提供している教育です」から，空所は留学希望者の留学目的を伝える内容だと推測できる。職員が列挙するプログラムの例である from basic communication courses to content-based classes such as … からも判断できる。

16. イ．What are the school fees for a full-time student? が正解。空所後の発話で職員が They are two thousand thirty dollars. と金額を答えているところから判断する。イを選ぶと応答の They は the school fees「授業料」を指すことになり適当であるとわかる。ウにある requirements は「必要条件」を指す。enroll「登録する」

17. ウ．Is there anything else that … が正解。空所後の発話で職員は，You would need to send in … と留学希望者に必要となる作業を示している。空所の前で職員は，you can fill out … と留学希望者がする作業を伝えている。したがって，「申請書の他に送る必要があるものは何かありますか」と尋ねているウが適当であるとわかる。

18. イ．This enables us to deal with the application and release the student's I-20. が正解。下線部の gives us time to ～ が enables us to ～ に，process「処理する」が deal with に，issue「発行する」が release に書き換えられている。

19. ア．you can complete our online application on our website が正解。下線部に online on our website「ウェブサイト上で」とあるのがポイント。下線部の fill out「(書類などに) 記入する」が選択肢では complete「(すべての項目に) 記入する」に言い換えられている。

20. ア．Please feel free to call us again が正解。下線部にある don't hesitate to *do* は「ためらわずに～しなさい」の意味の常套句であり，アの feel free to *do* とほぼ同義である。

21. アが正解。以下の語句に注目して会話全体を読む。アは An application must be submitted with … から「申請する (apply) のに必要な他の書類」，イは level と semester「学期」，ウは computer literacy「コンピューターを扱う能力，教養」となる。するとアについては，6 番目の留学希望者の発話にAnd how does one apply?（oneは一般人称）の質問がある。後のやりとりを見ていくと，下線部(4)にウェブの申込書に記入するとの指示があり，空所C（「他に何か…がありますか？」）の後に職員の応答としてYou would need to send in a $35 application fee, a sponsorship form, and a bank statement showing that…とある。ここにあるa sponsorship form「寄付申込用紙」とa bank statement「銀行取引明細書」が選択肢にあるtwo other necessary documentsの具体的内容となっている。イはa level of the language programに該当する記述がなく，ウは3番目の職員の発話（That's the kind of…）によれば，computer literacyは含まれているので不適。

3　解答　22―エ　23―ウ　24―ウ　25―ア　26―ア　27―イ

解説　22.「彼が成功するかどうかは私にはあまり問題ではない」

エ．matterが正解。問題の文は仮主語構文で，真の主語はwhether節，doesn't（　　）が述語動詞である。動詞のmatterはbe importantと言い換えられ，おもに否定文か疑問文で用いられる。

23.「彼は有名だと思っていたが，私の友だちはだれも彼のことを聞いたことがなかった」

ウ．noneが正解。述語動詞がhad ever heardとever（neverのnotが分離したもの）の修飾を受けている。また，butまでの流れから考えて，空所の節は否定文だと考えるのが妥当である。したがって，ウとエが正解の候補となるが，of my friendsの修飾を受けているところからエは不適となる。

24.「このビンテージワインは結婚30周年記念のような特別な機会に飲もう」

空所はlike以下の修飾を受けている。その内容から考え，ウ．occasionを入れて，a special occasion like our 30th wedding anniversaryとし「結婚30周年記念のような特別な機会」とする。イ．destiny「運命」　エ．tribute「ささげ物，敬意」

25.「定期的な運動は彼の気分を向上させるだろう」

ア．feelが正解。空所は述語動詞will makeの目的格補語となっている。

述語動詞が使役動詞の make であることと語群から考えて，ここは動詞原形となるのが適当である。該当するのはアのみである。

26.「当初の契約は，契約更新の日である1月21日に延長された」

ア．when が正解。空所を January 21st を先行詞とする関係副詞 when として，先行詞以下を「その契約が更新される1月21日」とするのが最も適当である。initial「当初の，最初の」 contract「契約」

27.「とても疲れていたが，彼は，帰宅後，何とかして洗濯と洗いものをした」

イ．exhausted が正解。動詞 exhaust の正しい変化形が求められている。次の2点がポイントである。

• exhaust は，tire と同様「（人を）疲れさせる」の意味の他動詞である。

• 問題の文は分詞構文であり，空所に入る分詞の意味上の主語は文の主語である he である。

したがって，受身を表す過去分詞の形が正しい。

4　解答　28－ア　29－ウ　30－イ　31－ア　32－イ　33－ア

解説　28・29. （All the food at Karen's Cafe was great.） What is more(,) the prices （were not so high.）

「その上」を表す表現が求められている。what is more がその常套句である。

30・31. （My daughter is） willing to eat whatever dishes （I cook.）

「喜んで～する」を be willing to *do* で表す。また，whatever はここでは「どんな～でも」の意味の関係形容詞で，dishes を修飾する。したがって dishes の前に置く。

32・33. （Climate change will continue to have a） significant impact on farming(.)

significant が「重要な，重大な」の意味の形容詞。前置詞の on は，influence on ～ のように，しばしば「影響」の意味を表す名詞，動詞とともに用いられる。

日本史

1　解答　≪古代の土地制度≫

1－ウ　2－ア　3－オ　4－イ　5－ア　6－エ　7－イ　8－ウ
9－ア　10－オ

2　解答　≪古代～近代の芸能≫

11－イ　12－ア　13－エ　14－エ　15－ウ　16－ア　17－エ　18－オ

3　解答　≪墾田永年私財法，明治時代の啓蒙思想≫

19－エ　20－イ　21－オ　22－イ　23－ウ　24－エ

4　解答　≪江戸時代の政治≫

25－カ　26－エ　27－ア　28－ク　29－コ　30－イ　31－キ　32－オ
33－ケ　34－ウ　35－コ　36－カ　37－エ　38－ケ　39－イ

世界史

1 解答 ≪高麗と朝鮮王朝≫

1－イ　2－エ　3－ウ　4－ウ　5－ア　6－ア　7－ウ　8－イ
9－イ

2 解答 ≪十字軍の歴史≫

10－ウ　11－ア　12－エ　13－イ　14－イ　15－エ　16－ア　17－ウ
18－イ

3 解答 ≪アメリカ合衆国の成立と発展≫

19－エ　20－イ　21－ウ　22－ア　23－ウ　24－エ　25－イ　26－ウ
27－イ　28－ウ

4 解答 ≪オスマン帝国の衰退≫

29－エ　30－イ　31－ア　32－イ　33－ウ　34－イ　35－イ　36－ウ
37－ア

現代社会

1 解答 ≪民主主義と政党政治≫

1－ウ　2－エ　3－イ　4－イ　5－エ　6－ア　7－ア　8－ウ
9－エ　10－ア

2 解答 ≪資本主義経済の諸側面≫

11－ウ　12－イ　13－ウ　14－エ　15－ア　16－イ　17－ア　18－ア
19－イ　20－ア

3 解答 ≪国家領域と国際社会・国際機関≫

21－ウ　22－ウ　23－ア　24－ウ　25－ア　26－ウ　27－ウ　28－エ
29－イ　30－エ

4 解答 ≪契約主体としての消費者≫

31－ウ　32－ウ　33－イ　34－エ　35－ア　36－ウ　37－イ　38－イ
39－ア　40－エ

数学

1 解答 ≪小問5問≫

(1)ア．2　イ．3　ウ．4　エ．5

(2)オ．5

(3)カ．2　キ．5

(4)クー2　ケー4

(5)コサシ．525

2 解答 ≪x軸との共有点の個数と共有点が整数となる条件≫

(1)ア．5　イ．2　ウ．3　エ．2　オカ．17

(2)キ．2　クケ．13　コ．3

(3)サシ．−2　スセ．−1　ソ．2　タ．0　チ．1

3 解答 ≪偏差値，標準偏差，相関係数，データの読み取り≫

(1)アイ．47　ウエ．69

(2)オカ．12　キク．−2　ケ．3

(3)コー3　サー5

4 解答 ≪三角比の値から求める辺の長さ，速さ・時間・距離，三平方の定理≫

(1)アイ．15

(2)ウ．9　エ．3　オ．3　カ．9　キ．2　ク．3　ケ．6

(3)コサ．10　シ．3　ス．6

⑽　エ、第七段落で「能力の平等はこうして希望の平等を生み出す」としているので、「希望の平等が生まれることにより、能力の平等が実現することを主張し」はおかしい。

(3)　エ
(4)　ア
(5)　ウ
(6)　イ
(7)　ウ
(8)　イ
(9)　ア
(10)　エ

解説

(2)　それぞれ、ア、第一段落および第十二段落の内容に、イ、第十六段落の内容に、エ、第二段落の内容に合致している。ウ、「自然法に反する」とあるが、本文で「自然権」には触れているが「自然法」には言及していない。

(3)　第三段落で「自然状態」について、「社会秩序が崩壊したからこそ……その発生の根拠を問うという作業が盛んに行われるようになった」と説明している。

(4)　第四段落で述べているように「権利」としての「平等」のことではなく、「『人間など、どれもたいして変わらない』という」意味での「平等」だとしている。

(7)　ウ、第十段落で「やられる前にやる……そのような気持ちが出てくるのは当然のこと」だと述べている。「その気持ちは手放さざるをえない」としているので不適。

(8)　イ、後ろから二段落目で「なぜこのような複雑な概念が必要になるのだろうか」として、「それは、この権利を規制することで国家が創設されるという理路を確立するため」だと述べている。

(9)　直前の段落の内容を押さえること。「権利を認めるような上位機関が存在しない」という「自然状態」を設定した上で、「それにもかかわらず発見される」「権利」だとしている。

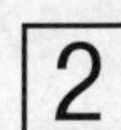
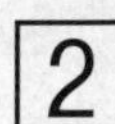
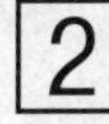

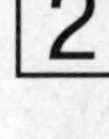
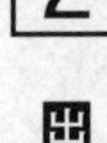
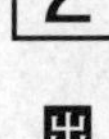

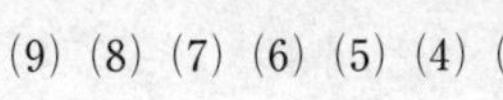
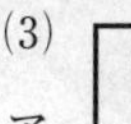

国語

1

解答

(1)　①—ウ　②—エ
(2)　イ
(3)　ア
(4)　ア
(5)　イ
(6)　ア
(7)　ウ
(8)　ウ
(9)　ウ

解説

(7)　ウ以外は格助詞の「で」、ウの「で」は接続助詞「て」に補助動詞「いる」の付いた「ている」が、撥音便に接続したため「でいる」となったもの。

2

出典　國分功一郎『近代政治哲学―自然・主権・行政』〈第2章　近代政治哲学の夜明け―ホッブズ〉（ちくま新書）

解答

(1)　①―エ　②―イ　③―ア　④―ウ　⑤―エ　⑥―イ
(2)　ウ

/////////////////// · memo · ///////////////////

//////////////////// · memo · ////////////////////

//////////////////// · memo · ////////////////////

教学社 刊行一覧

2025年版　大学赤本シリーズ

374大学556点
全都道府県を網羅

国公立大学（都道府県順）

全国の書店で取り扱っています。店頭にない場合は，お取り寄せができます。

1 北海道大学(文系－前期日程)
2 北海道大学(理系－前期日程) 医
3 北海道大学(後期日程)
4 旭川医科大学(医学部〈医学科〉) 医
5 小樽商科大学
6 帯広畜産大学
7 北海道教育大学
8 室蘭工業大学／北見工業大学
9 釧路公立大学
10 公立千歳科学技術大学
11 公立はこだて未来大学 総推
12 札幌医科大学(医学部) 医
13 弘前大学 医
14 岩手大学
15 岩手県立大学・盛岡短期大学部・宮古短期大学部
16 東北大学(文系－前期日程)
17 東北大学(理系－前期日程) 医
18 東北大学(後期日程)
19 宮城教育大学
20 宮城大学
21 秋田大学 医
22 秋田県立大学
23 国際教養大学 総推
24 山形大学 医
25 福島大学
26 会津大学
27 福島県立医科大学(医・保健科学部) 医
28 茨城大学(文系)
29 茨城大学(理系)
30 筑波大学(推薦入試) 医 総推
31 筑波大学(文系－前期日程)
32 筑波大学(理系－前期日程) 医
33 筑波大学(後期日程)
34 宇都宮大学
35 群馬大学 医
36 群馬県立女子大学
37 高崎経済大学
38 前橋工科大学
39 埼玉大学(文系)
40 埼玉大学(理系)
41 千葉大学(文系－前期日程)
42 千葉大学(理系－前期日程) 医
43 千葉大学(後期日程) 医
44 東京大学(文科) DL
45 東京大学(理科) DL 医
46 お茶の水女子大学
47 電気通信大学
48 東京外国語大学 DL
49 東京海洋大学
50 東京科学大学(旧 東京工業大学)
51 東京科学大学(旧 東京医科歯科大学) 医
52 東京学芸大学
53 東京藝術大学
54 東京農工大学
55 一橋大学(前期日程)
56 一橋大学(後期日程)
57 東京都立大学(文系)
58 東京都立大学(理系)
59 横浜国立大学(文系)
60 横浜国立大学(理系)
61 横浜市立大学(国際教養・国際商・理・データサイエンス・医〈看護〉学部)
62 横浜市立大学(医学部〈医学科〉) 医
63 新潟大学(人文・教育〈文系〉・法・経済科・医〈看護〉・創生学部)
64 新潟大学(教育〈理系〉・理・医〈看護を除く〉・歯・工・農学部) 医
65 新潟県立大学
66 富山大学(文系)
67 富山大学(理系) 医
68 富山県立大学
69 金沢大学(文系)
70 金沢大学(理系) 医
71 福井大学(教育・医〈看護〉・工・国際地域学部)
72 福井大学(医学部〈医学科〉) 医
73 福井県立大学
74 山梨大学(教育・医〈看護〉・工・生命環境学部)
75 山梨大学(医学部〈医学科〉) 医
76 都留文科大学
77 信州大学(文系－前期日程)
78 信州大学(理系－前期日程) 医
79 信州大学(後期日程)
80 公立諏訪東京理科大学 総推
81 岐阜大学(前期日程) 医
82 岐阜大学(後期日程)
83 岐阜薬科大学
84 静岡大学(前期日程)
85 静岡大学(後期日程)
86 浜松医科大学(医学部〈医学科〉) 医
87 静岡県立大学
88 静岡文化芸術大学
89 名古屋大学(文系)
90 名古屋大学(理系) 医
91 愛知教育大学
92 名古屋工業大学
93 愛知県立大学
94 名古屋市立大学(経済・人文社会・芸術工・看護・総合生命理・データサイエンス学部)
95 名古屋市立大学(医学部〈医学科〉) 医
96 名古屋市立大学(薬学部)
97 三重大学(人文・教育・医〈看護〉学部)
98 三重大学(医〈医〉・工・生物資源学部) 医
99 滋賀大学
100 滋賀医科大学(医学部〈医学科〉) 医
101 滋賀県立大学
102 京都大学(文系)
103 京都大学(理系) 医
104 京都教育大学
105 京都工芸繊維大学
106 京都府立大学
107 京都府立医科大学(医学部〈医学科〉) 医
108 大阪大学(文系) DL
109 大阪大学(理系) 医
110 大阪教育大学
111 大阪公立大学(現代システム科学域〈文系〉・文・法・経済・商・看護・生活科〈居住環境・人間福祉〉学部－前期日程)
112 大阪公立大学(現代システム科学域〈理系〉・理・工・農・獣医・医・生活科〈食栄養〉学部－前期日程) 医
113 大阪公立大学(中期日程)
114 大阪公立大学(後期日程)
115 神戸大学(文系－前期日程)
116 神戸大学(理系－前期日程) 医
117 神戸大学(後期日程)
118 神戸市外国語大学 DL
119 兵庫県立大学(国際商経・社会情報科・看護学部)
120 兵庫県立大学(工・理・環境人間学部)
121 奈良教育大学／奈良県立大学
122 奈良女子大学
123 奈良県立医科大学(医学部〈医学科〉) 医
124 和歌山大学
125 和歌山県立医科大学(医・薬学部) 医
126 鳥取大学 医
127 公立鳥取環境大学
128 島根大学 医
129 岡山大学(文系)
130 岡山大学(理系) 医
131 岡山県立大学
132 広島大学(文系－前期日程)
133 広島大学(理系－前期日程) 医
134 広島大学(後期日程)
135 尾道市立大学 総推
136 県立広島大学
137 広島市立大学
138 福山市立大学 総推
139 山口大学(人文・教育〈文系〉・経済・医〈看護〉・国際総合科学部)
140 山口大学(教育〈理系〉・理・医〈看護を除く〉・工・農・共同獣医学部) 医
141 山陽小野田市立山口東京理科大学 総推
142 下関市立大学／山口県立大学
143 周南公立大学 新 総推
144 徳島大学 医
145 香川大学 医
146 愛媛大学 医
147 高知大学 医
148 高知工科大学
149 九州大学(文系－前期日程)
150 九州大学(理系－前期日程) 医
151 九州大学(後期日程)
152 九州工業大学
153 福岡教育大学
154 北九州市立大学
155 九州歯科大学
156 福岡県立大学／福岡女子大学
157 佐賀大学 医
158 長崎大学(多文化社会・教育〈文系〉・経済・医〈保健〉・環境科〈文系〉学部)
159 長崎大学(教育〈理系〉・医〈医〉・歯・薬・情報データ科・工・環境科〈理系〉・水産学部) 医
160 長崎県立大学 総推
161 熊本大学(文・教育・法・医〈看護〉学部・情報融合学環〈文系型〉)
162 熊本大学(理・医〈看護を除く〉・薬・工学部・情報融合学環〈理系型〉) 医
163 熊本県立大学
164 大分大学(教育・経済・医〈看護〉・理工・福祉健康科学部)
165 大分大学(医学部〈医・先進医療科学科〉) 医
166 宮崎大学(教育・医〈看護〉・工・農・地域資源創成学部)
167 宮崎大学(医学部〈医学科〉) 医
168 鹿児島大学(文系)
169 鹿児島大学(理系) 医
170 琉球大学 医

2025年版　大学赤本シリーズ

国公立大学 その他

171 〔国公立大〕医学部医学科 総合型選抜・学校推薦型選抜※ 医 総推
172 看護・医療系大学〈国公立 東日本〉※
173 看護・医療系大学〈国公立 中日本〉※
174 看護・医療系大学〈国公立 西日本〉※
175 海上保安大学校／気象大学校
176 航空保安大学校
177 国立看護大学校
178 防衛大学校 総推
179 防衛医科大学校（医学科） 医
180 防衛医科大学校（看護学科）

※ No.171～174の収載大学は赤本ウェブサイト（http://akahon.net/）でご確認ください。

私立大学①

北海道の大学（50音順）
201 札幌大学
202 札幌学院大学
203 北星学園大学
204 北海学園大学
205 北海道医療大学
206 北海道科学大学
207 北海道武蔵女子大学・短期大学
208 酪農学園大学（獣医学群〈獣医学類〉）

東北の大学（50音順）
209 岩手医科大学（医・歯・薬学部） 医
210 仙台大学 総推
211 東北医科薬科大学（医・薬学部） 医
212 東北学院大学
213 東北工業大学
214 東北福祉大学
215 宮城学院女子大学 総推

関東の大学（50音順）
あ行（関東の大学）
216 青山学院大学（法・国際政治経済学部－個別学部日程）
217 青山学院大学（経済学部－個別学部日程）
218 青山学院大学（経営学部－個別学部日程）
219 青山学院大学（文・教育人間科学部－個別学部日程）
220 青山学院大学（総合文化政策・社会情報・地球社会共生・コミュニティ人間科学部－個別学部日程）
221 青山学院大学（理工学部－個別学部日程）
222 青山学院大学（全学部日程）
223 麻布大学（獣医、生命・環境科学部）
224 亜細亜大学
226 桜美林大学
227 大妻女子大学・短期大学部

か行（関東の大学）
228 学習院大学（法学部－コア試験）
229 学習院大学（経済学部－コア試験）
230 学習院大学（文学部－コア試験）
231 学習院大学（国際社会科学部－コア試験）
232 学習院大学（理学部－コア試験）
233 学習院女子大学
234 神奈川大学（給費生試験）
235 神奈川大学（一般入試）
236 神奈川工科大学
237 鎌倉女子大学・短期大学部
238 川村学園女子大学
239 神田外語大学
240 関東学院大学
241 北里大学（理学部）
242 北里大学（医学部） 医
243 北里大学（薬学部）
244 北里大学（看護・医療衛生学部）
245 北里大学（未来工・獣医・海洋生命科学部）
246 共立女子大学・短期大学
247 杏林大学（医学部） 医
248 杏林大学（保健学部）
249 群馬医療福祉大学・短期大学部
250 群馬パース大学 総推
251 慶應義塾大学（法学部）
252 慶應義塾大学（経済学部）
253 慶應義塾大学（商学部）
254 慶應義塾大学（文学部） 総推
255 慶應義塾大学（総合政策学部）
256 慶應義塾大学（環境情報学部）
257 慶應義塾大学（理工学部）
258 慶應義塾大学（医学部） 医
259 慶應義塾大学（薬学部）
260 慶應義塾大学（看護医療学部）
261 工学院大学
262 國學院大學
263 国際医療福祉大学 医
264 国際基督教大学
265 国士舘大学
266 駒澤大学（一般選抜T方式・S方式）
267 駒澤大学（全学部統一日程選抜）

さ行（関東の大学）
268 埼玉医科大学（医学部） 医
269 相模女子大学・短期大学部
270 産業能率大学
271 自治医科大学（医学部） 医
272 自治医科大学（看護学部）／東京慈恵会医科大学（医学部〈看護学科〉）
273 実践女子大学 総推
274 芝浦工業大学（前期日程）
275 芝浦工業大学（全学統一日程・後期日程）
276 十文字学園女子大学
277 淑徳大学
278 順天堂大学（医学部） 医
279 順天堂大学（スポーツ健康科・医療看護・保健看護・国際教養・保健医療・医療科・健康データサイエンス・薬学部） 総推
280 上智大学（神・文・総合人間科学部）
281 上智大学（法・経済学部）
282 上智大学（外国語・総合グローバル学部）
283 上智大学（理工学部）
284 上智大学（TEAPスコア利用方式）
285 湘南工科大学
286 昭和大学（医学部） 医
287 昭和大学（歯・薬・保健医療学部）
288 昭和女子大学
289 昭和薬科大学
290 女子栄養大学・短期大学部 総推
291 白百合女子大学
292 成蹊大学（法学部－A方式）
293 成蹊大学（経済・経営学部－A方式）
294 成蹊大学（文学部－A方式）
295 成蹊大学（理工学部－A方式）
296 成蹊大学（E方式・G方式・P方式）
297 成城大学（経済・社会イノベーション学部－A方式）
298 成城大学（文芸・法学部－A方式）
299 成城大学（S方式〈全学部統一選抜〉）
300 聖心女子大学
301 清泉女子大学
303 聖マリアンナ医科大学 医
304 聖路加国際大学（看護学部）
305 専修大学（スカラシップ・全国入試）
306 専修大学（前期入試〈学部個別入試〉）
307 専修大学（前期入試〈全学部入試・スカラシップ入試〉）

た行（関東の大学）
308 大正大学
309 大東文化大学
310 高崎健康福祉大学
311 拓殖大学
312 玉川大学
313 多摩美術大学
314 千葉工業大学
315 中央大学（法学部－学部別選抜）
316 中央大学（経済学部－学部別選抜）
317 中央大学（商学部－学部別選抜）
318 中央大学（文学部－学部別選抜）
319 中央大学（総合政策学部－学部別選抜）
320 中央大学（国際経営・国際情報学部－学部別選抜）
321 中央大学（理工学部－学部別選抜）
322 中央大学（5学部共通選抜）
323 中央学院大学
324 津田塾大学
325 帝京大学（薬・経済・法・文・外国語・教育・理工・医療技術・福岡医療技術学部）
326 帝京大学（医学部） 医
327 帝京科学大学 総推
328 帝京平成大学 総推
329 東海大学（医〈医〉学部を除く－一般選抜）
330 東海大学（文系・理系学部統一選抜）
331 東海大学（医学部〈医学科〉） 医
332 東京医科大学（医学部〈医学科〉） 医
333 東京家政大学・短期大学部 総推
334 東京経済大学
335 東京工科大学
336 東京工芸大学
337 東京国際大学
338 東京歯科大学
339 東京慈恵会医科大学（医学部〈医学科〉） 医
340 東京情報大学
341 東京女子大学
342 東京女子医科大学（医学部） 医
343 東京電機大学
344 東京都市大学
345 東京農業大学
346 東京薬科大学（薬学部） 総推
347 東京薬科大学（生命科学部） 総推
348 東京理科大学（理学部〈第一部〉－B方式）
349 東京理科大学（創域理工学部－B方式・S方式）
350 東京理科大学（工学部－B方式）
351 東京理科大学（先進工学部－B方式）
352 東京理科大学（薬学部－B方式）
353 東京理科大学（経営学部－B方式）
354 東京理科大学（C方式、グローバル方式、理学部〈第二部〉－B方式）
355 東邦大学（医学部） 医
356 東邦大学（薬学部）

2025年版　大学赤本シリーズ

私立大学②

357 東邦大学（理・看護・健康科学部）
358 東洋大学（文・経済・経営・法・社会・国際・国際観光学部）
359 東洋大学（情報連携・福祉社会デザイン・健康スポーツ科・理工・総合情報・生命科・食環境科学部）
360 東洋大学（英語〈3日程×3カ年〉）
361 東洋大学（国語〈3日程×3カ年〉）
362 東洋大学（日本史・世界史〈2日程×3カ年〉）
363 東洋英和女学院大学
364 常磐大学・短期大学 総推
365 獨協大学
366 獨協医科大学（医学部） 医

な行（関東の大学）

367 二松学舎大学
368 日本大学（法学部）
369 日本大学（経済学部）
370 日本大学（商学部）
371 日本大学（文理学部〈文系〉）
372 日本大学（文理学部〈理系〉）
373 日本大学（芸術学部〈専門試験併用型〉）
374 日本大学（国際関係学部）
375 日本大学（危機管理・スポーツ科学部）
376 日本大学（理工学部）
377 日本大学（生産工・工学部）
378 日本大学（生物資源科学部）
379 日本大学（医学部） 医
380 日本大学（歯・松戸歯学部）
381 日本大学（薬学部）
382 日本大学（N全学統一方式－医・芸術〈専門試験併用型〉学部を除く）
383 日本医科大学 医
384 日本工業大学
385 日本歯科大学
386 日本社会事業大学 総推
387 日本獣医生命科学大学
388 日本女子大学
389 日本体育大学

は行（関東の大学）

390 白鷗大学（学業特待選抜・一般選抜）
391 フェリス女学院大学
392 文教大学
393 法政大学（法〈Ⅰ日程〉・文〈Ⅱ日程〉・経営〈Ⅱ日程〉学部－A方式）
394 法政大学（法〈Ⅱ日程〉・国際文化・キャリアデザイン学部－A方式）
395 法政大学（文〈Ⅰ日程〉・経営〈Ⅰ日程〉・人間環境・グローバル教養学部－A方式）
396 法政大学（経済〈Ⅰ日程〉・社会〈Ⅰ日程〉・現代福祉学部－A方式）
397 法政大学（経済〈Ⅱ日程〉・社会〈Ⅱ日程〉・スポーツ健康学部－A方式）
398 法政大学（情報科・デザイン工・理工・生命科学部－A方式）
399 法政大学（T日程〈統一日程〉・英語外部試験利用入試）
400 星薬科大学 総推

ま行（関東の大学）

401 武蔵大学
402 武蔵野大学
403 武蔵野美術大学
404 明海大学
405 明治大学（法学部－学部別入試）
406 明治大学（政治経済学部－学部別入試）
407 明治大学（商学部－学部別入試）
408 明治大学（経営学部－学部別入試）
409 明治大学（文学部－学部別入試）
410 明治大学（国際日本学部－学部別入試）
411 明治大学（情報コミュニケーション学部－学部別入試）
412 明治大学（理工学部－学部別入試）
413 明治大学（総合数理学部－学部別入試）
414 明治大学（農学部－学部別入試）
415 明治大学（全学部統一入試）
416 明治学院大学（A日程）
417 明治学院大学（全学部日程）
418 明治薬科大学 総推
419 明星大学
420 目白大学・短期大学部

ら・わ行（関東の大学）

421 立教大学（文系学部－一般入試〈大学独自の英語を課さない日程〉）
422 立教大学（国語〈3日程×3カ年〉）
423 立教大学（日本史・世界史〈2日程×3カ年〉）
424 立教大学（文学部－一般入試〈大学独自の英語を課す日程〉）
425 立教大学（理学部－一般入試）
426 立正大学
427 早稲田大学（法学部）
428 早稲田大学（政治経済学部）
429 早稲田大学（商学部）
430 早稲田大学（社会科学部）
431 早稲田大学（文学部）
432 早稲田大学（文化構想学部）
433 早稲田大学（教育学部〈文科系〉）
434 早稲田大学（教育学部〈理科系〉）
435 早稲田大学（人間科・スポーツ科学部）
436 早稲田大学（国際教養学部）
437 早稲田大学（基幹理工・創造理工・先進理工学部）
438 和洋女子大学 総推

中部の大学（50音順）

439 愛知大学
440 愛知医科大学（医学部） 医
441 愛知学院大学・短期大学部
442 愛知工業大学 総推
443 愛知淑徳大学
444 朝日大学 総推
445 金沢医科大学（医学部） 医
446 金沢工業大学
447 岐阜聖徳学園大学 総推
448 金城学院大学
449 至学館大学 総推
450 静岡理工科大学
451 椙山女学園大学
452 大同大学
453 中京大学
454 中部大学
455 名古屋外国語大学 総推
456 名古屋学院大学 総推
457 名古屋学芸大学 総推
458 名古屋女子大学 総推
459 南山大学（外国語〈英米〉・法・総合政策・国際教養学部）
460 南山大学（人文・外国語〈英米を除く〉・経済・経営・理工学部）
461 新潟国際情報大学
462 日本福祉大学
463 福井工業大学
464 藤田医科大学（医学部） 医
465 藤田医科大学（医療科・保健衛生学部）
466 名城大学（法・経営・経済・外国語・人間・都市情報学部）
467 名城大学（情報工・理工・農・薬学部）
468 山梨学院大学

近畿の大学（50音順）

469 追手門学院大学 総推
470 大阪医科薬科大学（医学部） 医
471 大阪医科薬科大学（薬学部） 総推
472 大阪学院大学 総推
473 大阪経済大学 総推
474 大阪経済法科大学 総推
475 大阪工業大学 総推
476 大阪国際大学・短期大学部 総推
477 大阪産業大学 総推
478 大阪歯科大学（歯学部）
479 大阪商業大学 総推
480 大阪成蹊大学・短期大学 総推
481 大谷大学 総推
482 大手前大学・短期大学 総推
483 関西大学（文系）
484 関西大学（理系）
485 関西大学（英語〈3日程×3カ年〉）
486 関西大学（国語〈3日程×3カ年〉）
487 関西大学（日本史・世界史・文系数学〈3日程×3カ年〉）
488 関西医科大学（医学部） 医
489 関西医療大学 総推
490 関西外国語大学・短期大学部 総推
491 関西学院大学（文・法・商・人間福祉・総合政策学部－学部個別日程）
492 関西学院大学（神・社会・経済・国際・教育学部－学部個別日程）
493 関西学院大学（全学部日程〈文系型〉）
494 関西学院大学（全学部日程〈理系型〉）
495 関西学院大学（共通テスト併用日程〈数学〉・英数日程）
496 関西学院大学（英語〈3日程×3カ年〉） 新
497 関西学院大学（国語〈3日程×3カ年〉） 新
498 関西学院大学（日本史・世界史・文系数学〈3日程×3カ年〉） 新
499 畿央大学 総推
500 京都外国語大学・短期大学 総推
502 京都産業大学（公募推薦入試） 総推
503 京都産業大学（一般選抜入試〈前期日程〉）
504 京都女子大学 総推
505 京都先端科学大学 総推
506 京都橘大学 総推
507 京都ノートルダム女子大学 総推
508 京都薬科大学 総推
509 近畿大学・短期大学部（医学部を除く－推薦入試） 総推
510 近畿大学・短期大学部（医学部を除く－一般入試前期）
511 近畿大学（英語〈医学部を除く3日程×3カ年〉）
512 近畿大学（理系数学〈医学部を除く3日程×3カ年〉）
513 近畿大学（国語〈医学部を除く3日程×3カ年〉）
514 近畿大学（医学部－推薦入試・一般入試前期） 医 総推
515 近畿大学・短期大学部（一般入試後期） 医
516 皇學館大学 総推
517 甲南大学 総推
518 甲南女子大学（学校推薦型選抜） 新 総推
519 神戸学院大学 総推
520 神戸国際大学 総推
521 神戸女学院大学 総推
522 神戸女子大学・短期大学 総推
523 神戸薬科大学 総推
524 四天王寺大学・短期大学部 総推
525 摂南大学（公募制推薦入試） 総推
526 摂南大学（一般選抜前期日程）
527 帝塚山学院大学 総推
528 同志社大学（法、グローバル・コミュニケーション学部－学部個別日程）

2025 年版　大学赤本シリーズ　No. 481

大谷大学

編　集　教学社編集部
発行者　上原 寿明
発行所　教学社
〒606-0031
京都市左京区岩倉南桑原町56
電話　075-721-6500
振替　01020-1-15695
印　刷　共同印刷工業

2024 年 7 月 30 日　第 1 刷発行
ISBN978-4-325-26540-5
定価は裏表紙に表示しています